Gerhard Timmermann

Vom Pfahlewer zum Motorkutter

Die Ewer der Niederelbe und die Fischereiflotte von Finkenwerder

Gerhard Timmermann

Vom Pfahlewer zum Motorkutter

Die Ewer der Niederelbe und die Fischereiflotte von Finkenwerder

ISBN/EAN: 9783954270019
Erscheinungsjahr: 2012
Erscheinungsort: Bremen, Deutschland

www.maritimepress.de | office@maritimepress.de

Bei diesem Titel handelt es sich um den Nachdruck eines historischen, lange vergriffenen Buches. Da elektronische Druckvorlagen für diese Titel nicht existieren, musste auf alte Vorlagen zurückgegriffen werden. Hieraus zwangsläufig resultierende Qualitätsverluste bitten wir zu entschuldigen.

G. Timmermann

Vom Pfahlewer
zum Motorkutter

Westliche Berliner Verlagsgesellschaft Heenemann KG, Berlin-Wilmersdorf

Dieses Buch wurde mit Unterstützung des Fischereiamtes
der Freien und Hansestadt Hamburg gedruckt

Inhaltsverzeichnis

Vorwort

Als das Schleppnetz (Trawl) in die deutsche Seefischerei eingeführt wurde, stellte sich heraus, daß der bis dahin in der deutschen Küstenfischerei gebräuchliche Ewer für diese Art der Fischerei ungeeignet war. Man fand in dem in England entwickelten und dort in der Seefahrt viel gebrauchten Kutter ein passendes Fahrzeug. Allerdings mußte es für seinen fischereilichen Zweck in Deutschland umgebaut werden. Der englische Kutter wurde damit das Vorbild für den deutschen Fischkutter und alle weiteren Entwicklungen bis zum heutigen modernen Hochseekutter gehen auf ihn zurück.

Dieses für unsere Kleine Hochseefischerei hochwichtige Begebnis ist in der Fischereiliteratur niemals richtig dargestellt und gewürdigt worden. Außer einigen kleinen gelegentlichen Notizen in Zeitschriften gibt es in unserer Fachliteratur keine umfassende Darstellung davon. Es ist daher sehr dankenswert, wenn der als Fachmann bekannte Autor sich mit diesem wichtigen geschichtlichen Abschnitt unserer Hochseefischerei befaßt. Der Autor hat unter Benutzung aller noch im Altonaer Museum, in dem er seit vielen Jahren wirkt, in den Kreisen der Finkenwerder Fischer und in den Kutterwerften der Unterelbe vorhandenen Unterlagen die Entwicklung vom Ewer bis zum modernen Hochseekutter dargestellt. Um dem Leser auch über das Schiffbauliche hinaus ein Bild von den damaligen fischereilichen Verhältnissen in der Unterelbe zu geben und damit ein besseres Verständnis für die Entwicklung des deutschen Fischereifahrzeuges zu vermitteln, hat Kapitän Hans Fick aus Finkenwerder ein Nachwort geschrieben. Am Schluß des Buches ist erstmalig eine vollständige Liste der Finkenwerder Kutterflotte, die ja wie keine andere Flotte unserer Küste die Entwicklung lückenlos vom Ewer zum modernen Hochseekutter zeigt, veröffentlicht. Aus ihr ist das Schicksal eines jeden Schiffes ersichtlich.

Im Sommer 1957.   Der Herausgeber.

Einleitung

Die Geschichte der deutschen Seefischerei ist von dem ehemaligen Fischerdorf Blankenese ausgegangen. Blankeneser Fischer spielten schon lange eine Rolle in der Elbfischerei. Wir hören davon zuerst 1535 gelegentlich eines Streites zwischen den Hamburger Amtsfischern und den Blankenesern.[13] Weitere Urkunden verraten uns, daß von den Blankenesern Garne, Zugnetze und Hamen benutzt wurden, alles Geräte, die auch heute noch in der Elbfischerei gebräuchlich sind. Wie umfangreich die Blankeneser Fischerei um die Mitte des 17. Jahrhunderts war, geht daraus hervor, daß in 45 Familien 41 selbständige Fischer tätig waren. Wir wissen weiter, daß ihre Fischerei sich nicht auf Lachs und Stör erstrecken durfte, da der Fang dieser Fische den Hamburgern, Harburgern und Finkenwerdern vorbehalten war.[50] Wann aus dieser Elbfischerei eine Seefischerei geworden ist, läßt sich nicht feststellen. Als Fahrzeuge wurden Ewer verwendet, für dessen Abmessungen uns 1734 36 Fuß Länge angegeben werden.[52] Diese Ewer hatten eine Bünn. Außer diesen 10,31 m langen Ewern gab es auch noch 18 Fuß, also etwa 5,15 m lange Ewer, die schon in der Art, wie wir sie heute noch auf der Oberelbe finden, gebaut waren. Einer der größeren Ewer ist uns in einem Fensterbild mit der Unterschrift Hanß Kröger, 1692, das sich im Schleswig-holsteinischen Landesmuseum Schleswig, Schloß Gottorf, befindet, erhalten (Abb. 1). Derartige Fensterbildchen, die bei der Einweihung eines Hauses, dem sog. „Fensterbier" gestiftet wurden, können natürlich nur begrenzt zur Feststellung technischer Konstruktionen herangezogen werden. In diesem Fall kann das erwähnte Schiffsbildchen etwas über die Takelung des Ewers aussagen. Es ist nämlich nur ein Rahsegel an einem einfachen Drehreep aufgehängt. Der Mast ist, durch Vorstag und Backstag gestützt, hinter der Segelducht eingesetzt. Vor- und Achterschiff sind kurz gedeckt, und hinter dem Mast ragt der Bünnschornstein heraus. Das Segel hat Schot und Hals, an der unteren Fläche sind Reffbändsel gut zu erkennen. Die Darstellung des Rumpfes läßt irgendwelche Knickkanten, wie wir sie von späteren Modellen gewohnt sind, nicht erkennen. Das Schwert entspricht jedoch jenen Modellen, nur erweckt es den Anschein, als ob es aus zwei Brettern zusammengesetzt war, abweichend von den Modellen.

Das querschiffs dargestellte Rahsegel mit dem in der Mitte befestigten Stag muß doch wohl für Blankenese bezweifelt werden, denn die einzige ältere Darstellung ist eben jenes Fensterbildchen. Alle späteren

Abbildungen zeigen nämlich nicht diese Querrah, sondern wie in Abb. 2 eine Schrägrah.

Der Übergang von der Elb- zur Seefischerei wird verständlich, wenn man berücksichtigt, daß die Garnfischerei hauptsächlich auf Plattfische ging, deren Fangplätze notgedrungenermaßen immer weiter stromabwärts verlegt werden mußten und so über das Elbmündungsgebiet und das anschließende Wattenmeer immer weiter hinaus gelangten. Draußen in der

Abb. 1. Fensterbier-Scheibe aus Blankenese
Schleswig-Holsteinisches Landesmuseum, Schleswig, Gottorf

eigentlichen hohen See fischten schon die Buisen mit ihren Treibnetzen Heringe und in einiger Entfernung von Helgoland und Norderney die Bewohner dieser Inseln mit Angeln Schellfische usw. Im 18. Jahrhundert wurden von den Blankenesern auf See nachweislich Treibnetze benutzt, die im Grunde genommen nichts anderes waren, als die hauptsächlich in der Länge vergrößerten Garne, wie sie auf der Elbe zum Plattfischfang dienten.

Vom Pfahlewer der Niederelbe

Über die Form und Größe der Fischerewer im 18. Jahrhundert konnten wir uns bis 1945 ein gutes Bild machen an Hand eines Modelles, das im Maßstab 1 : 12 sich in der Fischerei-Abteilung des Altonaer Museums befand, aber durch Kriegseinwirkung vernichtet wurde.[36] Glücklicherweise ist von diesem Ewermodell aber noch eine Fotografie vorhanden, die den Ewer in Seitenansicht zeigt (Abb. 2), so daß die Abbildung zur Vermessung herangezogen werden konnte. Das Ewermodell ist auf der Fotografie im Verhältnis 1 : 10 abgebildet, wie sich aus einem Vergleich der geretteten Ruderpinne des Modells mit der der Fotografie ergibt.

Danach hatte der Original-Ewer eine Länge über alles von 13,2 m, im Boden von 9,13 m. Die Seitenhöhe betrug an der tiefsten Stelle, etwa ⅓ der Länge von achtern, 1,44 m, vorn 3,72 m und achtern 1,80 m. An dem 12,25 m über Segelducht hohen Mast fuhr man ein Großsegel an einer Schrägrah, die auf etwa ¹/₃ der Länge von vorn mit einem Klotjerack auf- und niederfahrbar befestigt war. Der Mast wurde nach vorn durch ein Vorstag, nach achtern an der Steuerbordseite durch ein Backstag mit einer Talje gehalten. Irgendwelche Wanten fehlen. Nach den Löchern zu urteilen war die Bünn etwa 3,60 m lang und begann, im Boden gemessen, ungefähr 4,0 m hinter dem Vorsteven. Der Mast stand 3,24 m hinter dem Vorsteven in der gleichen Art gemessen. 5,4 m von der Vorkante des Vorstevens oben gemessen teilte ein Schott eine kleine Kajüte ab. Auf der Backbordseite befand sich wahrscheinlich ein kleiner Herd. Ein Schornstein fehlte, die Schornsteinöffnung war mit einem Deckel verschlossen. Beiderseits hing an der Seite ein Schwert von 3,37 m Länge und 0,60 m Breite, das man jeweils an der Leeseite zur Verringerung der Abtrift herabließ. Die Beseglung wurde an einem einfachen Pfahlmast gefahren, daher der Name Pfahlewer.

Das Großsegel hatte eine Fläche von rund 43,5 m². An dem Vorstag wurde ein kleines Stagfocksegel von 10,70 m² gefahren. Das Großsegel hatte 4 Reihen Reffbändsel, mit dem es bis auf etwa die Hälfte verkleinert werden konnte. Diese Bändsel saßen wie die Reffzeisinge der großen Rahsegler an der oberen Hälfte des Segels, das übrigens aus 8 Kleidern zusammengenäht war, während die Stagfock aus nur 6 Kleidern bestanden. Die Großsegelrah saß an Backbord, während der Hals vor dem Mast an zwei Taljen belegt werden mußte, so daß man ihn von Backbord nach Steuerbord versetzen konnte.

Die Schot lief mit einer Talje an einem Leuwagen, der eben über dem
Boden an den Spanten angebracht war, und zwar das Backbordende ein
Spant vor Steuerbordende. Das Vorstag wurde anscheinend mit einer
2-scheibigen Talje gespannt. Das Vorstagsegel war nur mit einer Reih-
leine am Vorstag befestigt. Eigenartig war die Verspannung des Vor-
lieks des Großsegels mit einer Art „Bulien" mit „Bulienspruten" oder
wie Röding[46] in seinem Hinweis auf diese Eigenart sagt „Bolien" mit
„Bolienspreuten". Diese Leine sollte das Rahsegel, das ja eigentlich ein

Abb. 2. Modell eines Pfahlewers aus dem Jahre 1764
Bis 1945 im Altonaer Museum

Vor-dem-Windsegel ist, geeigneter fürs Am-Wind-Segeln machen, indem
das Vorliek gut verspannt wurde. Unter jeder Reffleinenreihe saß ein Arm
dieser Sprute, so daß sie mit 4 Armen an der Bulien befestigt war. Die
Bulien selbst bestand aus einer Talje mit 2 Violinblöcken. Die Breite des
Großsegels war unten größer als oben. Das hatte man dadurch erreicht, daß
in die an sich gleichmäßig breiten Kleider keilförmige Stücke eingenäht
wurden.

Eine diesen Segeln ähnliche Form und gewissermaßen auch ähnliche
Verwendung findet sich bei den Fischerbooten aus Drontheim und an
dem ganzen nördlich davon gelegenen norwegischen Küstengebiet bis
hinauf zum Nordkap.[44]

Auch bei diesen ist das Segel unten breiter als oben, aber diese Trapezform wird hier durch einen trapezförmigen Schnitt der einzelnen Kleider erzielt. Der Bootskörper ist noch ganz in alter Wikingerart gebaut, schlank und scharf mit hohen Steven. Das Rahsegel hat eine symmetrisch aufgehängte Querrah, keine Schrägrah und zum Vorsteven führt auch hier eine Bulien, ein paar Spruten. Eine Stagfock fahren die norwegischen Fischerboote nicht, sicher deshalb, weil ein solches beim Manöver mit der Bulien hinderlich sein würde, die Bulien aber in Verbindung mit einem Halstau die einzige Möglichkeit eines einigermaßen vorteilhaften Am-Wind-Segelns bietet. Das gilt aber nur für ein symmetrisches Rahsegel.

Unser Ewersegel mit der Schrägrah hatte Platz genug für eine Stagfock, und damit sie leicht geschifftet werden konnte, hatte man das Schothorn in einem Winkel von etwa 127° geschnitten. Eine Reihe Reffbändsel gestattete eine geringe Verkleinerung dieses an sich schon verhältnismäßig kleinen Segels, das dem Schnitt nach mehr als ein Flieger denn als eine Fock anzusprechen ist.

Ein weiterer Hinweis auf die alten Blankeneser Seefischewer findet sich in den „Schleswig-holsteinischen Provinzialberichten" von 1787, erschienen in Altona, Seite 529.[52] Diese oft zitierte Beschreibung ist mit L.A.G. S-r. gezeichnet. (Übrigens war der Verfasser, namens Schrader, Regierungs- und Obergerichtsadvokat in Pinneberg, also kein Fachmann.) Da diese Beschreibung besonders von H. Szymanski und W. Schnakenbeck ausführlich ausgewertet ist, sollen hier nur die Abmessungen zum Vergleich mit dem oben beschriebenen Modell wiederholt werden. Nach Schrader hatte der größte Ewer eine Länge von 50 bis 55 Hamburger Fuß = 14,33 bis 15,76 m. Der vordere Teil war 10 bis 12 Fuß = 2,87 m lang. Die entsprechenden Maße am Modell weisen einen wesentlich höheren Freibord an den Enden auf. Der Tiefgang ist mit 3 Fuß = 0,86 m angegeben, und dieses Maß entspricht der Höhe vom Boden zur Unterkante des Bergholzes, der oberen senkrechten Planke. Vergleicht man die Höhenmaße des Sprunges an den Enden beider Ewertypen, so ist festzustellen, daß der Sprung des Ewermodells im Altonaer Museum erheblich höher ist als der Sprung des von Schrader beschriebenen Ewers. Auch die Darstellung von Ewern dieser Zeit auf Bildern verschiedener Künstler scheint zu bestätigen, daß das Vorschiff bei den früheren Ewern sehr hoch war. Diese Form hat zweifellos zur Erhöhung der Seefähigkeit erheblich beigetragen. Wir kommen auf die Form und ihre Auswirkung noch besonders zu sprechen.

Der Bünnschornstein, der damals meistens die Länge der Bünn hatte, wird von Schrader mit 15 Fuß = 4,30 m angegeben, ist also 70 cm länger als im Modell. Weiter berichtet Schrader, daß das große Segel des Ewers 22 Hamburger Ellen = 12,61 m lang und 8 Stück = 6,24 m breit war, wobei ein Stück die Länge von 1¾ Ellen = 0,78 m hatte. Das ist aber etwas zu hoch gerechnet, da es sich bei den Ewern um ein trapezförmiges Segel handelt und Schrader offenbar seinen Berechnungen die Maße des Achterlieks zugrunde gelegt hat. Schrader spricht übrigens in seinem Bericht über die Ewer auch von Focksegel, Bulien und Spruten.

Schrader gibt außerdem auch Maße von den Fanggeräten an, mit denen die Ewer gefischt haben.

Das dreiwandige Garn, nach Art der heutigen Buttgarne, bestand aus 16 bis 20 einzelnen Netzen von 1 Faden = 1,83 m Höhe und je 30 Faden = 55 m Länge, hatte also eine Gesamtlänge von 880 bis 1100 m. Es werden zwei Arten dieser Garne erwähnt, eines für den Fang von kleinen Schollen und Seezungen, das andere für große Schollen und Steinbutt. Mit dem zweiten fing man vom Frühjahr bis Johanni, mit dem ersten später. Beide unterscheiden sich durch die Maschengröße, die aber nicht angegeben ist.

Außerdem wurde noch für die Elbfischerei auf Stint ein Hamen benutzt. Seine Maße waren: Höhe: 4,59 m, Breite: 7,45 m, Länge des Netzsackes: 14,33 m. Der Steert besaß eine Einkehle.

In der Abhandlung ist auch eine holländische Kurre beschrieben, die die gleiche Länge des Hamens hatte, aber deren Kopftau an einem 5 m langen Baum befestigt war, der auf zwei Kufen von 0,86 m Höhe ruhte. Die Blankeneser haben beim Fischen vor den westfriesischen Inseln Schirmoniekog, Ameland und Terschelling im 18. Jahrhundert dieses Gerät sicher kennengelernt, haben es aber nicht benutzt, da sie offenbar mit ihren Treibnetzen bessere Fänge gemacht haben und auch schonender fischen konnten als die Holländer, deren Ware im Steert gepreßt wurde.

Da noch bis Mitte des vorigen Jahrhunderts Pfahlewer mit Rahsegel in Fahrt waren, darf man wohl die Blockmodelle eines Pfahlewers von Gust. Junge und eines Pfahlewers von der Unterelbe, die sich im Altonaer Museum befinden und damals von unbekannter Hand angefertigt worden sind, als zeitgenössische Unterlagen werten. Sie wurden vom Verfasser als Linienriß aufgezeichnet und ausgewertet. Außerdem befindet sich noch ein weiteres Modell eines Pfahlewers im Altonaer Museum (Maßstab 1 : 5), das wohl hauptsächlich zur Veranschaulichung der Winden hergestellt worden ist und bei dem die beiden oben beschriebenen Modelle wohl als Vorbild gedient haben.

Pfahlewer sind noch recht lange im vorigen Jahrhundert von Altenwerder aus zum Fischfang gefahren. Dies geht aus einer Fotografie vom Ende des vorigen Jahrhunderts hervor, auf der ein Spitzgatewer abgebildet ist.

Vom Verfasser wurden insgesamt 21 Linienrisse von Ewern und Kuttern, die ja bekanntlich die Ewer ablösten, errechnet, wobei ergänzend die Angaben über den Entwurf eines Fischkutters von Schiffbauing. Stockhusen

hinzugefügt wurden (Tafel I). Nr. 1 (Tafel II) ist der Riß des Pfahlewers
nach dem Blockmodell von G. Junge, Wewelsfleth, wie er wahrscheinlich
im 18. Jahrhundert gebaut wurde. Nr. 2 (Tafel III) ist der Riß des unter der
Bezeichnung „Pfahlewer von der Unterelbe" bekannten Modells, wie er
etwa um 1850 üblich war (Tafel IV).

Bei einem Vergleich der Schiffsform von Nr. 1 einerseits und der Schiffs-
form des Ewermodells von 1764 und des von Schrader beschriebenen
Ewer-Modells zeigt sich, daß der erstere einen wesentlich flacheren
Sprung hat.

Nr. 1 und 2 unterscheiden sich schon durch ihre Größe. Nr. 2 ist im
Verhältnis zur Länge breiter, dafür etwas tiefer. Im ganzen ist er etwas
völliger, aber an den Enden etwas schärfer. Trotzdem ist Nr. 1 ein wenig
schlanker und dürfte der bessere Segler und gleichzeitig das bessere
Seeschiff sein. Dagegen entsprechen die Verhältnisse von Nr. 2 mehr den
Anforderungen der Küstenfischerei auf der Unterelbe. Groß war der
Unterschied in der Fangmethode nicht, denn beide fischten mit Garnen.
Nur in der Zeit von Anfang November bis 26. Februar wurde mit zwei
Ankerhamen auf der Elbe zwischen Brunsbüttel und der Ostemündung
gefischt, wofür Nr. 2 infolge seines kleineren Länge-Breite-Verhältnisses
geeigneter war. Auch ist das Verhältnis der Ruderfläche zur Lateralfläche
verhältnismäßig groß, so daß die gute Manövrierfähigkeit sichtbar wird,
die auch in dem flacheren Einlauf des Vorstevens in den Boden und in
dessen stärkerer Hebung im Vorschiff zum Ausdruck kommt.

Charakteristisch für den Seefischewer ist die Querschnittsform mit der
sog. „steilen Schore" oder „Kahnplanke", die fast senkrecht auf dem Boden
steht. Daran schließen sich die schrägen „Kimmplanken" mit einer so
starken Neigung an, daß an der Übergangsstelle von der Kahnplanke zur
Kimmplanke ein scharfer Knick entsteht. Sie ist bei Nr. 1 flacher als bei
Nr. 2. Dadurch nimmt die Wasserverdrängung bei Nr. 1 von unten nach
oben sehr plötzlich zu. An die Kimmplanken sind dann wieder mehr oder
weniger senkrecht das stärkere „Bergholz" und die schwächeren „Ober-
planken" angebracht. Die so entstandene eigenartige Knickform, die z. B.
auf der Oberelbe unbekannt war, wird vielfach auf den Einbau der Bünn
zurückgeführt. Aber bei Fahrzeugen ohne Bünn, bei den „Dreuchewern"
ist teilweise ebenfalls eine „steile Schore" auf den Boden gebaut, wie
mehrere Schiffsrisse im Altonaer Museum zeigen. Allerdings stehen bei
diesen die Kahnplanken meistens etwas schräger (Abb. 5). Der Grund für
diese Konstruktion dürfte einmal in der größeren Festigkeit des Bodens,
zweitens in der geringeren Abtrift der Ewer mit Kahnplanke zu suchen
sein. Beim seitlichen Abtreiben entsteht durch den Knick von Kahn-
planke-Kimmplanke ein Wirbelgebiet, das der Fortbewegung querschiffs
hinderlich ist. So kann die Abtrift trotz geringen Tiefganges und relativ
kleinen Lateralplanes stark verringert werden.

Stabilitätsverhältnisse

Szymanski[57] zitiert mehrfach zeitgenössische Urteile über die große Seefähigkeit und die guten Segeleigenschaften dieses an sich noch recht primitiven Pfahlewers. Beide Eigenschaften mögen ihre Ursache in der Verringerung der Abtrift, wahrscheinlich aber auch in der sehr guten Stabilität der Fahrzeuge haben. Damals hat sich um diese für die Fischerei so außerordentlich wichtigen Stabilitätsverhältnisse bei den Fahrzeugen niemand gekümmert. Erst in den letzten Jahrzehnten wurden in einigen Fällen Stabilitätsberechnungen von den seit 1900 im Gebrauch befindlichen Fischereifahrzeugen durchgeführt. Der Verfasser sieht deshalb eine wichtige Aufgabe darin, diese Stabilitätsverhältnisse auch für die älteren Fischereifahrzeuge durchzurechnen.

Will man die Stabilität eines Fahrzeuges unter Segel beurteilen, kann man es nach drei Methoden machen. Die erste, die auf der Berechnung der Hebelarmkurve und der Windmomentkurven beruht, ist zwar genau, aber sehr zeitraubend und setzt die Kenntnis der genauen Lage des Gewichtsschwerpunktes des Schiffes voraus. Im vorliegenden Falle konnte diese Methode nicht angewandt werden, da die Gewichtsschwerpunktlage nicht bekannt ist. Bei der zweiten Methode wird das Takelmaß ermittelt. Das ist das lineare Verhältnis aus Segelfläche und Wasserverdrängung, also $\sqrt[2]{S}/\sqrt[3]{D}$. Bei der dritten von Middendorf ermittelten Methode wird der Koeffizient ermittelt, $\varepsilon = \dfrac{s \cdot h}{P \cdot MG}$, wobei S die Segelfläche, h ihr Schwerpunktabstand vom Lateralschwerpunkt, P die Verdrängung und MG die metazentrische Höhe der Anfangsstabilität bedeuten.

Die zweite und dritte Methode sind in der vorliegenden vom Verfasser durchgeführten Berechnung für alle Fahrzeuge der in Tafel I berechneten Linienrisse angewandt.

Das Takelmaß (zweite Methode) beträgt bei modernen Segeljachten etwa 4.[57a] Fahrzeuge, deren Takelmaß höher als 4 ist, sind übertakelt und gelangen bei voller Besegelung leicht in die Gefahr des Kenterns. Genauer als das Takelmaß ist die dritte Methode. Middendorf, der die dritte Methode entwickelte, führt in seiner Arbeit einige Vergleichswerte von Takelmaß und ε für kleine Küstensegler an:

	Takelmaß	ε
Logger	2,75	18,2
Kufftjalk	2,69	15,54
Tjalk	3,67	12,15
Kutter	3,47	17,33
Schonerjacht	4,85	55,5

Da man oftmals bei Berechnungen des Segelkoeffizienten ε bei Fischereifahrzeugen häufig sehr hohe Werte bekommt und damit auch für die Fischereifahrzeuge die Gefahr des Kenterns besteht, seien hier einige Segelkoeffizienten von großen Seglern zum Vergleich angegeben. Ganz allgemein gibt Middendorf folgende Segelkoeffizienten ε für Entwurfszwecke an:

> Rahschiffe   = 23 nur Untersegel 12
> Rahschoner = 19
> Gaffelsegler = 16,5

Bei der Durcharbeitung der einzelnen Risse werden wir sehen, wie nah häufig der Segelkoeffizient ε der Fischereifahrzeuge an den der großen Rahschiffe heranreicht. Das Beispiel der Schonerjacht zeigt andererseits aber auch, wie weit diese Entwurfszahlen überschritten werden dürfen. Da ε nun außerdem $= \dfrac{sin\ \varphi}{p}$ d. h. gleich dem Quotienten aus Neigungswinkel und Winddruck ist, wird auch der Zusammenhang von Segelfläche und von Verdrängung klar. Multipliziert man nämlich den Wert ε mit dem spez. Winddruck, der bei Middendorfs Untersuchungen mit 5 kg/m² entsprechend einer Windstärke 5 nach Beaufort eingesetzt ist, so erhält man den Neigungswinkel, den das Schiff bei dieser Windstärke einnimmt. Führt man diese Multiplikation für die angegebenen 5 Typen aus, so geben sich folgende vorteilhaften Neigungswinkel:

> Logger   5,0°,
> Kufftjalk   4,5°,
> Tjalk   3,5°,
> Kutter   5,0°,
> Schonerjacht 16,0°.

Diese Erläuterungen waren für die folgenden Erörterungen über die Stabilitätszusammenhänge der Seefischereisegler nötig.

Für die nachfolgenden Berechnungen der Linienrisse (Tafel I) standen leider nicht für alle Fahrzeuge Segelrisse zur Verfügung. Dafür bewahrt aber das Rißarchiv des Altonaer Museums eine Reihe von Segelmacherrissen des verstorbenen Segelmachers Kai Kröger auf, die die Entwicklung der Besegelung der Ewer und Kutter der deutschen Hochseefischerei veranschaulichen und nach denen auch im Museum eine Reihe Halbmodelle gebaut wurden.

Diese Segelmacherrisse sind nur für die Ermittlung der Gesamtsegelfläche und des Schwerpunktes benutzt worden. Setzt man die auf diese Weise ermittelten Größen in die Middendorfsche Formel ein, so läßt sich ein ungefähres Bild über die Stabilitätsverhältnisse von segelnden Fischereifahrzeugen gewinnen.

Danach hätte Nr. 1 um etwa 5° gekrängt. Nun ist aber der Fischbehälter, die Bünn, die mit dem Außenwasser in Verbindung steht, von
nicht unerheblichem Einfluß auf die Stabilität. Es muß nämlich ihr
Wasserinhalt von der Verdrängung abgezogen werden. Streng genommen ist auch das Trägheitsmoment der freien Wasseroberfläche im
Bünnschacht von dem Trägheitsmoment der Wasserlinie abzuziehen. Aber
sie ist so klein, daß sie praktisch keine Rolle spielt. Für Nr. 1 stehen keine
Angaben über die Bünn zur Verfügung.

Nr. 2 ergibt auf Grund der obigen Berechnung eine Neigung von 7,7°
bei $\varepsilon = 26,9$. Unter Einbeziehung der Bünn erhalten wir eine Neigung
von 7,0° bei $\varepsilon = 24,5$.

Die mittels der Middendorfschen Formel gefundenen Werte dürfen nur
als rohe Überschlagswerte angesehen werden, die sich nur im Rahmen der
Anfangsstabilität bis höchstens 10° Neigung benutzen lassen. Nun ist es
nicht immer so, daß Takelmaß und ε-Wert sich entsprechen. So weist z. B.
der ε-Wert bei Nr. 2 erheblich ungünstigere Stabilitätsverhältnisse auf,
als sie nach dem Takelmaß sein müßten. Bei diesem Vergleich ist zu berück-
sichtigen, daß Nr. 2 ohne Focksegel berechnet ist.

Für die Ermittlung des Wasserwiderstandes, den ein Schiff beim Segeln
überwinden muß, stehen zwei Methoden zur Verfügung:

1. die Methode zur Ermittlung des Schärfegrades φ;
2. die Methode zur Ermittlung des Schlankheitsgrades ψ.

Beide Methoden dienen hauptsächlich dazu, Vergleichszahlen für Entwurfszwecke zu errechnen. Der Schärfegrad δ/β charakterisiert die Zuschärfung an den Schiffsenden, der Schlankheitsgrad $\dfrac{L}{\sqrt[3]{D}}$ das Verhältnis der
Länge zur Verdrängung.

Vergleichen wir die auf diese Weise ermittelten Werte über den Schärfegrad und den Schlankheitsgrad bei unseren beiden Pfahlewern (Tafel 1
Nr. 1 und 2), so ist festzustellen, daß Nr. 2 an den Enden schärfer gebaut
ist als Nr. 1, daß aber dieser schlanker ist als Nr. 2. Mit diesen Angaben
ist aber noch nichts über den Widerstand des Schiffes beim Segeln aus-
gesagt. Es können nämlich zwei Schiffe gleicher Schärfegrade bis über 10 %
Unterschied im Widerstand haben. Noch komplizierter werden die Verhältnisse dadurch, daß sich ein Segelschiff nicht in der Mittschiffsrichtung
bewegt, sondern unter einem Abtriftwinkel zu dieser Richtung sich schräg
nach vorn vorschiebt. Damit ist also eine exakte oder auch nur angenäherte
Widerstandsangabe unmöglich. Die für die Maschinenschiffe angewendeten
Probefahrtsformeln sind hier unbrauchbar. Einzig und allein ein Schlepp-
versuch in einer Schlepprinne oder Messungen im Windkanal würden ein
brauchbares Ergebnis erzielen. Aber derartige Untersuchungen würden
für diesen Zweck zu kostspielig sein.

Einfluß der Baumkurre auf den Bau damaliger Fischereifahrzeuge

Es wurde schon darauf hingewiesen, daß den Blankenesern die holländische Kurre bekannt war.[52] Trotzdem sollen bis um 1880 noch Treibnetze in der Seefischerei im Gebrauch gewesen sein. Wie unsicher aber die Angaben darüber sind, geht aus H. Lübberts Schrift über „Die Einführung von Motor und Schernetz in die deutsche Seefischerei"[39] hervor. Nach ihm wurde 1830 von Finkenwerder aus noch neben der Baumkurre mit Treibnetzen gefischt, 1850 dagegen wohl ausschließlich mit der Baumkurre. In Blankenese wurde erst 1850 die Kurre eingeführt, doch hat man noch bis 1880 daneben das Treibnetz beibehalten. Während des Krieges zwischen England und Dänemark 1807—1814 war es den Seefischern der Herzogtümer Schleswig und Holstein verboten, in der Nordsee zu fischen, damit die Engländer nicht die Fahrzeuge nehmen und damit an Land gehen konnten.[34] Hiervon wurden besonders die Blankeneser Seefischer hart betroffen. Sie hofften daraufhin, in der Fanö-Bucht einen geeigneten Fangplatz zu finden, gerieten hier aber mit den Fanöern in Differenzen, da sie diese, weil sie mit Angeln fischten, mit ihren Kurren störten.

Abbildungen von Baumkurren oder von Baumschleppnetzen finden wir schon in dem 1769 und 1772 erschienenen Werk von Duhamel du Monceau, „Traité des pêches"[11] und der „Encyclopédie des arts et métier" von Didérot et d'Alembert von 1751—1777.[7] Im letzeren ist in Band 8 Tafel VI ein „chausse" oder „drague" genanntes Netz mit dem schleppenden Fahrzeug dargestellt. Die Kurrleine ist durch das Heck aufs Deck des mit einem Rahsegel fahrenden Schiffes geführt. Vier Springen führten zur Kurrleine. Anschaulicher ist die in dem ersten Werk in Band I Tafel XLV dargestellte „chausse" oder „drague", bei dem das Kopftau an einem Baum (aus Nadelholz) angeschlagen ist, zu dessen Enden zwei Springen der Kurrleine führen. Das Grundtau ist mit Bleiplatten und an den Enden mit Steinen beschwert. Hilfsgarne oder Taue sollen die vertikale Stellung der Netzöffnung gewährleisten.

Ob die Pfahlewer beim Übergang zur Schleppnetzfischerei das Rahsegel behielten oder größere Segelflächen bekamen, ist nicht bekannt. Nach Szymanski,[57] der sich auf Schacht bezieht, soll die Giekbesegelung sich in den dreißiger bis vierziger Jahren in der Finkenwerder Seefischerei durchgesetzt haben. Kai Kröger beschreibt Gieksegel von 1835—1860. Diese Giekbesegelung wurde mit Großsegel, Stagfock, Klüver und Gaffeltoppsegel gefahren. Nach den Krögerschen Segelrissen vergrößerte sich damit die Gesamtsegelfläche auf etwa 146 m². Der schlankere Ewer Nr. 1 hat bei kleinerem Tiefgang, aber größerer Länge die größere Lateralfläche, also den größeren Seitenwiderstand, und dürfte damit eine größere Kurs- stetigkeit gehabt haben.

Mit der Einführung des Schleppnetzes und dem dadurch bedingten Übergang vom Rahsegel zum Gieksegel traten nun ganz neue Probleme auf, die die damaligen Schiffbauer und Fischer ohne Mitwirkung von Fachleuten bewältigen mußten und für die ihnen in der Heimat keine geeigneten Vorbilder zur Verfügung standen.

Im Gegensatz zum maschinengetriebenen Schiff wirkt bei einem Segel- schiff die Antriebskraft, der Segelschub, meistens nicht in der Mitschiffs- achse. Durch den Seitendruck des Windes auf die Segel tritt eine seitliche Verschiebung der Fahrtrichtung ein, allgemein als „Abtrift" bezeichnet. Als Druckmittelpunkt der Widerstandskraft des Unterwasserschiffes gegen diese Abtrift wird beim Entwurf eines Schiffes der Flächenschwerpunkt der Unterwasserseitenfläche angenommen. Tatsächlich liegt der Druck- mittelpunkt aber an anderer Stelle des Unterwasserschiffes, und diese Lage ist abhängig von der Rumpfform, von der Abtriftrichtung, also der Windrichtung, Segelstellung und -form und von der Neigung (Krän- gung) des Schiffes beim Segeln. Der Einfluß der Form auf die Lage des Druckmittelpunktes ist sicher der Grund, weshalb die Schiffbauer bei den alten Ewern die größte Breite und damit das Hauptspant auf ¹/₃ bis ²/₅ der Länge von vorn legten. Das Verhältnis Segelfläche zur Lateral- fläche ermöglicht in gewissem Grade eine Beurteilung der Abtrift. Je größer der Lateralwiderstand, um so geringer der Fahrwiderstand bei „Fahrt voraus", um so mehr Schleppkraft steht für das Netz zur Ver- fügung. Eine Verbesserung der Rumpfform versprach man sich von der Abrundung der bis etwa 1850 eckig gebauten Kimm.

Bei flachen, nicht tief gehenden Fahrzeugen, zu denen auch unser Ewer gehört, wurde nun durch Anbringung von sog. Seitenschwertern an der jeweiligen Leeseite der Lateralplan vergrößert und gleichzeitig die Abtrift verringert. Aber außerdem wurde auch der Lateralschwer- punkt oder genauer ausgedrückt der Druckmittelpunkt des Unterwasser- schiffes verschoben und damit auch die Fahrtrichtung. Denn diese hängt von der Lage des Druckmittelpunktes zum Segelschwerpunkt ab. Ihre gegenseitige Verschiebung bewirkt „Leegierigkeit" oder „Luvgierigkeit". Im allgemeinen soll der Segelschwerpunkt etwas hinter dem Lateralschwer- punkt liegen, damit das Schiff „luvgierig" wird und sich bei auftretenden Böen leichter gegen den Wind fahren läßt. Die Anordnung der Segel bei einem Schratsegelschiff, zu denen auch die Schiffe mit Giekbesegelung rechnen, ermöglicht eine verhältnismäßig weit von vorn kommende Wind- richtung auszunutzen. Sie können dichter an den Wind herangehen und brauchen gegen den Wind nicht so oft zu kreuzen. Bei einem symmetrischen Rahsegel liegt der Schwerpunkt in der Nähe des Mastes. Unser Pfahlewersegel ist aber unsymmetrisch wie ein Luggersegel und daher mehr als Schratsegel zu betrachten.

Bei einem Schratsegelschiff wirken der Segelschub R, der Schiffswiderstand W und der Ruderdruck Ru, der zum Ausgleich der Luvgierigkeit nötig ist, in einem Kräftedreieck (Abb. 3), bei dem der Schiffswiderstand und der Ruderdruck dem Segelschub entgegengesetzte Kraftrichtungen haben. Ihre Angriffspunkte sind die jeweiligen Druckmittelpunkte der Flächen. Die Verlängerung aller drei Kraftrichtungen schneiden sich schräg hinter dem Schiff in einem Punkt 0.

Der Trossenzug der Kurrleine muß in der Richtung der Fahrt oder, was ja dasselbe ist, des entsprechenden Schiffswiderstandes wirken (Abb. 4). Da diese Richtung aber nicht vorher bekannt war, hatte man eine Einrichtung, den „Reder" Re, angebracht, die es erlaubte, die Wirkungsrichtung zu verändern. Der Reder bestand aus einer Leine mit einem hölzernen Doppelring, durch den die Kurrleine gezogen wurde. Er konnte verschieden lang ausgefiert werden, wodurch natürlich auch die Kurrleine verschieden lang abgefangen wurde. Diese lief vom Ring des Reders aus meistens mit einem Knick über einen Poller weit vorn am Festenbug zum Gang- oder Kopfspill, während der Reder an einem Poller seitlich hinter den Besanwanten befestigt war. Hier lagen also die beiden Angriffspunkte für die Komponenten des Trossenzuges. Der Trossenzug eines Schernetzes ist anscheinend erst in den zwanziger Jahren dieses Jahrhunderts von K. Schaffran mit 3—5 t ermittelt worden. Neuere Messungen von H. Hoppe ergaben bei einem modernen Fischdampfer einen Widerstand von 400 bis 500 kg, bei einem leeren Netz 5000 kg, bei einem vollen Netz 8000 kg. Der Wasserwiderstand eines fischenden Dampfers zu dem eines Trawls beträgt etwa 1 : 10. Auf die alten Ewer übertragen hätte man also für die gleiche Geschwindigkeit (3,5 kn) eine etwa 10fache Segelfläche des Pfahlewers auf den Giekewer setzen müssen; vom Standpunkt der Stabilität und Segelpraxis eine Unmöglichkeit. Es ergibt sich weiter, daß zur Erzielung eines genügend großen Segelschubes ohne Rücksicht auf den Schiffswiderstand die Schoten hätten sehr weit angeholt werden und der Ewer mit seiner sehr großen Abtrift fast quer segeln müssen. Um den Widerstand des Schiffes zu reduzieren, wurden die Seitenschwerter heraufgeholt.

Noch eine andere Kraft wirkt auf den mit Schleppnetz fischenden Segler: die Strömung.

Es wurde immer mit der Strömung gefischt, d. h. der Strom wirkte auf das Schiff schräg von hinten und vergrößerte den Vortrieb. Es mußte also durch geeignete Ruderstellung Ru, Segelstellung S und Regulierung des Reders Re dafür gesorgt werden, daß Schiffswiderstand W, Segelschub S, Ruderdruck Ru, Kurrleinenzug T und Strömungsschub St ein geschlossenes

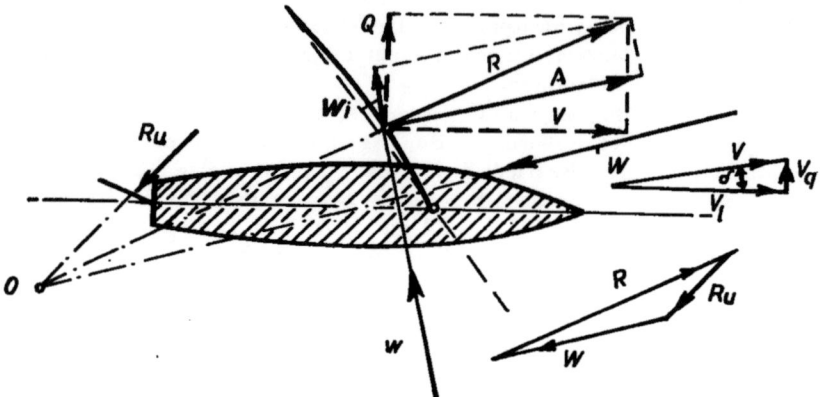

Abb. 3. Kräfteplan für ein Segelschiff mit Schratsegel
Aus: Herner-Rusch, Theorie des Schiffes, Berlin 1943. Erklärung im Text.

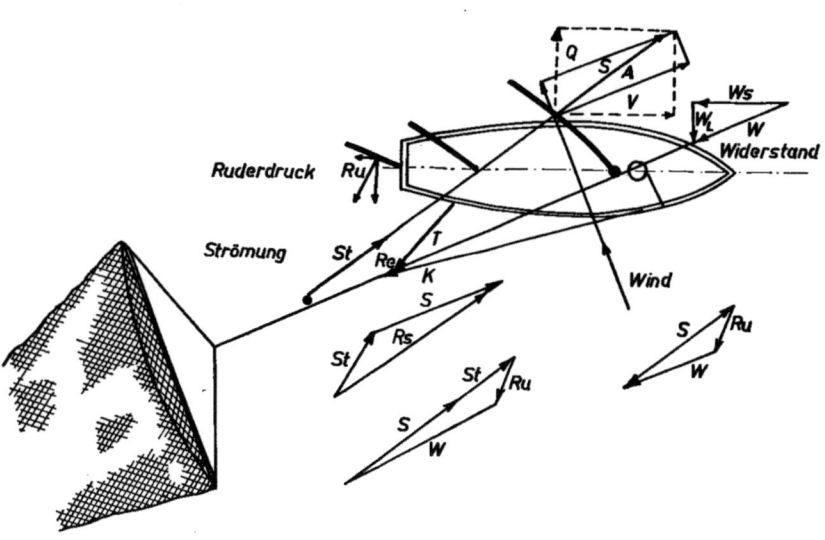

Abb. 4. Kräfteplan eines segelnden Fischereifahrzeuges mit schleppendem Baunetz
Erklärung im Text

Kräftedreieck bildeten mit dem Ruderdruck Ru und dem Schiffswiderstand W + T als Komponenten. Wirkt der Strömungsdruck nicht in der Richtung des Segelschubes, so erhält das Schiff seinen Schub aus der resultierenden Diagonale Rs des Kräfteparallelogramms, aus Strömungsdruck St und Segelschub S.

Mit Anfang des 19. Jahrhunderts wurde der Raum seitlich des Bünnschachtes mit losem Lukendeckel abgedeckt, so daß überkommendes Wasser durch die Bünn ablaufen konnte. Später ist dann der Spitzgatewer ganz gedeckt worden. In dieser Form ist er dann von 1835—1860 mit Gieksegel gefahren.

Nach Kai Krögers Unterlagen hatte die Giekbesegelung etwa 146 m² Fläche, also nicht ganz das Doppelte des Pfahlewers. Trotzdem ging man in den dreißiger Jahren dazu über, diese Giekewer mit einem sehr schrägen Spiegel zu bauen, so daß ein Plattgatewer entstand. Abgesehen von der Vergrößerung der Decksfläche, die für die Arbeit mit der schweren Baumkurre unbedingt erforderlich war, gewann man auch eine größere Wasserlinienfläche, die für die Verbesserung der Stabilität unbedingt von Vorteil war, besonders beim Segeln im gekrängten Zustande. Auf die Stabilität hat außer dem Segeldruck, der das Schiff nach Lee krängt, der wieder aufrichtende Kurrleinenzug Einfluß. Da dieser Zug jedoch schräg nach achtern zieht, stabilisiert nur die Querschiffskomponente T_k, während die Längsschiffskomponente T_T ein Trimmoment nach achtern verursacht, so daß das Schiff achtern etwas tiefer taucht. Sowohl der Segeldruck als auch der Trossenzug üben einen wenn auch nur sehr geringen Vertikaldruck aus, m. a. W.: sie vermehren die Verdrängung und damit den Tiefgang.

Es scheint aber doch recht erhebliche Schwierigkeiten gemacht zu haben, die richtige Lage der Druckmittelpunkte von Wind, Wasser und Netz zu finden. Das geht schon aus den Berichten hervor, nach denen der Finkenwerder Seefischer Carsten Rülicke auf seinem Ewer eine dreimastige Luggertakelung anbrachte oder am Spiegel oder am Ruder ein leichtes Bootssegel mit dem Mast des Beibootes befestigte. Dieses wurde Kniepsegel oder Fleitsch (Flöte) genannt.[57] Es war nicht nur eine Vergrößerung der Segelfläche, sondern gleichzeitig die Verschiebung des Segelschwerpunktes nach achtern. Diese provisorisch zusammengestellte Anderthalbmast-Besegelung führte 1849 dazu, daß auf der Werft von Carsten Wriede in Finkenwerder der erste Besanewer „Brigitta" gebaut wurde, und zwar für den Blankeneser Seefischer Engelbrecht Mewes.[30a, 50, 51] Man hat dieses Ereignis in einem Bilde festgehalten, aber leider mit der falschen Unterschrift: Erster Gigsegelewer von Blankenese BRIGITTA versehen. Denn abgesehen davon, daß das Wort Gieksegel falsch geschrieben ist (Gig ist nämlich ein Ruderboot), zeigt das Aquarell ganz einwandfrei eine Besanewer-Takelung. Diese fehlerhafte Unterschrift macht die Angabe unsicher, wann der erste Besanewer gebaut ist. Es könnte ja sein, daß das Bild den ersten vom Giekewer zum Besanewer umgebauten Ewer darstellt. Diese Anderthalbmaster-Beseglung hat sich für die weitere Zeit der Segelhochseefischerei als die geeignete erwiesen, und damals wurden eine ganze Reihe Giekewer zu Besanewern umgebaut. Kai Kröger hat uns den entsprechenden Riß dazu hinterlassen, aus dem eine Segelfläche von 165 m² zu entnehmen ist. Um den Widerstandsanteil des Rumpfes zu reduzieren, bemühte man sich, eine günstigere Rumpfform zu bauen. Gustav Junge hat wahrscheinlich auf der väterlichen Werft in Wewelsfleth 1880 einen Besanewer, Bauart von 1850, aufgemessen. Er war mit der Spiegelkonstruktion völliger als der Pfahlewer Nr. 1, wie uns die Zahlen für Nr. 3 der Tabelle verraten. Die Enden sind nicht so scharf, das Länge/Breite-Verhältnis ist kleiner, und der Rumpf ist nicht so schlank. Dafür ergibt sich aber eine größere Anfangsstabilität und damit ein größeres Segeltragevermögen. (vergl. ε und Takelmaß). Zur Erhöhung der Stabilität trägt die Bünn mit fast 8 m³ Inhalt sehr bei. Bei Windstärke 5 krängte der Ewer etwa auf 7°. Eine verhältnismäßig große Ruderfläche ermöglichte eine gute Manövrierfähigkeit. Bei den gleich mit einer Besantakelung von 170,38 m² versehenen Besanewern änderten sich die Stabilitätsverhältnisse kaum, da der Segelschwerpunkt etwas niedriger lag. Ungefähr 25 Jahre lang war dieser kiellose glattbodige Ewer mit zwei Seitenschwertern d a s Hochseefischerfahrzeug der Fischer von Blankenese und Finkenwerder.

Eine Verbesserung der Rumpfform versprach man sich von der Abrundung der bis etwa 1850 eckig gebauten Kimm. Gustav Junge hat uns auch den Riß eines Ewers mit runder Kimm aus dem Jahre 1876 erhalten. Es ist das Fahrzeug Nr. 4 unserer Tabelle. Verglichen mit dem Besanewer Nr. 3 ergibt sich, daß das etwas größere Verhältnis von Länge zur Breite und das kleinere Verhältnis Breite zur Tiefe bei kleinerer Verdrängungsvölligkeit und bei weniger völligem Hauptspant sowohl etwas schlankere als auch etwas schärfere Form ergeben hat. Unter Berücksichtigung des fast 9 m³ Bünninhaltes ergibt sich auch eine bessere Anfangsstabilität, wobei die Krögersche Besanewertakelung in Rechnung gesetzt wurde. Gerade hier wäre eine Stabilitätsrechnung für weitere Neigungen von großem Interesse gewesen. Aber mit einem geschätzten Schwerpunkt ist sie wertlos.

Auch Smacks, Lugger und Kutter wurden beeinflußt

Das Baumschleppnetz wurde auch in anderen Ländern an der Nordsee verwendet, z. T. vielleicht auch mit größerem Erfolg.[12, 1a, 32] Es ist daher leicht verständlich, daß deutsche Fischereiinteressenten sich dort nach den verwendeten Fahrzeugen, ihrer Form, ihrem Bau und Betrieb umsahen. Was sie im Ausland vorfanden, war nur z. T. vorteilhafter als die deutschen Typen, da die dortigen Schiffe aus anderen geographischen Verhältnissen heraus entwickelt wurden. In den skandinavischen Ländern herrschte das Klinkerfahrzeug vor, in Holland und Belgien das platt-

Abb. 5. Besanewer HF 77 „Willi" mit Kahnplanke und scharfer Kimm

bodige Kravelfahrzeug, wie die hiesigen Ewer, oder das muldenförmige Schiff in der Art unserer heutigen Tjalken. Beide glattbodigen Typen haben bei ihrem geringen Tiefgang eine erhebliche Abtrift. Sie boten also gegenüber dem Althergebrachten keinen Vorteil.

An der französischen und englischen Kanalküste baute man z. T. scharfe Fahrzeuge mit einem Balkenkiel, einem geraden Vorsteven und meistens einem Überhang am Heck. Diese Formen werden „Smack", „Kutter" oder „Lugger" genannt, je nach Gegend, Herkunft und Verwendung.

Was unterscheidet nun die drei voneinander außer dem Namen?

Der älteste Begriff scheint die Smack zu sein. Englisch „smack", niederländisch „smak", niederdeutsch „smak" oder „smakke", französisch „semaque", aus dem italienisch „semacca", spanisch und portugiesisch „zumaca" wurde.[31] Röding gibt in seinem „Wörterbuch der Marine" von 1797[46] für das Englische noch „dutch smack" an, ein Zeichen, daß man sich der Herkunft des Typs aus den Niederlanden wohl bewußt war. Goedel[20] verwechselt eine althochdeutsche Schiffsbezeichnung snacga, mittelhd. snacke mit smacke und deutet die Schmack als ein langsam fahrendes Schiff, was jedoch ein Irrtum ist. Nach Schiller-Lübben[49] steckt in dem Begriff Schmack die Bedeutung „schlagen", die sich in den Wörtern „Schmackedutziehen" (Rohrkolben) und „Schmackostern" widerspiegelten. Bei diesem Fest (Ostern) werden Mädchen nach heidnischem Brauch mit Ruten geschlagen. Auch schlagen im Sinne von Zungenschlag, Schnalzen, Schmatzen, hängt mit schmack zusammen, so z. B. schwed. smack = schnalzen. Man könnte daher annehmen, daß das Geräusch des Wellenschlages am Schiffsrumpf oder in der Bünn zu dieser Bezeichnung geführt hat. Aber Bernhard Hagedorn[22] hat eine bessere Erklärung. Eine Miniatur von 1420 aus „Heures de Turin": „Die Meerfahrt des heiligen Julian und der heiligen Marta" zeigt ein Schiff mit einem Sprietsegel, das damals wohl noch nicht allgemein üblich war und das durch seine Möglichkeit des Hin- und Herschlagens des Sprietbaumes die Bezeichnung „Schmacksegel" erhielt, im Gegensatz zu dem querschiffs aufgehängten Rahsegel, das sonst durchweg gebräuchlich war. Weiter berichtet der Hamburger Chronist Bernd Gyseke: „1552 zu Ostern segelte Hermann Ewers als erster auf einem Bojer mit einem Schmacksegel nach England, was man nie zuvor gehört hat. Im Vorjahr hatte man sich damit zuerst nach Seeland gewagt."

Das Wort „Kutter", engl. cutter, frz. cotre, niederländisch cotter, ebenso in den skandinavischen Sprachen, dürfte von englisch to cut = schneiden, frz. couteau = Messer, lateinisch cutellus = Messer abzuleiten sein und bezöge sich auf den senkrechten Vorsteven. Der erste Kutter in der englischen Flotte war der „Swift", der 1761 von den Franzosen gekapert war.[6] In Rotterdam wurde der erste Kutter 1781 gebaut, aber ein holländisches Bild von 1750 zeigt schon ein Schiff vom Kuttertyp. In England dienten die Kutter häufig den Schmugglern als schnelle Fahrzeuge.[46] Daher mußte natürlich auch die Küstenbewachung mit solchen Fahrzeugen versehen sein. Nach Ansicht des amerikanischeen Jachthistorikers Arthur H. Clark ist der Kutter nur eine schärfer gebaute Sloep, die aber eine umfangreiche Beseglung fährt.[6] Gewiß, unter Sloepen werden im allgemeinen völligere Fahrzeuge als die Kutter verstanden, aber sie haben meistens einen runderen Vorsteven und die flämischen Sloepen kein überhängendes Heck.[12, 1a]. Während die Sloeptakelung aus einem Pfahlmast mit einem Gaffelsegel und einer Stagfock besteht, kommt beim Kutter mit Großmast und Stenge noch ein Gaffeltoppsegel und ein Klüversegel hinzu. Das ist in der Sportsegelei heute noch so. Nun ist es sehr interessant festzustellen, daß der Kutter in dem großen Werk „Dictionair et Encyclopédie résonnée des arts et des métiers" von Didérots und d'Alembert, 1751—77[7], noch nicht zu finden ist, ebensowenig in dem „Traité général des Pêches" von Duhamel du Monceau, 1776.[11] Röding gibt 1797 in seinem „Wörterbuch der Marine"[46] den Kutter im Französischen noch mit der falschen Übersetzung cutter an. Wahrscheinlich gab es den Typ aber auch in Frankreich schon länger, nur hatte man keine besondere Bezeichnung dafür.

Auch die dritte Bezeichnung „Logger" soll sich auf die Schiffsform beziehen: gerader, fast senkrechter Vorsteven und überhängendes Heck. Alle sprachlichen Erörterungen leiten das Wort Logger von frz. lougre ab, das ursprünglich ein schnelles Kanonenboot oder Aviso in der französischen Kriegsmarine war und 1777 zuerst in der Literatur zu finden ist. Aber schon während des Revolutionskrieges 1775 zwischen den Vereinigten Staaten von Amerika und Frankreich erschienen Logger in Amerika und wurden bei Gelegenheit in den Trockendocks aufgemessen.[6] Ihre Form hat die um 1812 entstandenen Baltimore-Klipper stark beeinflußt.[26] In den beiden schon zitierten französischen Werken findet man aber nichts über einen Logger. Allgemein ist in allen Wörterbüchern zur Seefahrt nur zu finden, daß der lougre auch „chasse marée" heißt, also Seefisch-Jager = schnelles Fahrzeug. Im Englischen heißt der Logger = lugger, und hier finden wir eine Erklärung für das Wort. Lugger kommt entweder von to lug = zerren, schleifen, schleppen oder von the lug = der Henkel oder das Öhr. Jedenfalls hat hier der lugger ein lugsail,[27, 28] ein Luggersegel, wie man in Deutschland auch sagt, eben jenes charakteristische Segel, das an einer längsschiffs gerichteten Rah befestigt ist, die zu einem Drittel vor und zu zwei Dritteln hinter dem Mast mit einer Hahnepot, also einem „Henkel", aufgehängt ist. Damit scheint also der Logger oder Lugger englischer und nicht französischer Herkunft zu sein. Wir nennen dieses Luggersegel im Deutschen ein Treibsegel, ein nicht ganz vollgültiges Segel. Vielleicht ist das wieder eine Verballhornung von „Try-Segel", ein englisches Wort für ein bestimmtes Gaffelsegel bei einer Bark, das sicher von dem niederländischen „druil" stammt.

Betrachten wir einmal die Rumpfform dieser drei Typen. In dem schönen schiffskundlichen Tafelwerk „Souvenir de Marine" von Admiral Edmond Paris," dem weiland Konservator des französischen Marine- museums 1882, sind eine Reihe Typen der bretonischen und normannischen Kanalküste erhalten.

Da ist zuerst auf Tafel 2 das Hummerfischerboot „Aristides" aus Loquivi, bei dem auf seinem 13,18 m langen Kiel der Vorsteven genau rechtwinklig aufgesetzt ist, mit ganz scharfer Kante, also ohne Ab- rundung. Ebenso hat man mit geringer Neigung nach achtern den Ruder- steven aufgebaut und das Heck mit einem Überhang mit Spiegel versehen. Dadurch wurde eine größere Verdrängung im oberen Teil des Achter- schiffes erzielt, wodurch dieses bei mitlaufenden Seen von achtern trocken blieb. Gleichzeitig verfügte man hier natürlich über eine größere Decks- fläche. Die Steven sind mit dem Kiel durch kräftige Kniehölzer verbunden. Das Hauptspant ist sehr scharf mit einem Völligkeitsgrad von $\beta = 0,572$, während die Wasserlinie mit $\alpha = 0,700$ nicht übermäßig scharf ist. Das Überwasserschiff ragt mit senkrechten Wänden mittschiffs heraus.

Die Chasse marée „Anacréon" aus Nantes, gebaut 1844, ist dagegen viel rundlicher, ohne Überhang am Heck und im Hauptspant viel völliger: $\beta = 0,800$. Die Beseglung zeigt die typischen Luggersegel an drei Masten. Die Einrichtung des Raumes beweist seine vorherrschende Aufgabe als Fischtransporter (Chasse marée = Seefischjäger). Der Aufmesser des Schiffes, Seeleutnant Armand Paris, bemerkt 1866 dazu: Dieser Küsten- fahrer, der lange Zeit an der bretonischen Küste im Gebrauch ist, beginnt zu verschwinden.

Ähnlich ist der auf Tafel 6 dargestellte Schleppnetzfischer „Le Saint Louis", der „Platte" genannt wird und 1854 in Honfleur gebaut wurde. Sein Hauptspant ist bei einem Völligkeitsgrad $\beta = 0,72$ wieder schärfer als bei dem vorhergenannten Schiff, und vor allem hatte das Achterschiff eine Form, die das Wasser gut abströmen ließ. Auch hier sind Lugger- segel an zwei Masten gezeichnet.

Auf der gleichen Tafel ist außerdem ein Fahrzeug für Reusenfischerei mit einem Mast für Luggersegel dargestellt, das aber völliger gebaut ist mit steilerem Achter-Steven ohne Überhang.

Tafel 7 zeigt nun mit der Chasse marée aus Pouliquen mit Plattgat- heck einen typischen Vertreter des Loggers, wie er im allgemeinen ab- gebildet wird. Auf dem geraden Kiel ist der schwachgewölbte Vorsteven mit einem leichten Fall nach vorn aufgesetzt, und der gerade Ruder- steven ist von dem Plattgatheck mit breitem schrägem Spiegel überbaut. Das Hauptspant ist viel runder als bei den vorherbeschriebenen Typen. Die Beseglung zeigt wieder an drei Masten Luggersegel mit einem kenn- zeichnend weit vorausragenden Klüverbaum.

Besonders scharf im Hauptspant gebaute Typen zeigt die Tafel 8, ein

Lotsenboot aus Le Havre und ein Schleppnetzfischer aus Trouville. Bei beiden beträgt der Hauptspantvölligkeitsgrad $\beta = 0,565$. Auch hier die gleiche Vor- und Achterstevenkonstruktion wie bei dem vorherbeschriebenen Fahrzeug. Das Lotsenboot fährt ein Gaffelsegel, das Fischerboot, mit einer Baumkurre dargestellt, Luggersegel. Letzteres hat bei den achteren Spanten etwas schärfere Formen.

Auch ein Frachtfahrzeug in dieser Form, allerdings wieder mit etwas völligerem Hauptspant und Gaffeltakelung, die „La Seine" von Honfleur ist auf Tafel 9 dargestellt.

Auf zwei weiteren Tafeln sind unsere Fischerboote mit dem Luggersegel festgehalten, sie haben jedoch keinen Loggerrumpf.

Tafel 29 zeigt dann noch den Kriegslogger „Le Coureur" von 1775, der mit seinen acht Kanonen hauptsächlich für Kaperfahrten benutzt wurde. Der Riß ist nach einem Originalplan des damaligen Marineministeriums angefertigt, und es wird betont, daß dieser Typ ein Chasse marée in feinerer Form sei. Tatsächlich sind besonders die Wasserlinien sehr scharf. Aber gerade diese Linienführung dürfte für Fischereizwecke kaum kopiert sein, da hier andere Ansprüche gestellt werden.

Diesen Beispielen von der französischen Küste steht nun leider kaum Material von der englischen Küste gegenüber. Hier hat eben kaum jemand zu jener Zeit Schiffe aufgemessen. Die behandelten Risse mit Ausnahme von Tafel 29 stammen aber nicht von Werften, sondern sind von Originalfahrzeugen aufgemessen worden, die man im volkstümlichen Schiffszimmererhandwerk ohne Zeichnung gebaut hat.

Der älteste Riß einer englischen Fischersmack, die ganz den Charakter der beschriebenen französischen Schiffe trägt, ist in dem berühmten Tafelwerk „architectura navalis mercatoria" von Frederic Hendrik af Chapman, das 1768 erschien.[5] Die Hauptabmessungen dieses Fahrzeuges sind:

$$\begin{aligned}
\text{Länge} &= 11{,}63 \text{ m} \\
\text{Breite} &= 4{,}06 \text{ m} \\
\text{Tiefgang} &= 1{,}96 \text{ m} \\
\alpha &= 0{,}850 \\
\beta &= 0{,}805
\end{aligned}$$

Der Riß ist gekennzeichnet: Englische Fischersmack für Plattfisch. Es handelt sich um ein verhältnismäßig kleines Schiff mit relativ großem Tiefgang. Die Linien sind ziemlich voll, wie uns schon die beiden Völligkeitsgrade für die Wasserlinie und das Hauptspant verraten. Angaben über die Beseglung fehlen. Aus dem Riß geht hervor, daß ein Mast getakelt war. Ob dieser Riß nun von Chapman aufgemessen oder nach einem Werftriß gezeichnet ist, wissen wir nicht. Auch an der englischen Küste gehen die Bezeichnungen sloop, smack und lugger durcheinander.

Nach White[61] scheint die Schleppnetz-Fischerei, hier „trawlfishing" genannt, erst in der zweiten Hälfte des 18. Jahrhunderts aufgenommen zu sein. Die Beseglung dieser Trawler war eine Slooptakelung mit Gaffelgroßsegel und Fock oder eine Kuttertakelung mit Gaffelgroßsegel, Gaffeltoppsegel, Stagfock und Klüver.

Trawlfischerei ist mit Seglern vor allem von den englischen Süd- und Ostküstenstädten Brixcham,[60, 61] Barking, Lowestoft, Ramesgate, Grimsby usw. aus betrieben worden.[35] Bei vielen Typen änderte sich die Beseglung im Laufe der Jahre.

So ging man in Great Yarmouth, einem der ältesten englischen Heringsfischereiplätze, nachdem man ursprünglich mit Luggern und Treibnetz gefischt hatte, 1844 zum Schleppnetzfang über. Dabei verwendete man bei der Trawlfischerei Gaffelsegel, beim Heringstreibnetzfang Luggersegel. Um 1829 ersetzte man die Heringsbüsen durch dreimastige Lugger. In den Jahren 1849—1874 wurden die Vorsegel vergrößert, um 1880 wurden diese durch Gaffelsegel ersetzt.

Mit Ausnahme des Risses im Chapman sind keine älteren Darstellungen von Fischerei-Seglern mit geradem Vorsteven und überhängendem Heck bekannt.

Das Luggersegel, das vielen englischen Typen den Namen gegeben hat, wird zuerst 1680 in einem Manuskript in der Pepysian Library dargestellt und beschrieben,[6] dann erst wieder 1768 von Chapman. Der Lugger soll aus Cornwall stammen.

Modelle mit geradem Vorsteven und Überhang zeigen im Science Museum in London die Typen: Smack, Bawley, Drifter (für Treibnetze), von der Südküste Englands den Lugger um 1820, den Brixham Trawler und den Mevagissy Lugger.[61]

Lowestoft, ebenfalls ein alter englischer Heringsfischereihafen, beherbergte 1850 dreimastige Lugger, 1870 zweimastige für den Heringstreibnetzfang. 1939 soll noch eine kleine Flotte von Segeltrawlern von hier aus auf Fang gefahren sein.

Der Übergang von der Kuttertakelung, die unserer Giektakelung entspricht, zur Ketschtakelung mit einem Besanmast erfolgte in Brixham erst 1865, in Barking sogar erst 1875. Dabei war eine anderthalbmastige Rahbeseglung als „bombcetch" schon mindestens seit dem Ende des 17. Jahrhunderts bekannt.[26] Die anderthalbmastige Gaffelbeseglung wird in England auch „Dandyzeug" genannt.[1a, 61] Sie soll sich aus der Takelung der Themse-barges entwickelt haben, die einen Besanmast mit Sprietsegel fährt.[4] Daher soll im Englischen die Bezeichnung „Smack" kommen.

Es ist kaum möglich, den Entwicklungsgang von Kutter, Smack und Lugger anzugeben, da er im Gegensatz zu dem unserer Ewer äußerst

kompliziert ist. Aber auch bei ihm gibt es volkstümliche einfache Baumethoden ohne vorherige Festlegung der Form in einer Zeichnung. Der
englische Forscher James Hornell aus St. Leonard on Sea in Sussex hat uns
über die Bauweise ausführlich berichtet.[27]

Wir müssen, um einen Überblick zu bekommen, kurz das Ostseegebiet
betrachten, wo klinkergebaute Fahrzeuge vorherrschen. Die meisten derartigen Fahrzeuge lassen sich nachweislich durch Ansetzen der Planken an
die vorher miteinander verbundenen Kiel und Steven herstellen, wobei
dann nachträglich erst die Spanten eingebaut werden.[23, 58a] Stellenweise ist
es noch üblich, z. B. am Frischen Haff, in der Mitte eine Schablone, ein Mall,
wie der Fachausdruck lautet, aufzustellen, das als Richtspant für die
Form dient. Man kann natürlich auch ganze Sätze von Mallen, die von
vorhandenen Fahrzeugen abgemessen sind, verwenden, wobei diese
Mallen auch verändert werden können.

Bei den Spitzgatformen der deutschen Ostsee, wie auch der skandinavischen Küste kann man sich die Bauweise leicht vorstellen. Anders bei den
Formen, die wir von beiderseits des englischen Kanals her kennen. Aber
auch hier ist eine solche Baumethode durchführbar, wie uns Hornell für
den Lugger von Hastings berichtet. Ich zitiere gekürzt J. Hornell:[28]

„ — Die Boote wurden am Ort gebaut, meistens in Hastings, ein paar
in Rye. Mit einer Ausnahme sind die Rümpfe klinker gebaut, die Außenhaut aus Ulme, der Kiel, die Spanten, Balken und Knie aus Eiche, wobei am Ort gewachsene bevorzugt wurden, das Deck aus Fichte und die
Rundhölzer, mit Ausnahme der eichenen Ausrigger, aus baltischer Föhre.
Ihre Erbauer benötigten weder Pläne noch Mallensätze. Theoretische
Kenntnisse hatten in ihrer Ausbildung keinen Platz, und doch erzeugten
sie Meisterstücke im Bootsbau. Ihr Auge und ihre Erbschaft an über-
kommenen Formeln war genügend.

Einer von den letzten dieser alten Baumeister sagte mal zu mir: Alle
Angaben, die er erfragte, waren die Kiellänge und die Form des Hecks —
lautenförmig oder elliptisch. Wenn einer zu ihm kam und sagte: „Tom,
ich möchte ein Boot gebaut haben, 4 oder 5 Fuß länger als die „William
and Mary" und ein Lautenheck, dann", sagte der Alte, „war das genug
für mich." Ich legte den Kiel und richtete Vor- und Achtersteven auf,
und mit Hilfe eines halben Malls setzte ich die Bodenplanken bis zur
Rundung der Kimm, ständig mit den Augen arbeitend. Dann baute ich
die Bodenwrangen ein, bevor ich die oberen Plankengänge anfing. Alles
wurde mit Kupfernägeln befestigt.

Neulich sah ich in Rye diesen gleichen Vorgang fortlaufend und
konnte manche Einzelheiten einflechten. Das zu bauende Boot war ein
kleines von 17 Fuß im Kiel, bestimmt für einen Fischer aus Dungeness."

Soweit James Hornell, der nun genauer beschreibt, wie die Arbeit ausgeführt wird, von der ihm der alte Schiffszimmermann kurz erzählt hatte.

Man spürt sofort, daß hier noch ein Rest jener Baumethoden aus der ältesten Zeit, seit der es Klinkerboote gibt, angewandt wird. Dabei handelt es sich ja keineswegs um eine schlanke Wikingerschiffsform, sondern um ein sehr völliges Fahrzeug, das in ganz bestimmten Seeverhältnissen gebraucht werden soll. Sein Hauptspant hat einen Völligkeitsgrad von 0,87. Die runde Kimm geht in einen sehr wenig aufkimmenden Boden über. Auf etwa je $^1/_4$ der Breite hatte man jederseits Seiten- oder Dockkiele untergebaut, denn, da diese Fischereihäfen kein eigentliches Hafenbecken hatten, wurden die Lugger mit einem mit Pferden bespannten Gangspill bei Flut auf den Strand gezogen. Der Tidehub beträgt am Kanal etwa 6,6 m.[63]

Diese Lugger haben noch kein scharf ausgezogenes Totholz am Heck, und das Lautenheck sowohl als auch das elliptische Heck hängt noch nicht so weit über wie bei den Kuttern. Als Fanggeräte dienten ursprünglich Treibnetze, aber heute wird fast ausschließlich mit dem Scherbrettnetz gefischt. Dafür haben die Fahrzeuge seit 1912 auch eine Motoranlage mit zwei Schraubenpropellern. Auffällig ist bei einigen Fahrzeugen die Asymmetrie der Propelleranlagen. So findet man auf Backbordseite oder Mitte einen dreiflügeligen, auf Steuerbordseite einen zweiflügeligen Propeller.

Die Beseglung besteht heute aus zwei Masten mit Luggersegeln, von denen der große Fockmast fast auf dem Vorstevenknie, der kleine Besanmast dagegen direkt auf dem Achtersteven steht. Ursprünglich sollen die Lugger auch drei Masten wie in Frankreich gehabt haben, aber beim Übergang vom Treibnetz- zum Schleppnetzfang im 19. Jahrhundert wurde der mittlere Hauptmast als hindernd beseitigt. Als Segler hatten diese Typen auch meistens Seitenschwerter, die um 1885 durch eiserne Mittelschwerter ersetzt wurden. An den verschiedenen Ausführungen der Lugger läßt sich verfolgen, wie der Überhang im Laufe der Entwicklung zustande gekommen ist. Der Ursprung dürfte ein Boot mit Spiegel gewesen sein, zeigen doch verschiedene Abbildungen mit dem „lautenförmigen" Heck offensichtlich einen Spiegel, englisch „transom". An diese Fläche hat man Heckspanten und Gillingspanten nach hinten hinaus gebaut und bekam so ein „elliptisches Heck", einen Überhang.

Die Vorteile eines solchen Kutter-Smack-Lugger-Typs für die Schleppnetzfischerei liegen auf der Hand. Die Lateralfläche ist größer und damit auch ihr Widerstand, was eine geringere Abtrift zur Folge hat. Dadurch läßt sich aber ein größerer Teil des Segelschubes für den Vortrieb ausnutzen, und in dieser Richtung ist der zu überwindende Widerstand geringer. Dadurch steht mehr Schleppkraft für das Netz zur Verfügung. Zweifellos brachte der Bau eines solchen Schiffes den Fischern große Vorteile. Das bemerkten auch deutsche Seeleute und Kaufleute, die in Reedereibetrieben tätig waren.

Deutsche Fischereigesellschaften führen englische Smacks ein

1866 wurde in Bremen die „Erste deutsche Nordseefischereigesellschaft" mit einem Kapital von 250 000 Talern gegründet.[26] Ihr gehörten Männer wie George Albrecht, Johannes Fritze, H. H. Meier, A. G. Mosle, C. H. Noltenius, Schiffsbaumeister Franz Tecklenborg jr., Amtsfischer Fr. Klevenhusen, Handelskammersyndikus Dr. V. Böhmert, Korvettenkapitän Werner, Redakteur A. Lammers und die beiden Kapitäne L. Geerken und W. Gutkese an. Die erstgenannten als Mitarbeiter bedeutender Bremer Handelshäuser stellten die finanzielle Hilfe, während die übrigen Männer sich die fachlichen Aufgaben teilen sollten.

Man kaufte vier Kutter in England, die in Rye und Great Yarmouth gebaut waren, und ergänzte sie durch Nachbauten auf Weserwerften in Hammelwarden, Motzen, Bremerhaven und Geestemünde auf eine Flotte von 16 Fahrzeugen.

Zu gleicher Zeit, nämlich 1867, entstand ein Modell eines Fischkutters „Franz, PG 12" auf der Werft von Joh. Tecklenborg. Es ist anzunehmen, daß dieser Kutter beim Nachbau Pate gestanden hat. Denn dieses Modell hat eine Takelung, wie sie in England üblich war, mit einem Giekaegel, einem sehr spitzwinkligen Gaffeltoppsegel an einem Mast mit Stenge, einer Stagfock und einem Klüver an einem losen Klüverbaum. Seine Verwendung in der Baumkurrenfischerei geht aus dem dem Modell beigefügten Netz hervor. Das Unternehmen mißglückte 1869 wegen völlig ungeeigneter Besatzung und weil die Verkaufsorganisation, die sich im übrigen nur auf den Bremer Stadtbezirk erstreckte, schlecht war. So mußten die Kutter schließlich verkauft werden.

Ein zweites Unternehmen, die Fischereigesellschaft auf Aktien „Weser", wurde an der Weser 1867 in Bremerhaven-Geestemünde gegründet. Die Flotte der Gesellschaft bestand ursprünglich aus drei, später sechs Kuttern, wahrscheinlich auch englischen Typs. Die Aktionäre waren hier kleinere Geschäftsleute und die Gesellschaft mehr nach Art einer Partenreederei, wie sie im Walfang üblich war, aufgezogen. Aber auch dieses Unternehmen mußte 1872 liquidieren.

Das dritte Unternehmen an der Elbe wurde 1866 gegründet, und zwar von Hamburger Reedern und Kaufleuten mit Unterstützung von drei Kapitänen.[45, 38, 50, 51] Angeregt war die Gründung von Wm. O'Swald, der seit 1831 Inhaber der Reederei Wm. O'Swald & Co. war. Die weiteren

Teilhaber waren I. C. Codeffroy & Sohn, H. W. Heidmann, H. Hudt-
walker, John G. Kirsten, R. M. Sloman und Jan Tecker Gayen, dazu
die Kapitäne E. Jorjan, Neumühlen, G. Temme, Blankenese, und A. Kül-
per, Finkenwerder. Diese „Norddeutsche Seefischereigesellschaft" kaufte
1867 durch die Kapitäne Jorjan und Temme mit Unterstützung des
gerade in England anwesenden Altonaer Schiffbaumeister Ernst Dreyer
in Grimsby eine Fischersmack. Außerdem hatten sie den Auftrag, die
dortigen Fischereiverhältnisse genauer zu studieren. Die Smack wurde
von E. Dreyer auf dessen Werft aufgemessen und ein Riß und Blockmodell als Unterlage für Angebote angefertigt. Aus dem Protokoll der
„Norddeutschen Seefischereigesellschaft von 1867" geht nicht klar hervor, ob die Aufmessung endgültig auf der Werft von Dreyer oder von
Joh. Marbs in St. Pauli vorgenommen wurde. Jedenfalls fertigte
E. Dreyer Riß und Modell an. Sein eigenes Angebot und die von
H. C. Stülcken, J. H. Bremer, Joachim Fink und H. Thormählen waren
zu hoch, so daß zunächst Aug. Behn, Oevelgönne, C. Wriede, Finkenwerder, D. W. Kremer, Elmshorn, G. Renck jun., Harburg, sieben Smacks
in Auftrag bekamen. Durch weitere Ankäufe in England und Neubauten
auch von Thormählen und E. Dreyer hatte die Gesellschaft schließlich
17 Kutter in Betrieb. Man arbeitete nach dem ursprünglich englischen
Jagersystem, bei dem man die Fänge der Finkenwerder und Blankeneser
Ewer aufkaufen wollte, ein Unternehmen, das am Mißtrauen der Fischer
scheiterte. Man mußte daher zum Fang mit eigenen Fahrzeugen übergehen.
Die Gesellschaft hatte auch eine eigene Anlegestelle und 20 Verkaufsstellen eingerichtet. Aber der große Organisationsapparat mit den hohen
Unkosten der Smacks, Assekuranzprämien, Gehältern und Tantiemen der
Fischer, Instandhaltung, Fahrzeugen, Segeln und Netzen, den Bugsirkosten,
und sämtlichen Handlungsunkosten, Reisespesen, Anzeigen usw. ergaben
nur Verlustgeschäfte. Hinzu kamen eine passive Resistenz der Fischer,
die im selbständigen Betrieb zwar mehr riskierten, aber auch mit einem
höheren Verdienst rechnen konnten, und der Krieg 1870/71. Durch das
Verbot, die Kutter auf See zu schicken, entstanden weitere Verluste, so
daß die Gesellschaft am 4. April 1871 liquidierte.

William O'Swald hatte den Schiffbaumeister Ernst Dreyer aus gutem
Grunde zur Aufmessung der Smacks herangezogen, da er seine Leistungen
bereits kannte; hatte er doch selbst für seine Reederei 14 Schiffe auf
auf Dreyers Werft in Neuhof am Reiherstieg bauen lassen.

Aus einer Korrespondenz Ernst Dreyers an seinen Sohn C. C. A. Dreyer
- im Familienbesitz - geht hervor, daß er schon Mallen (Schablonen) für die
Spanten hat machen lassen, bevor er einen Auftrag hatte. Diese Spanten-
mallen ließ er sorgfältig aufbewahren.

Wahrscheinlich hat dann nach diesen Unterlagen 1882 der Sohn Christian Dreyer für eine englische Reederei, die schon 70 Fischersmacks hatte, die Smack „Harry Myndahl" und 1885 die „Fortuna" gebaut. 1894 lieferte er für H. Smelhurst & Sons in Grimsby 2 Smacks. Diese Fahrzeuge waren also streng genommen nach englischen Unterlagen gebaut worden.

Verschmelzung der Ewer und Kutter

Durch die obengenannten Fischereigesellschaften an Elbe und Weser hatten deutsche Fischer nähere Bekanntschaft mit dem englischen Kutter gemacht. Für die Fischer an der Elbe scheint er jedoch nicht so recht geeignet gewesen zu sein, wie wir noch sehen werden.

Eine besondere Rolle in der Entwicklung der Segelhochseefischereifahrzeuge spielte der Schiffbauer Ehlert Kühl. Daher soll noch etwas näher auf ihn eingegangen werden. Kühl war am 11. Dezember 1821 geboren und hatte zusammen mit Tiemann eine Boots- und Yachtwerft in Blankenese am Strandweg. Soweit feststellbar, hatte er keine besondere Berufsschulausbildung, sondern war Autodidakt. Er war ein geistig reger Kopf und hatte geschickte Finger, die sich gern mit allerlei kleinen Basteleien, Modellbauten usw. beschäftigten. Hiervon zeugen Modelle im Altonaer Museum, wie z. B. ein Rettungsboot, völlig eingedeckt und mit einem Handmotor mit Schraube und Sprietsegel versehen. Ein weiterer Beweis seiner Geschicklichkeit sind sog. „Eingerichte", eine Garnhaspel und ein Kruzifix in einer Flasche, die sich ebenfalls im Altonaer Museum befinden. Außer für die eigene Werft fertigte Kühl auch Schiffsrisse für Carsten Wriede, für Julius Carsten Wriede in Finkenwerder, für Johann und Gustav Junge in Wewelsfleth und für Sietas in Cranz-Neuenfelde an. Außerdem wurde er vielfach als Sachverständiger in Schiffsvermessungsfragen herangezogen. Er war, wie gesagt, ein heller Kopf und hatte allerlei treffliche, wertvolle Ideen, und es ist schade, daß dieser Mann nicht die nötigen Verbindungen fand, diese Ideen in die Tat umzusetzen.

Sein besonderes Interesse galt dem Bau von Fischereifahrzeugen. Aber er war kein tüchtiger Geschäftsmann und hat manches lediglich aus Freude an der Arbeit hergestellt. Er starb am 23. Mai 1903 und liegt auf dem Friedhof zu Nienstedten begraben. (Persönliche Mitteilungen des Herrn C. Liesegang, Bergwerkdirektor i. R., Hamburg-Rissen.)

Ein weiterer wichtiger Mann in der Geschichte des Kutterbaus war G. Junge in Wewelsfleth. Schon sein Vater Johann Hinrich Junge, geboren am 17. Oktober 1835, errichtete 1859 mit seinem Bruder Christopher Junge einen Werftbetrieb, auf dem vor allen Dingen Ewer gebaut wurden. Ab 1866 scheint Johann Junge die Werft allein betrieben zu haben. Von seinen Kindern schickte er den am 26. November 1861 geborenen Gustav Hinrich nach Blankenese in die Lehre. Hier wurde seine Liebe geweckt für den Bau von Fischereifahrzeugen. Gustav Junge hat dann später manchen alten Ewer auf der väterlichen Werft in Wewelsfleth aufgemessen und gezeichnet und in einer Reihe von Blockmodellen die Entwicklung der Hochseefischereifahrzeuge festgehalten. 1889 übernahm er die Leitung der Werft. Sein Vater starb am 14. Mai 1919 in Wewelsfleth. Sein Bruder Wilhelm Junge war ebenfalls Schiffbauer und war zeitweilig auf der Werft von Blohm & Voß in Hamburg. (Persönliche Angaben von Frau Schiffmann, geb. Junge, Blankenese.)

Auf der Werft von Junge in Wewelsfleth wurde 1876 der erste Kielewer mit aufkimmendem Boden und eisernem Mittelschwert für Dittmar Molkenbuer in Blankenese als SB 13 (Tafel V) gebaut.[57, 33] Es ist das wahrscheinlich der von G. Junge gezeichnete und schon als Rundkimmewer beschriebene Riß, denn die Idee und Konstruktion stammte von Kühl, bei dem Junge vielleicht damals in der Lehre war. Der Kiel hatte nach Szymanski eine Höhe von 17—19 Zoll = 40—45 cm, wodurch natürlich auch der Lateralplan erheblich vergrößert wurde, etwa von 17,87 cm² auf 24,27 m². Auf dem Riß ist nur ein kleiner Kiel von 17 cm gezeichnet. Die Größe des Mittelschwertes ist nicht festzustellen.

Es wird oft behauptet, das Schwert sei ein Mittel zur Erhöhung der Stabilität. Das trifft aber nicht zu. Im Gegenteil, durch das Schwert wird der Lateralschwerpunkt und damit der Druckpunkt des Wasserwiderstandes tiefer gelegt, wodurch sich entsprechend der auf Seite 16 dargestellten Gleichung für ε der Abstand: Segelschwerpunkt — Lateralschwerpunkt erhöht. In der Praxis spielen allerdings von der Form des Rumpfes und des Schwertes und der Anströmungsrichtung abhängige hydrodynamische Vorgänge eine Rolle mit, die ein stabilisierendes Krängungsmoment hervorrufen können.

Die praktische Beobachtung an den englischen Typen hat zweifellos zur besseren Kenntnis der hydrodynamischen Vorgänge beigetragen. Man hatte gesehen, daß ein Schiff mit größerem Lateralplan eine geringere Abtrift besaß und demnach das Netz mehr achteraus schleppen konnte.

Eine strömungstechnisch besonders vorteilhafte Ewerform hatte der Finkenwerder Hochseefischewer „Maria" HF 211, der 1879 für Joachim Lühs in Finkenwerder von Joh. Junge gebaut wurde.[33] (Tafel VI.) Der Riß im Altonaer Museum ist anscheinend für Ausstellungszwecke gezeichnet, Urheber und Datum fehlen. Vielleicht stammt die Zeichnung von E. Kühl. Der Ewer (Tafel I Nr. 5) ist etwas größer als Nr. 4. Trotz des völligeren Hauptspantes und der völligeren Konstruktionswasserlinie ist der Verdrängungsvölligkeitsgrad kleiner und die Form schärfer als bei Nr. 3. Das größere Länge-Breite-Verhältnis spielt hier eine gewisse Rolle, aber schlanker als Typ 3 ist die Form nicht. Die runde Kimm geht mit einem geringen Knick in die ziemlich schräge Kahnplanke über, die hier die Bezeichnung „steile" Kahnplanke oder Schore zu Unrecht tragen dürfte. Diese Kahnplanke ist auf dem stark gerundeten und aufkimmenden Boden aufgesetzt und erzeugt so trotz der beiden Knicke einen verhältnismäßig weichen Übergang. Der in der Mitte ungefähr 0,55 m hervortretende Balkenkiel hatte eine Längsschiffskrümmung von 0,40 m auf 15,6 m. Diese kufenförmige Unterkante wurde bei den Fischern und Schiffszimmerern als „Wiegenfuß" (als „Wegenfot") bezeichnet. Es ist kaum möglich, ohne Versuch ein Urteil über die hydrodynamische Wirkung dieser Rumpfform abzugeben. Sicher ist sie hinsichtlich ihrer Stabilität sehr vorteilhaft gewesen, und die Bewegungen im Seegang mögen sehr weich gewesen sein. Außer dem Linienriß ist auch ein kleiner Segelriß gezeichnet, der die Hochseewertakelung mit einem Besantoppsegel veranschaulicht. Oberliek und Vorliek der beiden Gaffeltopsegel bilden einen sehr stumpfen Winkel miteinander, so daß aus den Vierkanttoppsegeln fast Dreikanttoppsegel wurden.

Der bedeutend größere Lateralplan ermöglicht die Verwendung einer größeren Segelfläche. Die übliche Besanewertakelung war bei den alten kiellosen Besanewern zu groß. Aber auch der erste Kielewer hatte im Verhältnis zu seiner Lateralfläche eine zu große Segelfläche. Andererseits stieg aber auch der Reibungswiderstand bei Vergrößerung der Lateralfläche.

Das geringere Verhältnis von Breite zur Tiefe ist wahrscheinlich die Ursache, daß die Anfangsstabilität vom Typ 5 geringer ist als vom Typ 4 und damit ein etwas höheres ε erzeugt. Hier wirkt sich etwas günstiger die niedrigere Lage des Segelschwerpunktes aus.

Der Kielewer „Maria" ist in Dittmer u. Buhl, „Seefischereifahrzeuge mit und ohne Hilfsmotor",[9] veröffentlicht, aber eigenartigerweise läuft der gerundete Vorsteven in den ebenfalls gerundeten Kiel ohne irgendeinen Knick ein. Strömungstechnisch und ästhetisch sehr vorteilhaft. Aber eine auf den Riß im Altonaer Museum geklebte Photographie des Ewers auf einem Slip zeigt, daß doch ein Knick vorhanden war, wie es auch auf dem Museumsriß gezeichnet ist.

Ein Kielewer mit nicht aufkimmendem Boden und Knickkanten zwischen Kahnplanke, Seitenplanke und Bergholz war der Ewer „Katharina" HF 72, abgebildet bei H. Lübbert: „Die Einführung von Motor und Schernetz in die deutsche Seefischerei".[39] Schärfe, Schlankheit und Anfangsstabilität entsprechen denen des Fahrzeugs Nr. 5, obwohl die Segelfläche etwas kleiner ist. Der etwas völligere Rumpf hat eine etwas weniger völlige Wasserlinie, die eine etwas größere Anfangsneigung erzielte. Die Besanewer-Beseglung ohne Besantoppsegel ergab trotz kleinerer Fläche ein etwas größeres Verhältnis von Segelfläche zum Lateralplan.

1879 zeichnete Gustav Junge „beim Meister und Zeichenlehrer E. Kühl in Blankenese", wie Junge selbst schreibt, eine englische Fischersmack im Maßstab 1 : 31,5 (Tafel VIII). Junge schreibt, daß dieser Typ vorzügliche Segler und Seeschiffe seien und jeden Vergleich mit den Lotsenschonern der Elbe aufnehmen.[30] Aber die Zeit für ein solches Fahrzeug war noch

nicht gekommen. Die Meinung der Fischer ist uns nicht bekannt, aber wir
können sie uns denken: Das Fahrzeug war

1. zu groß und zu teuer,
2. war keine Bünn vorhanden,
3. hatte es einen zu großen Tiefgang.

Außerdem hatte Junge eine Dampfwinde und 5—6 Mann Besatzung vorgesehen. Das waren Gedankengänge, die der Zeit weit vorausliefen.

Die vom Verfasser vorgenommene Auswertung des Risses und der Vergleich mit den bisher behandelten Ewerrissen brachten eine Reihe bemerkenswerter Ergebnisse. Trotz des größten L/B-Verhältnisses aller untersuchten Fischereifahrzeuge ist diese Smack keineswegs schlanker oder
schärfer als die vorher untersuchten. Im Gegenteil, der Schlankheitsgrad
$L/\sqrt[3]{D}$ zeigt sogar einen besonders geringen Wert. Der Rumpf ist auf
einem Balkenkiel von 32 cm Dicke gebaut, der 27 cm unter dem Boden
herausragt. Vorn geht er mit etwa 87 cm Radius in den Vorsteven über,
der senkrecht aus dem Wasser ragt. Das Schiff ist steuerlastig gebaut,
vorn mit etwa 1,97 m und achtern 2,77 m Tiefgang. Der Achtersteven ist
15° nach achtern geneigt. Im Hauptspant kimmt der Boden mit 23° auf
und geht mit 1,26 m Krümmungsradius in die leicht gewölbte und über
Wasser eingezogene fast senkrechte Seitenwand über. Während im Achterschiff S-Schläge der Spanten den Rumpf ins Totholz überführen, zwingt im
Vorschiff der senkrechte Vorsteven zur langsamen Aufkimmung der
Spanten unter Vergrößerung der Krümmungsradien und zum Übergang
in eine sehr spitze V-Form mit etwa 20° Einschnitt gegen die Senkrechte.

Das Achterschiff hängt ungefähr 2,36 m über und schließt mit einem
3,40 m breiten, schrägen und leicht gewölbten Spiegel ab. Der durch diese
Angaben gekennzeichnete Lateralplan ist entsprechend den Hauptabmessungen des Schiffes sehr groß. Seine Völligkeit gegen ein Reckteck
aus Länge in der CWL über Steven und größtem Tiefgang beträgt 0,865
gegenüber 0,825 des Ewers „Catharina" HF 72 (Tafel VII). Der Unterschied wäre bedeutend größer, wenn die Smack auf ebenem Kiel gebaut
wäre, da sich dann das Verhältnis mehr dem Wert 1,0 genähert hätte.

Die Form des Hauptspantes erzeugt einen verhältnismäßig hohen Völligkeitsgrad, der nur wenig unter dem der Ewer liegt, und die Konstruktionswasserlinie wird nur einmal in ihrem Völligkeitsgrad von einem anderen untersuchten Fahrzeug überschritten. Auffallend klein ist im Verhältnis zum Lateralplan die Ruderfläche. Sie ist von schmaler Form und
mit dem Schwerpunkt nach oben verlegt, wie sie sich aus dem großen Tiefgang im Achterschiff ergibt. Dieser im Verein mit der Steuerlastigkeit und
der knickfreien Linienführung gewährleistete ein Optimum an Strömungs-
verlauf und geringem Widerstand. Der relativ große Lateralplan reduziert

die Abtrift. Da ein Segelriß nicht gezeichnet wurde, die Übernahme eines
Segelrisses von einem anderen englischen Segeltrawler aber zu große
Fehlerquellen birgt, muß auf eine Berechnung der Segelstabilität ver-
zichtet werden. Wenngleich auch die metazentrische Höhe geringer ist
als, mit einer Ausnahme, die bei den übrigen untersuchten Schiffen, so hat
nach den heutigen Erfahrungen diese Smack eine gute Formstabilität
gehabt, die sich besonders im gekrängten Zustande bemerkbar machte.
Die Takelung war die einer Ketsch, aber im Gegensatz zu unserer Hoch-
seewer- und Hochseekuttertakelung, die nur einen Pfahlmast fahren,
findet man bei den englischen Segeltrawlern einen Mast mit Stenge und
Saling.

Historisch wichtig ist der Nachweis, daß E. Kühl und G. Junge, wahrscheinlich auch dessen Vater, sich mit diesen Problemen beschäftigten.
Gewiß, auch auf anderen Werften wurde die Aufmerksamkeit auf diese
Typen gelenkt, aber diese haben sich weniger mit dem Bau von Fischereifahrzeugen beschäftigt.

Die Ablehnung der englischen Form durch die Finkenwerder und Blankeneser Fischer veranlaßte Kühl 1878, einen Kompromiß zu schließen
und die Vorzüge der Smack, den steilen Vorsteven und den Überhang,
auf die alte Kielewer-Form zu übertragen. So entstand ein sog. Kutterewer, von den Fischern einfach als „platter Kutter" bezeichnet. Auch
diese Fahrzeuge waren zur Verringerung der Abtrift mit einem eisernen
Mittelschwert versehen. Das Schwert glitt in einem Schacht auf und
nieder und wurde mit einer Kette und der Winde hinter dem Mast auf-
und niedergelassen. Die Bezeichnung Kutterewer kommt schon 1817
in den Hamburger Senatsprotokollen für ein bei Gottfried Heinrich
Stamann auf dem Grassbrook gebautes Fahrzeug vor.[57] In einem Verzeichnis der deutschen Kauffahrteischiffe wird ein nach Sylt gehöriger
1865 gebauter Kutterewer genannt (Angaben nach Szymanski). Auch
in der Literatur findet man gelegentlich Ewer-Kutter. Der von Kühl
gezeichnete Riß wurde auf der J. Jungeschen Werft in Wewelsfleth für
Peter Lange in Blankenese und Johann Meisterknecht gebaut.[33] Gustav
Junge gibt folgende Hauptabmessungen an: Länge ü. A. 22,0 m, gr. Breite
5,86 m und Seitenhöhe 2 m. Auf seiner Werft entstanden etwa 30 Stück
davon. 1879 gab es schon 4 Kutterewer, die wahrscheinlich alle von Junges
Werft stammten.

In der Folgezeit haben dann auch andere Werften diese Kutterewer
gebaut, z. B. J. C. Wriede, Thormählen (Tafel IX), H. Behrens.

Vergleicht man einmal die aus dem veröffentlichten Riß des Kutterewers „Nautilus" HF 163, der 1880 bei J. C. Wriede, Finkenwerder,
gebaut wurde, ermittelten Zahlenwerte mit denen des Besanewers HF 72,
so fallen zunächst die weniger völligen Linien auf. Ja, selbst die der
Jungeschen Smack sind nicht so voll. Ebenso ist die schärfere und schlan-

kere Form des Kutterewers im Vergleich zu Nr. 6 u. 7 aus den Daten
klar zu erkennen. Die etwas größere Breite im Verhältnis zur Länge
ergab ein etwas höheres MG. Bei einer Ergänzung durch den Krögerschen
Hochsee-Ewersegelplan ergab sich ein etwas hoher ε-Wert, bedingt durch
die höhere Lage des Segelschwerpunktes. Sie führt zu einer Anfangskrän-
gung von 8,6°. Im Altonaer Museum befindet sich ein zweiter Riß eines
Kutterewers ohne Jahreszahl, der von Johs. Thormählen, Elmshorn, im
Maßstab 1:25 konstruiert ist. Seine Linien sind völliger, an den Enden
nicht so scharf und etwas weniger schlank. Dafür ergab sich aber ein nur
wenig größerer Bünninhalt und eine günstigere Anfangsstabilität.

Die Unterschiede der Form wirkten sich auch beim Segeln aus. Wie der
Schiffbauer und Jachtsegler Baurat Dipl.-Ing. Curt Eichler einmal in der
„Yacht" sagt:[14]

„Es ist klar, daß die Kutter mit ihrem großen Lateralplan besser am
Wind segeln konnten als die Ewer, da sie weniger abtrieben. Waren sie
nun deshalb seetüchtiger? Es gibt eine Reihe von Seefischern und See-
leuten, die diese Frage verneinen. Obgleich natürlich der Kutter in Küstennähe sicherer ist, weil er eher gestattete, sich bei auflandigem Wind und
Sturm von der Küste freizuhalten, so hat der Ewer doch die gute Eigenschaft, daß er im Sturm beilegt, besser treibt, und das ist das Wichtigste
für die hohe See. Er treibt schneller als der Kutter und erzeugt dadurch
zu luvart eine kräftige Blasenbahn, in der sich die Brecher totlaufen,
ohne das Schiff zu erreichen. Der Kutter mit seinem großen Lateralplan
treibt dagegen langsam. Die Blasenbahn ist schwach. Der Brecher erreicht
den Kutter und schlägt an ihm, der auch jetzt noch nicht weichen will, alles
kurz und klein. Viele Unglücksfälle werden auf diese Härte des Kutters zurückgeführt, während der Ewer in gleicher Lage wegweht „as son holten
Pantüffel", und das kann er sich erlauben, solange er genügend Seeraum
zur Verfügung hat, also auf hoher See. Manches Kutterunglück mag auch
noch beim Gegenknüppeln passiert sein, wobei der Kutter ja jedenfalls
seine Härte, seine Besatzung aber wohl nicht minder bewiesen. Trotzdem
hat sich der Kutter mehr und mehr durchgesetzt und den Ewer ver-
trieben."

Der scharf gebaute deutsche Kutter

Den ersten Versuch mit einem „scharf" gebauten Kutter machten die beiden Finkenwerder Fischer Rüter und Pickenpack. Er wurde 1883 von Gustav Junge gezeichnet und gebaut auf seiner Werft in Wewelsfleth. Dieser Kutter „Return" HF 67 ging später in den Besitz von Dieter Stolz über und ist 1894 bei einem schweren Sturm mit einer Ladung Heringe auf dem Osteriff gestrandet und als Totalverlust im Schiffsregister eingetragen. In der Folgezeit sind dann auf der Werft von Junge nur noch Fischkutter gebaut worden.

Mit den von Junge angegebenen Hauptabmessungen von $L_{üA} = {\sim}\, 20{,}50$ m, $B_{üD} = {\sim}\, 5{,}80$ m, $H = {\sim}\, 2{,}15$ m und $Tg = 2{,}00$ m wurde der Kutter kleiner gebaut als das englische Vorbild.[30] Das L/B-Verhältnis war kleiner, das des B/T größer und der Freibord niedriger. Die Ruderfläche war größer und gewährleistete eine bessere Manövrierfähigkeit.

Von noch geringeren Abmessungen war ein Kutter für den späteren Fischmeister Uwe Jens Lornsen, damals Keitum auf Sylt, den Junge 1885 baute.[30] Der Kutter hieß „Der Friese", wurde aber anscheinend nicht als Fischereifahrzeug registriert. Die Hauptabmessungen $L_{üA} = 18{,}72$ m, $L_{CWL} = 16{,}62$ m, $B_{Gr} = 5{,}43$ m, $H = 2{,}00$ m, $Tg = 1{,}60$ m verraten ein noch kürzeres, aber breiteres Fahrzeug, als es „Return" war. Wahrscheinlich sollte es im Wattenmeer eingesetzt werden.

1886 entstand dann auf der Jungeschen Werft der Kutter „Möwe" HF 190 (Tafel X) für Jacob Fick und Dietrich Butendeich (letzterer steht im Schiffregister). So ein Kutter kostete nach G. Junges Angaben etwa 10 000 Goldmark ohne Segel und Fischereigerät.[30] Der Kutter „Möwe" war größer als die vorher von ihm gebauten. Ein noch vorhandener Linienriß ermöglicht einen Vergleich mit der englischen Fischersmack. Die ermittelten Zahlenwerte zeigen deutlich den Unterschied in den Formen der Typen. Die englische Smack hat ein etwas größeres L/B-Verhältnis, der deutsche Kutter dagegen ein größeres B/T-Verhältnis. Die Schärfe, durch den Zylindervölligkeitsgrad φ ausgedrückt, weist nur sehr geringe Unterschiede zugunsten des deutschen Kutters auf. Der Schlankheitsgrad ist bei diesem erheblich größer.

Während das MG bei der Smack 0,87 m betrug, hatte der Kutter von Junge eine größere Anfangsstabilität von $MG = 1{,}72$ m. Das übrige Verhalten läßt sich vom Stabilitätsstandpunkt aus schwer beurteilen. Überträgt man den Krögerschen Segelriß des Hochseekutters auf den Linienriß, dann ergibt sich ein ε von 18,9, also eine Neigung von 5,4°.

Sicher hat nicht nur Junge Kutter gebaut. Der Erfolg mit seinem ersten Fahrzeug dieser Art hat auch andere Schiffbaumeister auf den Plan gerufen, sich mit diesem neuen Schiffstyp zu beschäftigen. Nach Dittmer[6] gab es 1886 in Blankenese und Finkenwerder schon folgende Kutter:

	Blankenese	Finkenwerder
Kutter	15	30
Ewer	67	144
1887 waren es:		
Kutter	20	38
Ewer	63	145

Die Kutterewer sind hierbei mitgezählt, weil sie bei den Fischern auch als Kutter gelten.

Der Dampfer macht dem Segelschiff Konkurrenz

Der Grund, warum sich die Seefischer für die Verbesserung ihrer Fangfahrzeuge interessieren mußten, ist sehr naheliegend: 1885 wurde an der Weser der erste Fischdampfer, die „Sagitta" PG 3, von F. Busse in Dienst gestellt.[26, 38, 50] 1886 folgte von der Elbe aus die Indienststellung des Hamburger Fischdampfers „Solea". Viele andere folgten in den nächsten Jahren. Es entstand somit sehr bald den Seefischern in Blankenese und Finkenwerder eine gefährliche Konkurrenz, der nur durch eine wesentliche Verbesserung der Fangfahrzeuge begegnet werden konnte. Vor allen Dingen mußte die Fangzeit über den Winter verlängert werden. Für eine Winterfischerei war aber die bisherige Bauart der Bünn keineswegs geeignet. Der Bünnschacht hörte etwa 30 cm unter dem Deck auf und war durch eine viel zu große Luke, die nur ein niedriges Süll hatte und meistens nicht ordnungsmäßig verschalkt war, leicht einzuschlagen, besonders da durch die Lagerung des Beibootes auf der Luke die Lukendecke und Scherstöcke schon vorbelastet waren.

Die Empfindlichkeit der Fahrzeuge gegen schweres Wetter und damit die Notwendigkeit einer möglichst sicheren Bauweise geht aus nichts besser hervor als aus der Verlustliste der unterelbischen Fischerflotte, die in der Schrift zum Preisausschreiben „Zur Erlangung brauchbarer Motoren und Winden für Fahrzeuge der deutschen See- und Küstenfischerei" des Deutschen Seefischerei-Vereins 1906 veröffentlicht wurde.[10] Wenn auch zufällig die Jahre 1885 und 1886 verlustfrei waren, so zeigen die weiteren Jahre, daß die Fahrzeuge keinesfalls schon den gesteigerten Ansprüchen genügten. Es ist eigenartig, daß man sich in der Auswahl ausländischer Vorbilder gerade an englische Typen hielt, während nach unseren heutigen Kenntnissen dänische Vorbilder vorteilhafter gewesen wären. In einer Bilder- und Zeichnungssammlung, die ursprünglich in das Fischereimuseum im Schloß Gottorp in Schleswig gehörte, aber auf ungeklärte Weise in das Altonaer Museum geriet, befinden sich die Risse einer dänischen Fischeryawl, die 1888 von E. C. Benzon in Nijköbbing auf Falster gezeichnet wurden. Dieses Fahrzeug hatte einen runden Vorsteven, der unten schräg gegen den Kiel lief, und einen ebensolchen Achtersteven. Das ergab eine Spitzgatform, deren Zahlenwerte unter Nr. 11 der Tafel 1 zusammengestellt sind. Der wenig völlige Rumpf mit seinen feinen Linien weist eine scharfe schlanke Form auf, wie sie bei den dänischen, aber auch bei den meisten Fischereifahrzeugen der Ostsee üblich ist. Ihre Keimzelle ist in dem altnordischen Klinkerbau zu suchen, bei dem die Bauart von selbst die günstige

Schiffsform ergibt. Diese Fischeryawl ist kleiner als die bisher behandelten Typen und hat dementsprechend einen kleineren Lateralplan. Um so erstaunlicher ist die relativ große Segelfläche, die etwa der des Besanewers Nr. 6 entspricht. Das Takelmaß $\sqrt[2]{S}/\sqrt[3]{D}$ von 4,04 übertrifft aber das einer heutigen Jacht noch nicht. Doch will das noch nichts sagen, denn die Ermittlung des ε mit 41,6, das zu einer Neigung von 12° bei Windstärke 5 führen würde, beweist, daß ein solcher Typ nur mit Ballast genügend Stabilität besitzt. Die Konstruktion der Bünn ist übrigens mit ihrem bis zum Deck reichenden Schacht bedeutend vorteilhafter als bei den deutschen Fahrzeugen. Es ist anzunehmen, daß diese Yawl nicht zum Netzschleppen, sondern mehr zum Fischen mit der Snurrewade benutzt wurde, da auch in den Zeichnungen nichts von einer Winde außer dem Ankerspill zu sehen ist. Im Gegensatz zu der deutschen und englischen Beseglung fuhr die Yawl ein viereckiges Sprietsegel am Besan.

1891/92 konstruierte und baute Gustav Junge für den Bremer Konsul Friedrich Schellhaß einen Fischkutter, der gleichzeitig im Sommer als Sportfahrzeug dienen sollte. Die Wasserverdrängung war größer als die der bisher beschriebenen Fahrzeuge, trotzdem die Hauptabmessungen von den übrigen Typen wenig abwichen. Aber bei Junges Berechnung sind Kiel und Steven mitgerechnet. Sonst zeigen die Verhältniswerte kein besonders scharfes und schlankes Schiff an. In dem Lehrbuch von Neudeck, Blochmann & Schulze, „Der moderne Schiffbau", 1912,[43] werden folgende Völligkeitsgrade für Kutter angegeben: $\delta = 0,5$, $\alpha = 0,74$, $\beta = 0,75$, daraus folgt $\varphi = 0,667$.

Nur zwei der untersuchten Fahrzeuge sind weniger scharf gebaut als diese Durchschnittsgrade, alle übrigen weisen schärfere Formen auf. Die Seitenhöhe des Schellhaßschen Kutters ist durch den höheren Freibord, seiner Bestimmung als Sportfahrzeug entsprechend, größer. Sie ist fast so groß wie bei der englischen Smack. Diese Seitenhöhe ist die Ursache, daß der geschätzte Gewichtsschwerpunkt verhältnismäßig hoch lag, wodurch ein sehr großes ε erzielt wurde, das praktisch eine Neigung von 10° zur Folge hatte. Da nach Angaben Baurat C. Eichlers der Kutter jedoch 10 t Ballast hatte, verringerte sich der ε-Wert von 34,7 auf 16,2. Hinzu kommt, daß der Kutter mit einem Motor versehen war, dessen Gewicht ebenfalls die Stabilität günstig beeinflußte. Eichler[14] schreibt dazu: „Auf das Ballastgewicht von 10 t ist es wohl zurückzuführen, daß sich das Schiff wieder aufrichtete, als es mal in einem schweren Sturm umgeworfen wurde. Vorher war der Besanmast von einer querlaufenden See über Bord gerissen worden und fehlte, um das Schiff am Wind zu halten, bei dem fünftägigen Sturm im Februar 1905, bei dem fünf andere Kutter blieben. Sie hatten nicht die hochgeführte Bünn und nicht den tiefen Ballast ..."

Da es sich bei dem oben besprochenen Fahrzeug um ein Sportfahrzeug handelt, wurde die normale Hochseekuttertakelung, wie sie bei den Hochseefischern üblich war, von 165,3 m² Segelfläche um ein großes Toppsegel von 36,7 m², ein Stagsegel von 20,8 m², einen Spinnacker von 86,1 m² und ein Besantoppsegel von 9,45 m² auf eine Gesamtsegelfläche von 318,35 m² erhöht. Dadurch ergab sich zwar wieder ein $\varepsilon = 31,3$, aber diese Beseglung war ja nur als Schönwettertakelung gedacht.

Das Schiff erhielt den Namen „Matador" und wurde in Bremen-Vegesack mit der Nummer B X 22 ins Register eingetragen. Es war in mancher Hinsicht ein Fischereiversuchsfahrzeug. Von G. Junge wurde es als vollkommen seesicher bezeichnet.

Erste Versuche mit Hilfsmotoren

Bei dem „Matador" machte Junge den ersten Versuch mit einem Hilfsmotor. Die Verwendung solcher Maschinen ergab sich aus der Notwendigkeit, als Konkurrent der Dampfer von den Witterungsverhältnissen sich unabhängiger zu machen und sich bei auflandigem Winde von der Küste fernhalten zu können. Außerdem ist ein solcher Motor besonders vorteilhaft im Hafen und den Strommündungsgebieten, da er ein vom Wetter unabhängiges Manövrieren ermöglicht. Vorher hat man bis in dieses Jahrhundert bei ungünstigem Winde noch die Fischereifahrzeuge der Finkenwerder von den Altonaer und Hamburger Fischmärkten mit kleinen Schleppdampfern nach Finkenwerder schleppen müssen.

Der Versuch, kleine Hilfsdampfmaschinen in die Ewer und Kutter einzubauen, wurde schon 1877 und später 1894 gemacht, scheiterte aber an dem zu hohen Gewicht der Anlagen. Außerdem waren die Anschaffungs- und Betriebskosten zu hoch.

Da 1889 Gottlieb Daimler zum erstenmal ein Boot mit einem Benzinmotor versehen und damit dessen Brauchbarkeit in der Schiffahrt bewiesen hatte, lag der Gedanke nahe, diesen Antrieb auch in der Seefischerei zu verwenden. Aber der Gebrauch von Benzin in gedeckten hölzernen Fahrzeugen wurde wegen der Feuersgefahr verboten. Bei Spiritus befürchtete man die Bildung von Essigsäure bei der Verbrennung, die dann die Zylinderwandung angreifen würde.[9] Man mußte sich daher auf die schweren Brennstoffe beschränken. Dabei trat eine wesentliche Schwierigkeit in der Vergasung des Treibstoffes auf. In den neunziger Jahren hat es nicht an Konstruktionen gefehlt, bei denen man auf irgendeine Weise den Treibstoff, z. B. Lampenpetroleum, in einen gewärmten Vergaser hinein zerstäubte.[29] 1891 wurde der Kutter „Matador" mit einem 12-PS-Petroleummotor der Firma R. Langensiepen, Magdeburg-Buckau, versehen, wobei zur Umsteuerung von Vor- auf Rückwärtsgang ein Verstellpropeller von C. Daevel in Kiel verwendet wurde (Abb. 16).

Daevel hatte 1888 ein Patent darauf genommen, und seine Konstruktion
ist lange Zeit benutzt worden.

Die Schwierigkeiten, die die Vergasung des Brennstoffes bereitete,
wurden durch die Konstruktion des Glühkopfes, die zuerst in England
von Hornby Akroyd ausgeführt sein soll, in verhältnismäßig einfacher
Weise behoben.[48] Beim Glühkopfmotor verbrennt der Treibstoff, an den
besondere Anforderungen kaum gestellt werden brauchen, an dem mit
einer Lötlampe rotglühend erwärmten Glühkopf, der auf dem Zylinder-
deckel eingebaut ist. Die Erwärmung mit der Lötlampe nimmt etwa
15 bis 20 Minuten Zeit in Anspruch; dann kann die Lampe abgestellt
werden.

Die Bünn wird verbessert

Der Fischbehälter der Fischereifahrzeuge, die Bünn, birgt beim Segeln
eine gewisse Gefahr, weil beim Krängen durch den Winddruck die
Bünnlöcher austauchen, und sich so Luft unter dem Bünndeck sammeln
kann. Dadurch wird ein Wiederaufrichten aus der geneigten Lage u. U.
unmöglich gemacht, und in stärkerem Seegang besteht dann Kentergefahr.
Zu ihrer Beseitigung hatte Ehlert Kühl eine Patentbünn konstruiert,
bei der das Bünndeck dachförmig schräge gebaut wurde. Dadurch wurde
die Luft durch den Bünnschacht wieder abgeleitet.[9] Zu dieser Konstruktion, die Kühl um 1890, also im Alter von 72 Jahren, zeichnete, hatte er
ein Querschnittsmodell im Maßstab 1 : 12 gebaut, aus der die Bünn-
konstruktion gut zu erkennen ist. Es steht heute im Altonaer Museum.
Die Bünn hatte außer den Löchern noch eine größere Klappe im Boden,
die sich von Deck aus schließen ließ und durch die man in der Bünn
die Strömung regulieren und so für genügend Frischwasser sorgen
konnte. In der Bünn befand sich außerdem ein horizontaler durch-
löcherter Boden — Gräting —, damit die Fische nicht an den Spant-
hölzern beschädigt werden konnten, da diese zur Erhöhung der Festigkeit auch im Bünnraum voll ausgeführt werden sollten. Der horizontale Boden konnte von Deck aus aufgeklappt werden, um den darunter-
liegenden Raum zu reinigen. Der Bünnschacht war bis zum Deck hinauf-
geführt. Eine seitliche Klappe, die gut verschlossen werden konnte, ermöglichte das Ausketschern der Bünn. Auf Deck war der Schacht nur
mit einer Gräting verschlossen. Kühl war mit dieser Konstruktion seiner
Zeit weit voraus.

Eine solche Patentbünn baute G. Junge in den „Matador" ein, wobei
der horizontale Boden durch den einzementierten Ballast ersetzt wurde.
Dieser Zementballast war mit Röhren zu den Bünnlöchern versehen.
Statt der Klappen im Boden erhielt der Kutter eine Zentrifugalpumpe
mit 2000 l Förderleistung je Minute.[30]

Mit diesem Kutter machte Schellhaß 1893 seine Versuche mit dem
Scherbrettnetz.[50]

1900 wurde nach Junges Angaben[30] die Bünn dicht gemacht und das
Schiff in der Wasserlinie mit einem 1 m breiten und 6 mm starken Eisen-
blechgürtel versehen, um im Juli 1900 von Hamburg aus zu einer Eismeer-
expedition benutzt zu werden. Die Leitung hatte Kapitänleutnant Bauen-
dahl. Die Fahrt ging mit einer achtköpfigen Besatzung nach Spitzbergen
und Franz-Josephs-Land. Im Spätherbst des Jahres 1901 kehrte die Expedition mit reicher Beute an Fellen und dergleichen, nachdem sie im
Eise, ohne Schaden zu nehmen, überwintert hatte, nach Hamburg zurück.

Abb. 6. Hochseefischkutter HF 177 „Juliane"

1903, als der Kutter unter HF 236 in den Besitz des Finkenwerder
Fischers Bade übergegangen war, kenterte das Schiff in einem Sturm in
der Nordsee, richtete sich aber infolge seines festen Ballastes sofort
wieder auf und trieb noch drei Tage vor einem Schleppanker. Mit be-
schädigter Takelung erreichte er Cuxhaven, während fünf andere große
Kutter mit der gesamten Besatzung zur gleichen Zeit verlorengingen.

G. Junge machte noch folgende Angaben, die aber nicht stimmen
können: „Als Fischereifahrzeug hat man die Bünn wieder geöffnet und
auch einen großen Eisraum eingerichtet; ein 60-PS-Motor ermöglichte
jetzt eine Geschwindigkeit von etwa $8^1/_2$ kn, während mit dem 12-PS-
Motor nur 4 kn erreicht wurden. Ein 8-PS-Motor betrieb zwei Winden
und die Pumpe. Auch elektrisches Licht stand im Schiff und am Netz zur
Verfügung." Laut Seeamtsspruch vom 15. August 1905 ist das Schiff ab

31. Januar 1905 verschollen. Sein letzter Besitzer war der Fischer Paul Nicolaus Andresen, Finkenwerder.[33]

Es war klar, daß die Fischer nicht aus eigener Kraft gegen die Konkurrenz der Dampferfischerei kämpfen konnten. Verbesserungen der Fahrzeuge und Fanggeräte kosteten Geld, und nichts fließt so unregelmäßig wie der Erlös aus dem Segen des Meeres.

Die weitere Entwicklung des deutschen Hochseefischkutters ist entscheidend von dem deutschen Seefischerei-Verein beeinflußt worden.

Die Hilfe des Deutschen Seefischerei-Vereins

1870 wurde in Berlin der Deutsche Fischerei-Verein gegründet mit dem Ziel, die deutsche Binnen- und Seefischerei zu fördern. Allerdings dürfte die letztere wohl zunächst nicht allzuviel Nutzen von dem Unternehmen gehabt haben, wie uns die Auflösungen der Fischerei-Gesellschaften an der Elbe und Weser beweisen. Erst als es der Initiative weitsichtiger Männer gelingt, 1885 eine besondere „Sektion für Küsten- und Hochseefischerei" zu gründen, und Geheimrat Herwig als Präsident die Leitung dieser Sektion übernahm, erhielt — unterstützt durch die Übernahme des Protektorats durch den Kaiser — die junge deutsche See- und Küstenfischerei eine wirksame Stütze und Hilfe. Es ist zweifellos der rastlosen Tätigkeit und Energie und dem genialen Blick dieses Mannes und seiner Mitarbeiter und Nachfolger zu verdanken, wenn sich Deutschlands Fischerei gut und schnell entwickelte.[21] Die Ziele des Vereins richteten sich auf:

1. Beratung, Auskunft und Übernahme von Sonderaufgaben staatlicher Dienststellen;
2. Förderung der persönlichen Sicherheit des Seefischers;
3. Hebung des Seefischergewerbes durch Schulung, Vorträge, Ausstellungen und besonders Veröffentlichungen;
4. Soziale Sicherung des Seefischerstandes;
5. Innere Organisation des Fischhandels und Seefischtransportes;
6. Förderung des Fischkonsums, Fischwerbung;
7. Förderung der Fischereiforschung;
8. Förderung der Zusammenarbeit zwischen Fischereiforschung und dem praktischen Seefischer;
9. Verbindung mit ausländischen Seefischereiorganisationen und Fischereiinstituten.

Der deutsche Seefischereifahrzeugbau wurde zu damaliger Zeit vor allem durch die „Deutsche Fischerei-Ausstellung" auf der Berliner Gewerbe-Ausstellung 1896 gefördert.[24] Durch die mit ihr verbundenen Preisausschreiben zur Erlangung brauchbarer Seefischereifahrzeuge wurden weite Kreise der Schiffbauer angeregt, sich mit den Problemen, die mit einem solchen Schiffstyp zusammenhängen, zu beschäftigen. Es war natürlich, daß Gustav Junge sich an diesem Preisausschreiben mit Erfolg beteiligte. Hierzu fertigte er neben der Reihe von Blockhalbmodellen, die die Entwicklung der Hochseefischereifahrzeuge veranschaulichen sollten, als

Endglied einen Hochseefischkutter mit seesicherer Bünn, d. h. Kühls Patentbünn, mit Eisraum, rundem Heck, aufkimmendem Boden und scharfer Kimm an. Ein zweites Modell war für den Einbau eines Motors mit einem Schraubenrahmen im Totholz des Hecks versehen, sonst dem ersten ziemlich gleich. Als drittes Modell wurde ein Kutter im Maßstab 1 : 12,2 im Schnitt ausgestellt, der die projektierte Inneneinrichtung zeigt. Zwei Modelle befinden sich im Altonaer Museum.[24, 36] (Abb. 8 und 9.) Das dritte Modell (Abb. 7) wurde im letzten Kriege zerstört.

Diese Modelle zeigen folgendes:

Zur Erzielung eines möglichst großen Bünnraumes kimmt der Boden erst nur wenig in gerader Linie auf und bekommt dann am Rande der Bünn erst mit einem leichten Knick die Kimmrundung. Dadurch wird das Hauptspant völliger, und eine schärfere Formung des Vor- und Achterschiffes wird schwieriger. Aber man erhält auf diese Weise mehr Bünnrauminhalt, ein sehr wichtiger Faktor. Andererseits sank die Größe des Lateralplanes, der von Junge durch einen etwa 75 cm hohen Kiel wieder ausgeglichen wurde. Der hohe Kiel erhielt später wegen seiner Längsschiffwölbung die Bezeichnung „Weegfot"-Wiege. Das Heck sollte rund gebaut werden mit einem nach innen geneigten Setzbord wie bei einem Schlepper. Auf diese Weise konnte eine Beschädigung des Hecks beim Anlegen am Kai vermieden werden.

Zwischen Motor- und Segelkutter war damals noch kein großer Unterschied, da der Motor doch zur Hauptsache nur ein Hilfsmotor war. Die Hauptabmessungen dieses Schiffes waren: Länge über alles 20,00 m, in der Wasserlinie 18,20 m, Breite über Deck 5,85 m, Seitenhöhe 2,30 m, Deplacement $\sim$ 80,00 cbm.

Auf dem Balkenkiel war vorn mit einer Lasche der leicht vorngeneigte Vorsteven aufgesetzt und innen durch ein Stevenknie mit dem Kiel gut verbunden. Nach dem Kühlschen Modell war dieses Knie etwa 2 m lang, nach dem Jungeschen nur 1,60 m. Der Kiel hatte bei Kühl 0,50 m, bei Junge 0,60 m Höhe. Den Achtersteven hatte man als etwa 0,45 m starken Pfosten mit einer leichten Neigung nach achtern auf das Kielende aufgesetzt. Da die Rumpfform im Achterschiff ziemlich scharf wurde, war in dem Winkel zwischen Kiel und Achtersteven ein Teil des Raumes mit Holz aufgefüllt, das so das Totholz der scharfen Form bildete. Auf dem Totholz war zur Festigung der Steven-Kiel-Verbindung wiederum ein Stevenknie von 1 m Schenkellänge aufgebolzt.

Wir folgen zunächst der Kühlschen Konstruktion.

Der Schenkel des Achterstevenknies, der auf dem Kiel ruht, war etwa 2,50 m lang und fast am Ende mit der Spur für den Besanmast versehen. Hinter dem Vorstevenknie hatte man 10 Doppelspanten von

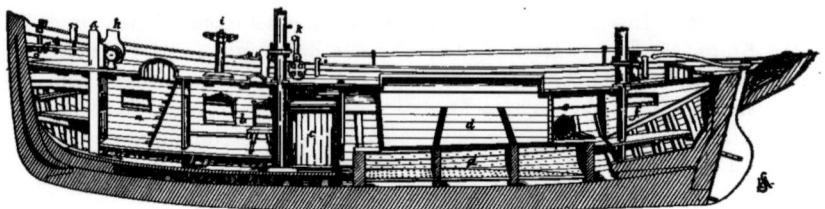

Abb. 7 Schnittmodell eines Fischkutters mit Bünnlöchern
(früher Altonaer Museum)

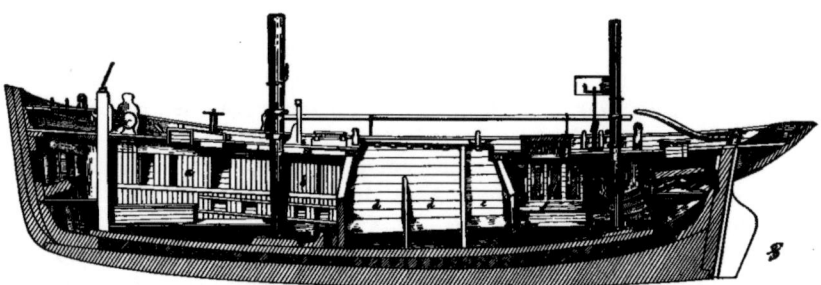

Abb. 8. Schnittmodell eines Fischkutters mit Ventileinrichtung
Entwurf von Junge, 1896 (Altonaer Museum)

Abb. 9. Schnittmodell eines Motorkutters
Entwurf von Junge, 1896 (Altonaer Museum)

18 × 15 cm bzw. 30 cm Querschnitt befestigt. Im Bereich des Vorstevens seitlich des Stevenknies gaben dem Vorschiff sechs Kantspanten die nötige Festigkeit. Vier der Spanten waren von innen durch zwei Bugbänder miteinander versteift. Auf dem unteren Schenkel des Vorstevenknies hatte man die Spur des Pallbetings des Bratspills eingezapft. Im Bereich der Bünn fehlten die Spanten. Dieser dreiteilige Raum erhielt seine Festigkeit ausschließlich durch vier starke Bünnschotten. Hinter der Bünn blieb bis zum Stevenknie kein Raum für Spanten. Die weiteren sechs Doppelspanten stießen gegen die Stevenkonstruktion. Davon war die Schwieping des letzten Spantes so flach, daß dieser die Stelle eines Heckbalkens vertrat, gegen den die Gilling- oder Heckspanten seitlich des Achterstevens gestützt werden konnten. Diese Heckspanten bildeten das Gerippe der überhängenden Heckkonstruktion. Ein Kielschwein vom Vorstevenknie über die Spanten verstärkte den Vorschiffsverband. Die Spanten bestanden aus Schwiepingen, im Hinterschiff aus Liegern und Sitzern. Besondere Auflanger waren wegen der geringen Seitenhöhe nicht erforderlich. Gewegert waren die Räume nur hinter den Kojen, im Eisraum, seitlich der Bünn und teilweise in dem Stauraum für Tauwerk und Netze. Für den Großmast hatte man auf dem Kielschwein eine Spur befestigt. Die Raumeinteilung war folgende:

Durch eine runde Niedergangskappe ziemlich dicht hinter dem Bratspill gelangte man in eine Diele, gleichzeitig Kombüse, da in ihr der Herd stand, Höhe etwa 1,85 m, Länge 2,50 m. Durch eine kleine Öffnung im vorderen Schott konnte man in den Kettenkasten steigen. In der Diele befand sich auch die Koje für den Jungen. Hinter der Diele ging man durch eine Tür in die Kajüte mit den beiden Kojen für den Fischer und den Knecht. In den 2,80 m langen Raum ragte der Mast hinein. Eine Bank und ein Tisch bildeten neben eingebauten Schränken das bescheidene Mobiliar, das in seiner Dürftigkeit wenig von dem der alten Ewer abwich. Ein mit Torf isolierter Eisbehälter von 1,10 m Länge und 1,30 m Höhe erlaubte, einzelne Fänge von Edelfischen oder auch geschlachtete Rundfische auf Eis zu legen. Die Bünn hatte zwar kein schräges Bünndeck, aber der Schacht war bis zum Deck geführt. In dem 4 m langen und 1,40 m hohen Stauraum für Segel und Netze (Netz- oder Segelkoje) stand gleichzeitig das Frischwasserfaß. Für diesen Raum war natürlich eine besondere Niedergangskappe vorgesehen. Das Modell war von Kühl im Maßstab 1 : 22 gebaut. Die Abmessungen des Originals betrugen: größte Länge 22 m, größte Breite 6,20 m, Raumtiefe 2,30 m.

Das Modell von G. Junge war im Maßstab 1 : 13,2 gebaut worden, und hier waren die Originalhauptabmessungen etwa folgende: Länge in der Wasserlinie 18,75 m, größte Breite auf Spanten 5,85 m, Raumtiefe 2,75 m, Tiefgang 2,40 m, Wasserverdrängung 79 m³. Bei diesem Modell weicht folgendes von der Kühlschen Bauart ab: Ein durchlaufendes Kiel-

schwein und ebenso seine Kimmwegerung geben dem Rumpf eine erhöhte
Längsfestigkeit. Auch im Bereich der Bünn sind Spanten vorhanden, die
ebenfalls die Festigkeit erheblich erhöhen.

Abgesehen davon, daß auch hier der Bünnschacht zum Deck geführt
ist, hatte Junge auch das schräge Bünndeck der Kühlschen Patentbünn
eingebaut. Der Zwischenraum zwischen den Spanten war mit Zement
ausgefüllt, und seitlich des Kielschweins wurden die Spanten mit der
Zementierung durch eine Bodenwegerung glatt gedeckt. Dadurch wurde
die Reinhaltung der Bünn gesichert. Das Wasser strömte nun nicht durch
einfache kleine Löcher in die Bünn sondern durch schräggestellte Rohre,
die mit Klappen versehen waren und sich im gesamten schließen ließen.
Hierzu diente ein Handrad mit einer Spindel im Arbeitsraum vor der
Bünn, durch die eine Stange, die durch Stopfbuchsen durch die Bünn-
schotte führt, betätigt wurde. Die Bünn ist übrigens nur zweiteilig. Der
dritte am Bünnschacht eingebaute Raum dient der Lagerung von Fischen
auf Eis, das seitlich des Bünnschachtes auf dem schrägen Bünndeck mitgeführt wurde.

Die Wasserzirkulation wird durch die Schrägstellung der Rohre be-
werkstelligt, die den Zweck hatte, den eintretenden Wasserstrom an den
Rohrwänden zu brechen, so daß es mit geringer Kraft in die Bünn trat.
Durch die Schließung der Klappen war man in der Lage, die lebenden
Schollen im Seewasser durch ein Süßwassergebiet (Fluß) zu bringen. Aller-
dings muß man dabei auf die Strömung in der Bünn verzichten.

Im übrigen ist Junge in der Aufteilung des Raumes unter Deck von
der üblichen Art abgewichen. Hinter dem Kettenkasten lag bis zum
vorderen Bünnschott ein 6 m langer Arbeitsraum mit zwei Kastenbänken
und Seitenwandschränken, die so groß waren, daß sie im Notfall als Kojen
dienen konnten. Der hintere Teil des Arbeitsraumes, ebenfalls mit
Wandschränken versehen, diente als Kabelgatt und Niedergang. Hinter
der Bünn bot die Kajüte mit Kojen und Schränken mit einem Sofa mit
Tisch Wohnraum für vier Personen. Ein großes Oberlicht mit kleinen
Seitenfenstern erhellte den Raum mehr als die alten kleinen Fenster.
Es war auch sicherer gegen Wasserschlag. Mit 2,30 m Länge und
1,85 m Höhe war der Raum nicht gerade groß. Der Niedergang und
Kombüsenraum lag hinter der Kajüte. Der durchgeführte Besanmast machte die Hantierungen an dem kleinen Herd nicht sehr an-
genehm. Eigenartigerweise hatte Junge den Herd der Schiffsform an-
gepaßt, wodurch also eine Sonderanfertigung erforderlich gewesen wäre.
Hinter dem 1,60 m langen und 1,65 m hohen Raum, der eine Nieder-
gangstreppe an der Backbordseite hatte, lag ein Kabelgatt, das von Deck
durch eine Luke zugängig war. Der untere Teil des Raumes wurde von
einem Wassertank für etwa 500 l Inhalt eingenommen. Der Entleerungs-
hahn lag allerdings in der Kombüse so unglücklich, daß eine Wasser-

entnahme schwierig und, da der Hahn im Tank zu hoch lag, eine vollständige Entleerung durch ihn eine Unmöglichkeit war.

Das dritte Schnittmodell zeigt die Inneneinrichtung eines Hochseefischkutters mit Hilfsmotor. Es ist im Maßstab 1 : 20 gebaut. Die Hauptabmessungen waren $L_{cwl} = 19$ m, $B_{aSp} = 5{,}70$ m, $RT = 2{,}20$ m, $Tg = 2$ m.
Eigenartigerweise war bei diesem Modell im Bereich der zweiteiligen
Bünn die Spantkonstruktion wieder unterbrochen und die ganze Festigkeit in diesem Raumabschnitt den drei kräftigen Bünnschotten übertragen. Daher lag auch ein Kielschwein nur auf den Spanten vor der
Bünn. Im Achterschiff fehlte diese Kielverstärkung. Die Kombüse und
die Kajüte, die vier bis fünf Mann beherbergen konnten, lagen vor dem
Großmast aus, so daß insgesamt 3 bis 4000 kg Eis mitgenommen wer-
2,00 m. Auf dem Bünndeck war vor und hinter dem bis zum Deck hoch-
geführten Bünnschacht je ein Eisraum zur Unterbringung von Frischfischen auf Eis eingerichtet. Vor dem Bünnschacht dehnte er sich bis zum
Großmast aus, so daß insgesamt 3 bis 4000 kg Eis mitgenommen werden konnten. Hinter der Bünn lag ein Raum von 4,5 m Länge, der als
Kabelgatt und Hilfsmotorraum gedacht war. Ein großes Oberlicht mit
Seitenfenstern sorgte für gute Beleuchtung und Belüftung des Raumes.
Es fehlte aber die Durchkonstruktion der Spanten, des Besanmastfußes
und des Schraubenrahmens, denn einen einigermaßen brauchbaren Motor
kann man nicht einfach auf den Fußboden stellen und die Schraubenwelle irgendwie um die Ecke lenken. Dabei sollte der Motor auch noch
die auf dem Deck stehenden Winden zum Einziehen der Netze und
Segelsetzen treiben können. Dem ganzen Modell sieht man noch die
Unerfahrenheit auf dem Gebiet der Motorisierung an. Woher sollten
denn auch die Kenntnisse kommen, wenn noch nicht einmal geeignete
Maschinen zur Verfügung standen. Es ist anzunehmen, daß dieses Modell,
dessen Original 1891 für Wehlen & Wehrenberg auf Neuhof gebaut
wurde, die Inneneinrichtung zu dem Blockmodell der Jungeschen Ent-
wicklungsreihe zeigte. (Siehe Seite 50). Auffällig ist, daß dieses Modell
nicht von G. Junge auf die Ausstellung 1896 gesandt wurde, sondern von dem Königl. Reg.-Baumeister Janssen aus Münster i. W.[24] Nach
dem Katalog sollte das Schiff einen Petroleummotor von 20 PS als Haupt-
motor mit einer zweiflügeligen Umsteuerschraube und einem Hilfsmotor
von 3 PS zum Antrieb (wahrscheinlich zum Anlassen) des Hauptmotors, der
Netzwinden und einer Zentrifugalpumpe bekommen. Die Motoren sollten
von der Gasmotorenfabrik Deutz geliefert werden. Kutter und Logger
ähnelten einander in ihrer Form sehr, so daß 1896 G. Junge auf die Idee
kam, einen Riß im Maßstab 1 : 25 für einen 28,75 m Heringslogger zu
zeichnen, der einen Hochseefischkutter mit Bünn im Maßstab 1 : 20 bei
etwa 23,00 m Länge ergab.[30]

Selbstverständlich hat nicht nur Gustav Junge sich mit dem Bau von

Kuttern beschäftigt. Eine ganze Reihe von Werften der Unterelbe, die schon Erfahrungen im Bau der Kutterewer hatten, waren ab 1883 zum Kutterbau übergegangen. Mangels geeigneter Unterlagen ist es sogar nicht einmal nachzuweisen, ob Junge die Priorität für diesen Typ gebührt. Bis 1900 haben die Blankeneser Fischer sog. scharfe Kutter bauen lassen, bei:

Sietas, Cranz, 4 Fahrzeuge
D. W. Kremer, Elmshorn, 8 Fahrzeuge
Johs. Thormählen, Elmshorn, 1 Fahrzeug
Joh. Hein, Wewelsfleth, 2 Fahrzeuge
Jacob Kremer, Elmshorn, 1 Fahrzeug

Für die Finkenwerder Fischer bauten:

Joachim Behrens, Finkenwerder, 5 Fahrzeuge
Heinrich u. Joh. Sietas, Cranz-Neuenfelde, 13 Fahrzeuge
Julius Carsten Wriede, Finkenwerder, 2 Fahrzeuge
Jacob Kremer, Elmshorn, 2 Fahrzeuge
August Albers, Finkenwerder, 2 Fahrzeuge
Gustav Junge, Wewelsfleth, 10 Fahrzeuge
Joh. Hein, Wewelsfleth, 2 Fahrzeuge
D. W. Kremer, Elmshorn, 4 Fahrzeuge
Joh. Thormählen, Elmshorn, 1 Fahrzeug.

Weiter wurden noch in folgenden Orten Kutter gebaut (vgl. Schiffsregister,[33] dem diese Angaben entnommen sind):

Finkenwerder 14, Wisch bei Elmshorn 3, Elmshorn 2, Gauensiek 1, Hammelwarden a. d. Unterweser 1.

Bei einer großen Anzahl von Kuttern sind im Schiffsregister keine Bauwerft und -zeit angegeben.

Interessant ist, daß zwei Kutterbauten aus Dänemark stammten:

HF 265 Immanuel, gebaut 1889 von Olsen in Frederikshavn und

HF 313 Möve, gebaut 1891 von Buhl in Frederikshavn.

Beide Bauten waren in der deutschen Form erstellt.

Während sich mit dem Bau von Ewern an der Unterelbe eine ganze Reihe Werften beschäftigten, blieb der Kutterbau auf zehn Werften beschränkt, zu denen im 20. Jahrhundert noch einige neugegründete Werften hinzukamen. Wenn Junge übrigens in seinem Verzeichnis angibt, daß er für seine Modelle Preise bekommen habe, so mag sich das um reine Ausstellungsprämien handeln, ein Preis für einen gelungenen Entwurf nach den Wettbewerbsbedingungen war es nicht. Diese Bedingungen lauteten nämlich: Preisausschreiben für den vollständig durchgearbeiteten Entwurf für ein Fahrzeug zum Frischfischfang in der Nordsee von den deutschen Häfen und Strommündungen aus.[10] Das Fahrzeug sollte den an der deutschen Nordsee heimischen Fischkuttern an See- und Segelfähigkeit, soweit diese in der Zweckbestimmung des Fahrzeugs zur Fischerei nicht ihre Begrenzung findet, überlegen sein. Die Maschine sollte von der seeemännischen Besatzung ohne Maschinisten bedient werden können. Sie sollte dem Fahrzeug bis zu 6 Knoten Fahrt geben können. Der Vorrat an Brennstoff sollte bei gewöhnlichem guten Wetter und glatter See auf mindesten vier Tage (4 × 24 Stunden) reichen, wenn mit vier Knoten gedampft wurde. Als Brennstoff war ein Material zu wählen, der an den Hafenorten der deutschen Nord- und Ostseeküste im Handel zu haben, im Betrieb ungefährlich und im Betriebseffekt billiger als Steinkohle war.

Unter den eingereichten Entwürfen befand sich k e i n e r , d e r d e n F o r d e r u n g e n der Preisausschreibung e n t s p r a c h . Ein Projekt des Ingenieurs C. Stockhusen bot jedoch soviel Neues, daß ihm ein Extrapreis von 300 Mark gegeben wurde, nachdem sich das Preisgericht wie folgt ausgesprochen hatte:[55]

„Bei diesem Projekt ist der Schiffskörper nach Art der neueren Segeljachten gebaut und mit einem Mittelschwert versehen. Als Hilfskraft für die Fortbewegung sind zwei kombinierte Petroleummotoren von je etwa 15 PS vorgesehen. Das Preisgericht ist der Ansicht, daß das Mittelschwert verwerflich und die Anwendung von zwei gekuppelten Motoren sehr bedenklich ist. Gegenwärtig (im Jahre 1896) sind für den Seedienst die besten Petroleummotoren für größere Kräfte nicht annähernd so zuverlässig und unempfindlich, wie eine Dampfmaschine, außerdem nicht geruchlos. Da indes anzunehmen ist, daß diese Motoren in Zukunft noch verbessert und die Vorteile, die namentlich im Wegfallen des Kessels und Anheizens desselben, somit im Gewicht und Raumersparnis bestehen, ausgenutzt werden können, so gibt das Preisgericht dem deutschen Seefischerei-Verein anheim, dem Einsender des Entwurfs, Herrn Ingenieur C. Stockhusen in Kiel eine Anerkennung, wenn möglich einen besonderen Preis zu gewähren, um so mehr als vielleicht ein Experiment mit diesem Schiffstyp am ersten einige Aussicht auf Erfolg hinsichtlich der Konkurrenzfähigkeit mit Segelfahrzeugen haben könnte."

Der Entwurf sah ein Fahrzeug von besonders großen Abmessungen vor, die alle bisher gebauten, auch die der englischen Fischersmacks, übertrafen. Die Jachtform bedingte einen größeren Tiefgang. Aber trotz des besonders großen L/B-Wertes und trotz des fast kleinsten Verdrängungsvölligkeitsgrades aller untersuchten Fahrzeuge ist keineswegs das schärfste und schlankste erzielt worden. Die Wasserlinien laufen scharf gegen den Vorsteven, die C.W.L. mit 21° zur Mittschiffsebene. Der Boden kimmt etwa 27° gegen die Horizontale auf. Der Vorsteven ist rund mit etwa 5 m Radius und läuft mit 10 m Radius in den Kiel ein.

Der Kiel hat einen Fall von 0,95 m auf die Länge in der C. W. L. Der Achtersteven hat einen Fall von 7—8°. Die Schraube läuft in einem Schraubenrahmen, ist also gegen Grundberührung geschützt.

Durch die Eisenkonstruktion und die Jachtform stellte der Entwurf entschieden ein Novum in der Seefischerei dar, an das sich niemand so ohne weiteres heranwagte. Das leere Schiff gibt einen ε-Wert von 11,55, der sich bei gefüllter Bünn auf 9,92 reduzierte. Hier ist der Gewichtsschwerpunkt der Veröffentlichung entnommen, wobei 40 t Ballast und im übrigen das Schiff in voller Ausrüstung eingerechnet war. Für die Segelstabilität sind nicht sämtliche Segel mit einer Fläche von 360 m² eingesetzt worden, sondern nur die Untersegel mit 290 m². An Brennstoff waren etwa 1000 l vorgesehen. Der Preis des Fahrzeuges sollte 50 000 Mark betragen. Als Motor sollten Petroleummotore System „Grob" oder „Swiderski" verwendet werden, die bei 30 PS dem Kutter eine Fahrt von 6 kn geben sollten. Bei diesen Maschinen mußte das Petroleum in einem besonderen Vergaser, der durch eine Heizlampe heiß gehalten werden mußte, vergast und dann durch den gleichen glühenden Vergaser entzündet werden. Das Verfahren samt der Konstruktion waren umständlich und kompliziert und führten leicht zu Versagern. Das Mißtrauen des Preisgerichtes war also wohl berechtigt.

Ein Kutter von außerordentlich schöner Form war der bei R. Dittmer und H. Buhl „Seefischereifahrzeuge und Boote mit und ohne Hilfsmotor"[9] abgebildete Kutter „Louis und Emma" HF 260. Er wurde 1899 bei Joachim Behrens in Finkenwerder für E. F. Christensen gebaut. Der über Wasser senkrechte Vorsteven läuft mit 0,84 m Radius in den Kiel, der einen Fall von 42 cm auf 17 m aufweist. Bei einer mittleren Höhe von 42 cm ist er 17 cm dick. Der Achtersteven hat einen geringen Fall. Auffällig ist bei diesem Kutter die sehr runde Spantform, die eine knicklose Unterbringung eines reichlichen Bünnraumes ermöglichte. Dadurch entstand aber andererseits ein sehr völliges Hauptspant und sehr völlige Wasserlinien, die zusammen zu einem Verdrängungsvölligkeitsgrad führten, der nur von einem späteren Motorkutter übertroffen wurde. Der im Altonaer Museum vorhandene Segelriß ergab eine nicht zu große Segelfläche mit einem Takelmaß von 3,27 und einem ε-Wert von 13,2 unter Berücksichtigung der Bünn. Ein Vergleich der Verhältniswerte mit denen der englischen Fischersmacks zeigt deutlich die völligere und weniger scharfe Form am Elbstrom mit sicher recht guten Segeleigenschaften. Auf diesen Kutter werden wir noch weiter unten zurückkommen.

1903 entstand auf der Werft von G. Junge, Wewelsfleth, der Hochseefischkutter „Herold" HF 249 für Joachim Claus Vöge, Finkenwerder.[30] Er galt s. Z. als der größte Kutter der Hochseefischereiflotte Finkenwerders. Der Steven lief mit kleinerem Radius in den Kiel, der hier wieder die hohe Wiegenform hatte, ein. Der Kiel sollte mit 66 cm Höhe einen größeren Lateralplan erzeugen. Denn, obgleich der „Herold" nur 8 cm weniger Tiefgang hatte als „Louis und Emma", waren die Spanten auf eine 15 cm geringere Konstruktionstiefe gezeichnet. Der Erfolg war ein größeres B/T, ein geringeres δ, etwas kleinere Völligkeit der Konstruktionswasserlinienfläche und des Hauptspantes und trotzdem schärfere Enden (φ) bei etwas höherem Schlankheitsgrad. Die nur wenig größere Segelfläche war aber höher konstruiert, so daß der Segelschwerpunkt etwa 3 m höher lag. Dadurch entstand natürlich auch eine geringere Segelanfangsstabilität mit $\varepsilon = 23{,}8$ oder $6{,}8°$ Neigung.

In der Literatur vielfach veröffentlicht sind Risse und das Spantenmodell (im Altonaer Museum) des Hochseefischkutters „Präsident Herwig" HF 252, der 1904 bei Julius Carsten Wriede in Finkenwerder gebaut wurde.[21, 39] Der etwas nach vorn ausfallende Steven ging mit sehr kleiner Rundung in den maximal 72 cm hohen Wiegenkiel über. Der Kutter ist etwas kürzer als die vorhergehenden. Die kleineren L/B und B/T mögen die Ursache kleinerer Völligkeitsgrade sein, aber eine schärfere und schlankere Form wurde damit nicht erzielt. Die um $15^0/0$ größere Segelfläche bewirkte mit dem ziemlich hoch liegenden Segelschwerpunkt eine Anfangssegelstabilität mit $\varepsilon = 27{,}5$ oder $7{,}9°$ Neigung.

Als letzter dieser Kutter soll der auf der Werft von Joachim Behrens, Finkenwerder, 1905 gebaute „Senator von Melle" HF 258 betrachtet werden (Tafel XI). Die Hauptabmessungen entsprechen etwa denen des „Louis und Emma", aber „Senator von Melle" hatte einen wesentlich größeren Tiefgang und auch größere Breite in der CWL. Das ergab ein wenig völliges Hauptspant von V-Form mit hohem Balkenkiel. Da auch δ und α relativ gering waren, so entstand trotz der kleineren L/B- und B/T-Werte ein scharfes und schlankes Schiff. Ein Segelriß steht nicht zur Verfügung. Bei Verwendung des Krögerschen Segelrisses eines Hochseefischkutters mit 210 m² Segelfläche ergibt sich ein ε vоо 23,8. Es ist aber anzunehmen, daß der Kutter eine größere Segelfläche tragen konnte, denn das Takelmaß $\sqrt[2]{S}/\sqrt[3]{D}$ betrug nur 3,18. Nach Angaben von Kapitän H. Fick ist der „Senator von Melle" wahrscheinlich in dem Dezembersturm 1919 vollständig gekentert und hat sich nach dem Verlust‚beider Masten wieder aufgerichtet.

Wie schon weiter oben erläutert wurde, lassen sich genauere Stabilitätsangaben nicht machen, da bei den Kuttern und Kutterewern der eingebaute Ballast, mit denen diese Typen versehen waren, meistens unbekannt ist. Nach Dittmer und Buhl hatte der Kutterewer „Albatros" 0,8 t Ballast und der Kutter „Louis und Emma" 3 t, bestehend aus Zement und Steinen, das zwischen der Vorkante Bünn und dem Vorsteven zwischen den Innenhölzern, d. h. den Bodenwrangen, eingebracht war. Auch das zur Konservierung der geschlachteten Fische, wie Schellfisch,

Abb. 10. Spantenmodell eines Hochseefischkutters
Seitenansicht (Altonaer Museum)

Abb. 11. Spantenmodell eines Hochseefischkutters
Ansicht von oben (Altonaer Museum)

Abb. 12. Spantenmodell des dänischen Fischkutters „Ellen" K 2
Seitenansicht (Altonaer Museum)

Abb. 13. Spantenmodell des dänischen Fischkutters „Ellen" K 2
Ansicht von oben (Altonaer Museum)

Abb. 14. Spantenmodell des dänischen Fischkutters „Ellen" K 2
Längsschnitt (Altonaer Museum)

Abb. 15. Spantenmodell des dänischen Fischkutters „Ellen" K 2
Beseglung (Altonaer Museum)

Kabeljau und dergl. mitgeführte Eis, das bis zu 3 t betrug, beeinflußte die Stabilität natürlich nicht unwesentlich.

So hat sich also formenmäßig zu Anfang dieses Jahrhunderts ein Typ an der Elbe entwickelt, der von dem englischen Vorbild durch ein geringeres L/B ein größeres B/T bei fast gleichen Völligkeitsgraden aber größerem Schlankheitsgrad unterschied. Die vollständige Beseglung lag stets unter dem Takelmaß der Sportfahrzeuge mit $\sqrt[2]{S}/\sqrt[3]{D} = 4,0$. Die breite Form sichert eine hohe Anfangsstabilität, aber der größte Hebelarm befindet sich z. B. bei einem breiten flachen Kutter schon bei etwa 15°, während bei schärferen schmaleren Typen das Maximum der Stabilität bei etwa 50° liegt, bei geringerer Anfangsstabilität.

Aber auch die Innenholzkonstruktion ist in mancher Hinsicht verbessert worden (Abb. 10—14). Zu diesem Zweck zeigte man den Fischern und Schiffbauern an Spantenmodellen, also ohne Beplankung, vom alten Ewer und von Kuttern dänischer Bauart die Möglichkeiten, die heimische Bauweise zu verbessern. Gleichzeitig erschien 1904 die schon erwähnte Schrift „Seefischereifahrzeuge und -boote ohne und mit Hilfsmaschine" von dem Kapitän z. S. R. Dittmer und dem Schiffsbaumeister H. V. Buhl in Frederikshavn.

Aus den Modellen geht besonders deutlich die konstruktive Entwicklung des Kutters aus dem Ewer mit all ihren Mängeln hervor. Bei dem Ewer wurde auf dem flachen Boden an beiden Enden der Steven mittels Knie und Binnensteven aufgesetzt. Die Querfestigkeit des Bodens wurde durch die Lager erzielt, an denen man die Sitzer als Spantengerüst für die Kahnplanke und Binnenplanken befestigt hatte. Im Bereich des weit vorragenden gekrümmten Vorstevens sind die Spanten als Kantspanten ausgeführt. Die Sitzer sind durch knieförmige Auflanger für Bergholz und Oberplanke verlängert. Die für das Deck sehr kräftigen Deckbalken sind dort, wo Niedergang, Mast und Bünnluke den Querverband des Decks teilweise unterbrechen, durch horizontale Decksknies mit dem Balkweger verbunden. Der Raum, der etwa 6 m langen Bünn ist an den Enden durch ungefähr 30 cm starke Schotten abgeschlossen und durch zwei weitere gleichstarke in 3 Abteilungen getrennt. Der Bünnraum, der oben durch das Bünndeck in etwa 60—70 cm Höhe abgeschlossen war, konnte durch einen 1 m breiten Schacht beschickt werden. Die Nachteile dieser Bauweise bei Krängung und Sturzseen sind schon weiter oben behandelt. Darüber hinaus ist aber festzustellen, daß die gesamte Längsfestigkeit sehr mangelhaft ist. Ebenso leidet auch die Querfestigkeit durch die im Bereich der Luken unterbrochenen Deckbalken.

Bei dem Übergang vom Ewer zum Kutter über den Kutterewer ist klar erkenntlich, daß man den Ewerboden einfach durch den Kiel er-

setzte und nun auf diesen die Twillen und Bodenwrangen, je nach
Schärfe des Schiffes, aufsetzte und teilweise durch ein Kielschwein ver-
band. Im Bereich der 6 m langen Bünn sind aber nur die Bünnschotten,
die „Schweften", auf dem Kiel verbolzt. Die Spanten sind hier über dem
Bünndeck durch kurze Spantknies ersetzt. Das Modell des Kutters
„Präsident Herwig" zeigt, wie man schließlich den Bünnschacht bis zum
Bünndeck hochführte und auf diese Weise die Bünnluke auf etwa 1,0 m
x 4,0 m verkleinerte gegen 4,0 x 2,50 m ÷ 3,0 m. Zum Entleeren der
Bünn erhielt der Schacht an Steuerbord oben eine schmale Klappe. Diese
Bauweise wurde 1904 bei dem Kutterewer „Albatros" HF 164, dem
Ewer „Maria" HF 211 und dem Kutter „Louis und Emma" HF 260
nachträglich durchgeführt.[9] Dabei wurden auch zwei Decksbalken über
den Bünnschacht übergebaut, so daß die Querfestigkeit erheblich verbessert wurde. Der auf dem Bünndeck liegende Eisraum, der ursprünglich durch die große Luke zugänglich war, erhielt jetzt jederseits der
Bünnluke eine einzelne kleine verschalkbare Niedergangsluke. Die Bünnluke erhielt kein Süll und die Lukendeckel brauchten nur lose aufzu-
liegen. Bis 1906 hatte man mit den Erfahrungen, die man mit diesen 3 Fahrzeugen gemacht hatte 125 Finkenwerder Hochseefischereifahrzeuge und bis
1908 die ganze Flotte umgebaut. Zu den Umbaukosten von 300 Mark für
Ewer und 350 Mark für Kutter wurden den Fischern aus Reichsmitteln
Beihilfen von 260 Mark und 300 Mark zur Verfügung gestellt.[39]

Das Vorschiff (vor der Bünn) des Kutters „Präsident Herwig" war zur
Erhöhung der Querfestigkeit mit 10 Doppelspanten versehen, während
im Achterschiff die einfachen Spanten beibehalten wurden. Im Gegensatz zum Ewer, bei dem die Spantköpfe am Bug nach achtern niedriger
werdend über das Deck herausragten und oben durch das Schandeck,
außen durch das hochgezogene Bergholz und innen durch die Binnen-
bordsverkleidung verdeckt waren, verlief dieser Bauteil beim Kutter
nicht ins Deck. Er wird Festebug genannt und blieb z. T. bis zum vorderen Pollerpaar in gleicher Höhe und verstärkt dadurch das Setzbord,
das nach achtern zum Heck führte.

Die Gillingspanten des Spiegels waren so angeordnet, daß er eine
Querwölbung bekommt. Auch sie überragten das Deck achtern, wie vorn
die Spanten im Festebug. Dadurch wurde der Spiegel bis zur Höhe des
Setzbordes geführt. Das Schandeck, das ja als horizontales Holz das Setzbord abschloß, verdeckt auch die Spantköpfe des Spiegels wie im Vorschiff den Festebug. Innen wurden die Spanten ebenfalls verkleidet. Die
Gillingspanten besaßen an der Unterkante des Spiegels einen Knick, so
daß ihr unterer Teil die Beplankung des überhängenden Hecks aufnehmen konnte.

G. Junge und E. Kühl haben bei ihren Modellen den Balkweger für die
Decksbalken ein wenig eingeschnitten. Ob ihre Kutter wirklich so aus-

geführt wurden, ist nicht mehr festzustellen. Bei J. C. Wriede lagen die Decksbalken ebenso wie bei dem noch zu beschreibenden englischen Kutter und dem alten Ewer auf dem Balkweger und waren durch ein Horizontalknie mit 2 Spantköpfen verbunden.

Das verhältnismäßig große Totholz ergab später genügend Gelegenheit zum Einbau eines Schraubenrahmens, wie überhaupt die hydrodynamischen Verhältnisse bezüglich des Nachstromes nicht nur für das Segelschiff, sondern auch später für das Motorschiff durch diese Gestaltung des Unterwasserschiffes bedeutend verbessert wurde.

Viel systematischer durchkonstruiert waren die dänischen Kutter, deren Form ihre Herkunft von den alten Klinkerkuttern verrät, in einer Bauweise, die sich bis in vor- und frühgeschichtliche Zeit zurückverfolgen läßt. Als Beispiel wurden vom Deutschen Seefischerei-Verein 1904 drei Modelle des dänischen Snurrewaden-Motorkutters „Ellen" K 2 beschafft und den Fischern auf Ausstellungen vorgeführt (Abb. 12—15), und zwar zeigten die Modelle drei Kutter in Spanten, im Schnitt und mit Beseglung.

Der Unterschied gegenüber der deutschen Konstruktion liegt hauptsächlich darin, daß der Kutter einen vollständig mit Spanten aufgebauten Rumpf besitzt, in den gewissermaßen nachträglich die Bünn durch Bünnschotten und -deck eingebaut wurde. Zwischen den Schächten befindet sich ein Quergang, der durch eine Einsteigluke die Möglichkeit gibt, auf beide Seiten des Bünndecks zu gelangen und dort Tauwerk, Netze, Segel u. dgl. unterzubringen. Der Kutter ist von H. V. Buhl in Frederikshavn konstruiert und gebaut.[9]

Seine Haupabmessungen sind: $L_{CWL} = 18,85$ m, $B_{Gr} = 5,34$ m, Raumtiefe = 2,20 m, Tiefgang = 2,20 m. Der Kiel ist niedriger, da er hier nicht die Aufgabe hatte, die Abtrift zu reduzieren, wie es bei der deutschen Konstruktion nötig war. Die Form war nach den heutigen Erkenntnissen günstiger. Sie ähnelte der schon beschriebenen Fischeryawl. Vor und hinter der Bünn wechseln einfache und doppelte Spanten ab, während im Bünnbereich nur einfache Spanten eingebaut waren. Die Deckbalken waren nur einfach und im Gegensatz zur deutschen Konstruktion in gleichmäßigem Abstand auch über den Bünnschächten verteilt. Halbe Balken finden wir nur bei dem Maschinen- und Kajütenoberlicht. Durch die gleichmäßigere Verteilung der Verbandsteile konnten ihre Abmessungen geringer sein und trotzdem einen festeren Rumpf erzielen, der nicht so leicht lecksprang. Schiffe der alten deutschen Konstruktionen waren sehr leicht dieser Gefahr ausgesetzt, ebenso wie sie leicht von oben volliefen oder kenterten, weil durch die Luvbünnlöcher soviel Luft unter das Bünndeck kam, daß das Fahrzeug sich nicht wieder aufrichtete.

Die bei einigen deutschen Bünnschächten vorgesehene, Schachtklappe nach Kühls Patent gefährdete das Schiff und wurde darum auch später abgelehnt. Schließlich griff man den Gedanken der entleerbaren Bünn wieder auf. Über die Beseglung des dänischen Kutters fehlen Angaben. Das Modell zeigt ein Gaffelgroßsegel, darüber ein gewaltiges Toppsegel, ein Besangaffelsegel mit Besantoppsegel, am Vorstag eine Stagfock, am Klüverbaum einen Klüver und darüber noch zum Masttopp einen Flieger.

Ein dänischer Kutter kostete seinerzeit:

Kutter mit Ausrüstung	19 700 M
Motoren mit Hilfsschraube und allem Zubehör	10 000 M
Motorbeiboot	1 200 M
Netzausrüstung	1 500 M
zus.	32 400 M

Die Kosten eines Finkenwerder Kutters lagen erheblich niedriger:

Schiffbauarbeiten	11 000 M
Segelmacher	1 400 M
Netze und Takelung	1 400 M
Schmiedearbeiten	1 350 M
Guß, Ketten und Boot	1 600 M
Blockmacherarbeiten	230 M
Klempnerarbeiten	200 M
Farben und Öl	100 M
Prämie der Versicherung	142 M
Für Verschiedenes	300 M
zus.	17 722 M

Man darf natürlich nur die Schiffskosten vergleichen, da bei dem „Präsident Herwig", um den es sich hier handelt, kein Motor eingebaut war. Dafür war die Windenanlage für die Scherkurre teurer.

Wie wenig Einfluß die englischen Fischersmacks bezüglich der Innenholzkonstruktion auf die deutschen Hochseekutter hatten, zeigt das Ausstellungsmodell eines englischen Kutters von unbekannter Herkunft, das sich im Altonaer Museum befindet. Das Spantengerippe besteht von vorn bis achtern aus Doppelspanten mit einem Zwischenraum zwischen je 2 Doppelspanten von einer Spantdicke. Im Abstand von etwa 2 Spantenpaaren sind gleichmäßig die Decksbalken verteilt, die gegen das Schandeck mit einem liegenden Knie verbunden sind. Alle Luken, Niedergänge, Mastfischungen und dergl. müssen zwischen dem Spanten- und

Decksbalkensystem eingepaßt werden. Die Heckspanten sind auf ¼ Breite jeder Seite mit einem wegeartigen Langholz mit den 4 achtersten Spantenpaaren verbunden, wodurch die Konstruktion des Überhanges gegen die starken Beanspruchungen beim Einsetzen in die See gut abgefangen werden. An Längsträgern zeigt dieses Spantmodell außer dem Kiel nur den Balkweger und 2 Unterbalkweger, keinen Kimmweger. Es ist kein Festebug vorhanden, sondern von vorn bis achtern sind in die Zwischenräume zwischen den Spanten in regelmäßigen Abständen Schanzkleidstützen eingefügt. Im Bereich der 7 achtersten Doppelspantenpaare ist jederseits auf der Innenseite dieser Schanzkleidstützen bis zum Spiegel ein Langholz befestigt, das ebenfalls zur Festigung als obere Gurtung des Überhanges dienen sollte. Der Einfluß der großen Seitenhöhe im Verhältnis zu dem Bünnkuttermodell geht aus dem niedrigen Kiel, aus dem Übergang vom Vorsteven zum Kiel, kurzum aus der ganzen Form des Modells hervor. Auch das Fehlen der Bünn ist so zu erklären.

Zusammenfassend läßt sich sagen, daß der englische Kutter folgende Unterschiede gegenüber dem damaligen deutschen Kutter aufwies: 1. er hatte einen niedrigeren Kiel, 2. eine größere Seitenhöhe, 3. fehlte ihm die Bünn, und 4. war der Übergang vom Vorsteven zum Kiel anders als bei deutschen Kuttern.

Einführung von Motoren und Scherbrettnetz

1903 wurden von seiten des Deutschen Seefischerei-Vereins umfangreiche Versuche angestellt, um einmal die Brauchbarkeit der Verbrennungskraftmaschine im Fischereibetrieb zu beweisen und außerdem dem deutschen Fischer den Vorteil des Schernetzes und der Snurrewade vorzuführen.[39] Die Prüfungskommission bestand aus:

Rechtsanwalt Dr. Möring, Hamburg, Vorsitzender
Fischereipächter Breckwoldt, Altenwerder
Königl. Oberfischmeister Decker, Altona
Fischereiinspektor Lübbert, Hamburg
Schiffbaumeister Wriede, Finkenwerder.

Als Versuchsfahrzeuge dienten:

Der Ewer „HF 211 Maria", Seefischer W. Schumacher
Der glatte Kutter „HF 164 Albatross", Seefischer J. Lührs
Der scharfe Kutter „HF 260 Louis und Emma", Seefischer Fock und Christensen.

Diese Fahrzeuge wurden mit Petroleumglühkopfmotor der Firma Houmöller Gebrüder in Frederikshavn, Typ „Alpha", ausgerüstet. Es waren Viertakt-Maschinen mit einem Ansaugventil für Luft, einer Brennstoffdüse, die Petroleum auf einem warmen Vergaserkopf zerstäubte und einem Auspuffventil. Beide Ventile wurden mit Federn geschlossen. Es erhielten HF 211 einen 8-PS-Motor, HF 164 einen 12-PS-Motor und HF 260 einen 16-PS-Motor. Die Drehzahlen betrugen 300—400 je min. Bis dahin hatte man kaum Erfahrung mit Motoren auf Fischereifahrzeugen, denn 1897 hatte man den Blankeneser Kutter „Apoll" SB 76, der 1884 bei Jacob Kremer, Elmshorn gebaut war, mit einem 2-PS-Petroleummotor von Deutz für die Netzwinde und einer Zirkulationspumpe versehen. Aber 1902 baute man ihn, da er unpraktisch war, wieder aus.

1898 erhielt der Amrumer Kutter „Hilda" einen Jastram-Motor für den gleichen Zweck, und 1900 der Cranzer Kutter „Oberfischmeister Decker" einen 8-PS-Jastram-Motor für Netzwinde und Hilfsschraube. 1903 brannten beide Kutter ab, da die Motoren mit offener Flamme erhitzt wurden.[50]

Die dänischen Maschinen waren ausgewählt worden, da sie betriebssicherer waren als die deutschen, aber als gut durchkonstruiert konnte man sie kaum bezeichnen.[9] Das gilt auch für den Glühkopfmotor „Alpha",

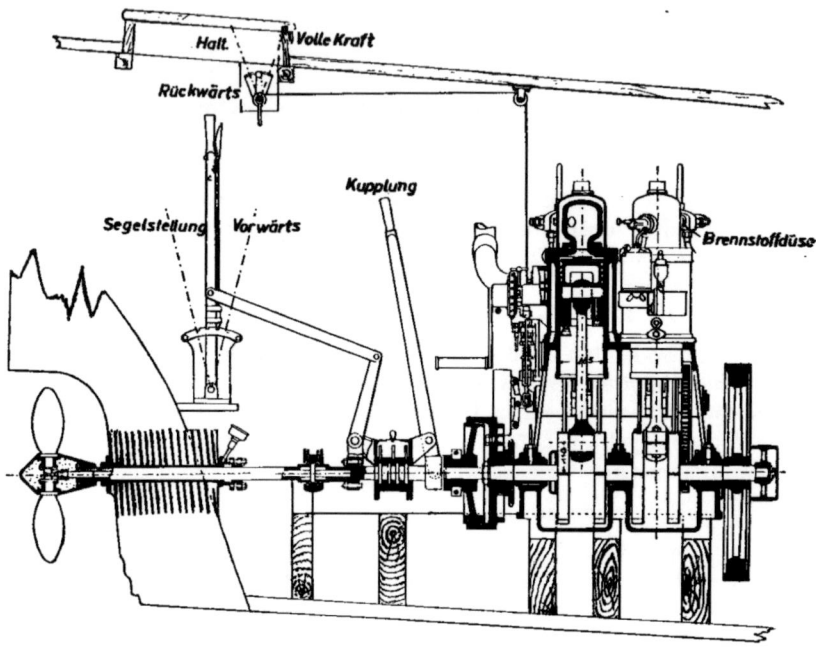

Abb. 16. Schnitt durch eine Motoranlage von Daevel, Kiel

Zweizylinder-Glühkopfmotor von 16 PS mit Umsteuerschraube

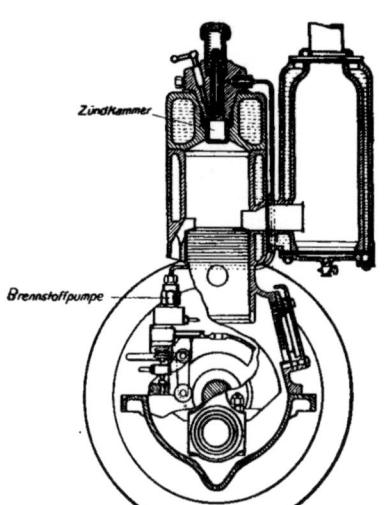

Abb. 17. Deutz-Dieselmotor um 1924

der in seiner ganzen Konstruktion mit dem Zylinder auf den 4 Säulen-
beinen, mit dem kugelförmigen Glühkopf ohne Schutzhaube auf dem Zylinder und den freien Zahnradübertragungen für die Ventilsteuerung
alles andere als den Eindruck einer Arbeit erfahrener Konstrukteure
macht. So waren im Grunde genommen diese komplizierten Viertakt-
maschinen dem unerfahrenen Seefischer nicht zu empfehlen. Immerhin
war man damals mit den Ergebnissen der Untersuchungen zufrieden und
war der Meinung, daß Motoren von 12 und 16 PS stark genug seien, um
ein Schernetz bei Windstille ohne Benutzung der Segel zu schleppen. In
Dänemark war man anscheinend noch bescheidener insofern, als man
meinte, daß ein Motor von 6 PS, der eigentlich nur die Windenanlagen
treiben sollte, über einen Kettenantrieb durch eine zweiflügelige Segel-
schraube einem 20- bis 40-t-Kutter eine Geschwindigkeit von 2—3 Knoten
geben könne. Man ist jedoch sehr schnell zur fest eingebauten Schraube
übergegangen, zumal man bei schwerem Wetter die übergehängte
Schraubenanlage ausbauen mußte. Der maschinelle Antrieb der Winden
bzw. des Spills ist in England schon 1884 eingeführt worden.[34] Die Spille
wurden mit einer kleinen Dampfmaschine versehen, die auf dem Spillkopf aufgebaut war und ihren Dampf aus einem kleinen Kessel in
einem Raum neben der Kajüte bezog. Die Dampfleitung hatte man durch
die Achse des Spills geführt. Da die englischen Smacks, wie wir sahen,
größer als unsere deutschen Kutter waren und außerdem nicht mit einer
Bünn versehen waren, stand für die Unterbringung einer solchen Anlage mehr Raum zur Verfügung. Die Versuche erstreckten sich auch auf
die Einführung des Schernetzes und der Snurrewade in die Kutterfischerei. Während sich das Schernetz als unbedingt vorteilhafter als die
Baumkurre erwies, stellte sich die Snurrewade als ein zu teures Gerät
heraus. Anfangs waren Schernetz und Baumnetz mit einer Kurrleine und
2 Springs (Hahnepoten) versehen.

Das Aussetzen eines solchen Netzes ging in der Segelfischerei nach
Kapitän H. Fick wie folgt vor sich:

Der Kutter lag mit niedergefierter Fock am Wind. Das in Luv hinter
dem Großwant an Deck liegende Achternetz wurde über Bord geworfen
und trieb vom Schiff nach luvwärts ab, so daß es in Verbindung mit den
am Bug und den eben vor dem Want angebrachten Rollen oder Lippen
hängenden Scherbrettern klar vom Schiff abstand. Darauf wurde der
Klüver backgeholt, die Fock aufgeheißt und die Besanschot aufgefiert.
Ebenso wurde die vordere Spring aus der Vorderlippe ausgeworfen und in
die Achterlippe vor dem Großwant befördert. Durch diese Maßnahme fiel
der Kutter nach Lee ab und nahm, nachdem die Fockschot in Luv gelöst
wurde, ja nach der vorherrschenden Brise Fahrt auf. Die Bretter scher-
ten aus und die Bremse am Handspill wurde gelöst. Waren die Sprinken

aufgefiert, wurde durch den auf der Kurrleine befindlichen Klotje der
Reder gezogen und am Achterpoller hinter dem Besanwant belegt.

Nachdem je nach der Tiefe genügend Kurrleine ausgelaufen war, wurde
die Bremse angezogen und auch die Besanschot wieder angeholt. Alsdann wurde der Kutter durch Anholen oder Fieren des Reders an den
Wind gelegt und das Ruder mittschiffs festgelascht.

Auf dem Vordeck befanden sich 3 eiserne Ringe, an denen die Fock
vermittels Kauschen am Achterlik bis auf $1/3$ ihrer Fläche reduziert werden konnte. Somit diente der Reder zum Regulieren des Kurses und die
Fock zum Regulieren der Zugkraft des Netzes, wie es sich je nach der
Stärke und Richtung des Windes und der Strömung ergab.

Beim Einholen des Netzes verlief der Vorgang umgekehrt:

Die Klüverschot wurde aufgefiert, die Fock niedergeholt und die
Besanschot wurde angeholt. Das Schiff lag dann auf dem Winde.

Für das Schernetz mußten einige Deckeinrichtungen neu konstruiert
werden.

Spill und Winsch in der Kleinen Hochseefischerei

Unter einem „Spill" versteht man eine Winde, bei der die Trommel oder der Spillstamm spindelförmig, d. h. konisch und gewölbt, gebaut ist, teils der Festigkeit, teils der Veränderbarkeit des Aufwickelns wegen. „Winsch" ist der plattdeutsche Ausdruck für Winde. Er wird abgeleitet aus dem englischen Wort winsh = Winde, wobei meistens eine Winde mit zylindrischer Trommel gemeint ist.

Das Modell des Pfahlewers von 1764 zeigte nur ein „Bratspill" zum hieven des Ankertaues.

Durch die Firma Rabba, Steinwerder, gelangte ein Satz von 12 Winden und Spille in den Besitz des Altonaer Museums. Sie sind im Maßstab 1 : 5 gebaut und die Veranlassung zum Bau der Modelle eines Pfahlewers um 1800, des Mühlenberger Besanewers „Austernpacket" SM 3 und des Hochseefischkutters HF 244 „Astarte" im gleichen Maßstab gewesen.

Der Pfahlewer ist in der Form bald nach 1800 dargestellt. Das Ankerspill bestand aus einem Spillstamm, achtkantig von 1,75 m Länge, 0,30 m Dicke in der Mitte und 0,28 m an den Enden. An den Enden waren je vier vierkantige Löcher von 0,06 m wechselseitig für die Handspaken ausgestemmt. Durch die wechselseitige Anordnung konnte abwechselnd backbord oder steuerbord eine 1,30 m lange Handspake gesteckt werden, mittels deren eine achtfache Kraft als Zugkraft am Ankertau ausgeübt werden konnte. Ein Rücklauf des Spills wurde durch acht Pallgatten von 0,11 m, die schräg in den Spillstamm geschnitten waren, und ein hölzernes Pall verhindert. Der Spillstamm war seitlich in zwei entsprechend bearbeiteten Lagern am Festebug drehbar gelagert. Von der gleichen Art wird das Ankerspill, auch Bratspill genannt, auch auf den alten Pfahlewern des 17. und 18. Jahrhunderts gewesen sein.

Mit der Vergrößerung des Fischewers zum Giek- und Besanewer erfolgte auch der Einbau eines kräftigeren Bratspills (Abb. 18).

Der nur 1,40 m lange Spillstamm hatte in der Mitte eine Dicke von 0,35 m bei achtkantigem Querschnitt. Er verjüngte sich an den Enden auf nur 0,32 m. An beiden Enden war er in zwei 0,11 m dicke Betinge mit Schloßholz derart gelagert, daß seine Achse 0,30 m über Deck lag. In der Mitte war der Spillstamm mit einem 20 cm breiten eisernen Pallring versehen, in dessen Zähne drei eiserne, an einer 0,85 m hohen und 0,20 m dicken Pallbeting gelenkig befestigte Pallen eingreifen. Vier kreuzweise Löcher von 0,06 m, die man aber nicht wechselseitig eingestochen hatte, gestatteten das Einstecken von Handspaken. Vier um 45°

dagegen versetzte Löcher in den 0,35 m langen und 0,30 m dicken Spillköpfen, die außerhalb der beiden Betingen den Spillstamm verlängerten, gestatteten ein Nachfassen mit den Spaken. Die stabile Pallkonstruktion machte jedoch praktisch ein Nachfassen überflüssig. Die Ankerkette wurde jeweils mit nur drei Schlägen auf einer Seite aufgeholt. Das ablaufende Ende glitt durch ein Kettenrohr in den Kettenkasten unter Deck. Die Pallbeting war mit einer Nagelbank gegen den Steven abgestützt, nach unten bis auf das Kielschwein oder den Boden heruntergeführt. An Backbordseite war an der Pallbeting oft ein eisernes Klappscharnier befestigt, das zum Lagern des Klüverbaumes diente.

In der zweiten Hälfte des vorigen Jahrhunderts wurde das Bratspill durch das sog. „Pumpspill" (Abb. 19) leistungsfähiger gestaltet. Auf dem 1,75 m langen Spillstamm, der etwa in der Mitte 0,375 m dick war, hatte man an jedem Ende zwei achtrippige Spillkränze aus Holz aufgezogen. Ihre Durchmesser betrugen 0,525 m und 0,41 m. Der Spillstamm lagerte wieder in zwei Betingen von 0,110 m Dicke und 0,40 m Höhe. Außerhalb der Beting waren zwei Spillköpfe mit Handspakenlöchern für Verholarbeiten und dgl. befestigt. In der Mitte hatte man den Spillstamm mit einem 20 cm breiten eisernen Pallring von 0,45 m Durchmesser versehen, der auch hier drei Pallen in einer 30 cm dicken und 0,90 m hohen Pallbeting für eine Sperrung des Spills aufnahm. Die Ankerkette war mit drei Törns um einen der beiden 50 cm langen Spillkränze gelegt. Die Drehung erfolgte durch zwei Pallringe von 7,5 cm Dicke und 0,535 m Durchmesser, die 23 cm aus der Mitte auf dem Spillstamm befestigt waren. Zwei Schuhe ließen sich um die Spillachse drehend mit einem Hebel auf und ab bewegen und griffen mit drei Pallen in den Pallring so ein, daß er nur in einer Richtung gedreht wurde. Die Hebellänge betrug etwa 25 cm, so daß sich mit dieser Einrichtung die 2,14fache Kraft aufwenden ließ. Aber dieser Schuhhebel wurde nicht direkt betätigt, sondern auf der Pallbeting war ein Balancier mit zwei eisernen Hebelstangen angebracht, und dieser Balancier griff mit Zugstangen in die Schuhhebel ein. Da die eisernen Stangen 1,95 m, die Zugstangen aber nur 0,25 m vom Drehpunkt des Balanciers entfernt waren, so ergibt sich eine Hebelwirkung von $8 \times 2,14 = 17,16$. Nehmen wir die Schub- oder Zugkraft eines Menschen gleich seinem eigenen Gewicht, also durchschnittlich mit 75 kg, an, so können also mit einem Bratspill 600 kg Zugkraft, mit einem Pumpspill aber 1285 kg erzeugt werden. Außerdem hat aber das Pumpspill den Vorzug einer gleichmäßigeren Verteilung des Zuges. Bei der Berechnung ist eine sehr geringe Kraftentfaltung angenommen, die je nach Konstitution das Drei- bis Vierfache annehmen kann. Andererseits ist die Reibung in der Lagerung und die der Kette in der Klüse nicht berücksichtigt, die ebenfalls in eine exakte Berechnung mit einbezogen werden müssen.

Abb. 18. Bratspill auf einem Fischewer

Abb. 19. Pumpspill auf einem Fischkutter

Mit der Einführung der Baumkurre in die Blankeneser Hochseefischerei wurde ein leistungsfähiges Spill zum Einhieven der Kurrleine erforderlich. Anfangs scheint man nur ein einfaches Pfahlspill benutzt zu haben; an vielen Modellen und einzelnen Bildern sind diese Pfahlspille dargestellt. In ihrer ältesten Form mögen sie dem des Modells eines Pfahlewers nach 1800 entsprochen haben.

Ein 1,35 m hoher Holzkonus, der Spillstamm, war achteckig oder rund, unten 0,35 m und oben 0,25 m dick. Immer war ein 0,175 m hoher achtkantiger oder zylindrischer Kopf auf dem Spillstamm mit ausgearbeitet, in den kreuzweise quadratische Löcher (0,06 m) für die Handspaken eingearbeitet waren. Zuweilen war auf den Seiten des Spillstamms zur Erzeugung einer größeren Rauhigkeit eine etwa 8 cm breite Leiste befestigt. Die konische oder spindelförmige Form der Spille bewirkte und erleichterte ein sauberes ordentliches Nebeneinanderliegen der Tauwindungen. Bei den ältesten Pfahlspillformen war der Stamm bis auf das Kielschwein oder den Boden heruntergeführt und hier in einer Spur gelagert. Im Deck war nur ein zweites stützendes Fischlager. Sicher war dieses entweder undicht gegen überkommende Seen oder es klemmte.

Infolgedessen verbesserte man die Konstruktion dadurch, daß die Trommel sich mit einem 10 cm hohen und 7 cm dicken eisernen Zapfen drehte, der in eine entsprechende eiserne Spur auf Deck eingesetzt wurde. Ein Splint mit Scheibe verhinderte das Ausheben des Spills. Zur Erhöhung der Festigkeit wurden Spillstamm und -kopf an den Enden mit eisernen Bändern versehen.

Eine weitere Verbesserung ist sicher in dieser Entwicklungszeit sehr bald erfolgt, nämlich die Anbringung eines festen Pallringes an Deck, in die eine kleine Palle griff. Diese war aber so unglücklich konstruiert, daß sie sich nicht vollständig auskuppeln ließ und daher nur eine Drehrichtung gestattete. Die ursprünglich 3,10 m langen Handspaken wurden durch den Spillkopf geschoben, so daß also nur zwei Mann an dem Spill arbeiten konnten, was ja praktisch genügte. Diese Handspaken waren nur zu $1/3$ bis $1/4$ vierkantig, der übrige Teil rund gearbeitet. Die langen Handspaken wurden später durch kürzere, 2,75 m lange, von 9 cm Dicke ersetzt. Bei einer mittleren Dicke von 30 cm und einer halben Spakenlänge von 1,38 m ergibt sich eine neunfache Kraftübertragung, bei 1,50 m halber Spakenlänge und 40 cm Stammdicke erhält man nur ein Kraftübertragungsverhältnis von 1 : 7,5.

Mit der Weiterentwicklung der Fangfahrzeuge wurde auch ein leistungsfähigeres Spill erforderlich, das nun nicht mehr aus Holz, sondern möglichst aus Eisen hergestellt wurde, das sog. „Plattspill" (Abb. 20). In der ursprünglichen Form bestand das 1 m hohe Spill aus einem konischen hölzernen Spillstamm, der unten 0,65 m und an seiner dünnsten Stelle 0,40 m Durchmesser hatte. Auf dem Stamm saß ein Zahnkranz von 0,65 m Innen-

Abb. 20. Plattspill auf einem Fischkutter

Abb. 21. Krüppelwinsch am Großmast

und 0,80 m Außendurchmesser. Eine im Deck befestigte Achse trug diesen Spillstamm drehbar. Mit dieser Achse durch einen Splint fester verbunden lag in dem Zahnkranz eine Kopf- oder Lagerplatte, auf der jeweils zwei Lager gebaut waren für zwei Kegelräder mit 0,14 m Innendurchmesser. Diese Triebe konnten durch zwei Kurbeln mit 0,40 m Radius gedreht werden und zwar unabhängig voneinander, da jeder Trieb seine eigene Welle hatte. Am Fuß des Spillstammes waren 4 hochklappbare Pallen angebracht, bei deren Eingriff eine rückläufige Bewegung des Spills verhindert wurde.

Für Arbeit an einer Kurbel ist die durchschnittliche Leistung für längere Zeit bei 1 m Umfangsgeschwindigkeit je Sekunde zu 1/10 PS = 7,5 mkg/sec ermittelt worden. Damit ergibt sich die Möglichkeit die Leistungsfähigkeit einer Winde rechnerisch festzustellen. Für kürzere Zeit setzt B. Müller 15 kgm/sec ein.[42] Bei 7,5 mkg wurden an den Zahnkranz 42,9 kg, an den Spillstamm 199 kg und an die Kurrleine auf dem mittleren Spilldurchmesser von 0,50 m 153 kg (2,04 PS) abgegeben, wobei natürlich die Reibungsverluste in den Lagern nicht berücksichtigt sind. Bei der Umfangsgeschwindigkeit von 1 m/sec an der Kurbel bekommt die Spilltrommel eine solche von 1 m in 11,65 sec oder 0,086 m/sec.

Das erste derartige Plattspill wurde 1861 auf einem Ewer des Seefischers Joh. Plaas aus Finkenwerder eingebaut.[62]

In den sechziger Jahren wurden zum Teil aus England eingeführte Plattspille verwendet, die, nun vollkommen aus Eisen hergestellt, wesentliche Verbesserungen aufwiesen.[63] Die Achse dieses Spills war mit der Grundplatte, die mit 6 Bolzen auf dem Deck festgeschraubt war, fest verbunden. Auf der Grundplatte befanden sich 2 ineinanderliegende Pallkränze, für jede Drehrichtung einer. Die eiserne Spilltrommel von 0,60 m Höhe und 0,185 m Kerndurchmesser war auf einer 7,5 cm dicken Scheibe von 0,67 m Durchmesser befestigt, die an ihrer Außenkante eine Nute für ein Bremsband aufnahm. In der Bremsscheibe befanden sich 3 Paar Löcher, in die vierkantige eiserne Bolzen von 20 mm Dicke als Pallen eingesteckt werden konnten. Auf der Trommel waren 2 Radkränze, deren äußerer 0,90 m Außendurchmesser und deren innerer 0,433 m Außendurchmesser hatten. Fest auf die durchragende Drehachse hatte man eine Lager- oder Kopfplatte von 0,95 m Durchmesser gekeilt. Die Kopfplatte besaß 2 Lager durch die eine Welle so gelagert war, daß sie durch einen Bügel exzentrisch gehoben werden konnte. 2 Kegelräder von 155 mm Durchmesser konnten auf der Welle mittels einer Klauenkuppelung wahlweise in je einem der Radkränze zum Eingriff gebracht werden. Mit einer Kurbel von 40 cm Drehradius ließ sich die Welle drehen.

Dabei wurden bei 7,5 mkg/sec Drehleistung an der Kurbel von den Kegelrädern 387 kg an die Radkränze abgegeben. Der innere Radkranz übertrug 105,0 kg, der äußere 219,0 kg. An die Kurrleine gab die Übersetzung mit dem inneren Radkranz 94,5 kg, mit dem äußeren 225 kg. Dafür lief die Trommel aber bei 1 m/sec Kurbelgeschwindigkeit mit 0,143 m/sec im ersten Fall, im zweiten dagegen nur mit 0,069 m/sec.

Die Veränderung der Drehzahl und Möglichkeit des Auskuppelns des Getriebes, sowie die Bremsmöglichkeit der Trommel bedeuteten für die Praxis eine ganze Reihe Vorteile.

Beim Aussetzen der Kurre konnte man die Trommel gefahrlos leerlaufen lassen, beim Hieven — solange die Kurre noch teilweise auf Grund lag — konnte man mit kleinerer Untersetzung, also weniger Kraft, größere Geschwindigkeiten erzielen. Beim Heben der gesamten Kurre arbeitete man mit größerer Untersetzung, also mit größerer Kraft und geringerer Geschwindigkeit. Die Pallkränze gestatteten jederzeit eine Unterbrechung der Arbeit ohne Gefahr. Einzelne derartige. Plattspille waren auch noch mit einem Vorgelege versehen, so daß sich noch größere Leistungen erzielen ließen. Aber diese Plattspille hatten den Nachteil, auf dem Vordeck verhältnismäßig viel Raum einzunehmen.

Die damals anfangs in England, später auch in Deutschland hergestellten Kopfspille (Abb. 23) hatten nur einen Zahnkranz von 0,55 m äußerem Durchmesser, in den als Antrieb ein Kegelrad von 0,16 cm eingriff. Dadurch, daß dieses Kegelrad verschiebbar auf der Welle saß, konnte man den Antrieb der Kurbel ganz ausschalten und in einem Kasten sichern. Die Antriebswelle war in einem kastenförmigen Gestell gelagert, verbunden mit der Achse der Trommel. Die Abmessungen der Trommel waren: Höhe 50 cm und Durchmesser 15 cm. Am Fuße hatte sie Pall- und Bremseinrichtungen wie bei dem vorherbeschriebenen Spill. Auf der Kegelradwelle saßen zwei kleine Zahnräder, in die Zahnräder der Antriebswelle mit zwei Kurbeln eingriffen. Bei der Konstruktion von I. A. T. Langloff, Hamburg,[62] ließ sich diese Welle wie bei dem vorherbeschriebenen Spill mittels Bügel und Exzenterlager ausheben. Bei der Bauweise von J. Rabba, Hamburg lag noch eine zweite Welle in der Höhe der Antriebswelle, über die ebenfalls die Kegelradwelle getrieben werden konnte. Da sich diese Welle um die Antriebswelle in ihren Lagern verschieben und feststellen ließ, konnte man die Über- bzw. Untersetzungen 0,37—1,64 und 0,61 außer der völligen Auskuppelung erzielen.

Da diese Spille mit der Kurrleine belegt waren, benötigte man zum Segelsetzen — die Großsegelfläche mit den Rundhölzern verlangte eine erhebliche Kraft —, zum Aussetzen des Bootes oder zum Überhieven des Netzsteertes eine besondere Winde (Abb. 22). Daher wurde hinter dem Mast eine Segelwinde aufgestellt. Sie hat auf beiden Seiten einen

Spillkopf, dessen Welle mit zwei Zahnrädern von 0,550 m und 0,675 m Durchmesser von einer Antriebswelle mit zwei Handkurbeln angetrieben wurde. Zwei Pallräder ermöglichen eine Sperrung gegen Rücklauf. Die Antriebswelle mit den Kurbeln ist in ihren Lagern verschieb- und feststellbar, so daß wahlweise das Rad, von 0,27 m Durchmesser in das kleinere, oder das von 0,13 in das größere Rad der Spillkopfwelle eingriff. Dadurch konnten im ersten Fall 59,0 kg, im zweiten 84,5 kg Zugkraft in entsprechend längerer Zeit übertragen werden.

In vielen Fällen, besonders bei kleinen Ewern, ist für die gleichen Aufgaben eine einfachere Winde, die mit einem starken eisernen Band am Mast befestigt war, benutzt worden. Bei dieser Winde war nur eine Untersetzung und ein Spillkopf vorhanden. Während eine Kurbel fest auf der Antriebswelle aufgekeilt war, konnte die andere lose aufgesteckt werden. Man nannte solche Winde „Krüppelwinsch" (Abb. 21). Das Untersetzungsverhältnis entsprach dem der vorherbeschriebenen, so daß auch hier 84,5 kg zur Verfügung standen. Ein Pallrad mit Palle verhinderte den Rücklauf.

Als man 1903 zum Fang mit dem Schernetz überging, genügte das Plattspill zum Hieven von zwei Kurrleinen nicht mehr.[39] Das hatten schon die Erfahrungen mit eintrommeligen Winden auf den älteren Fischdampfern gezeigt. Wenn auch ein Teil der Kutter- und Ewerfischer mit dem Platt- oder Kopfspill beide Schernetzleinen zu hieven versuchten, so gingen doch schon andere dazu über, die Segelwinsch mit den beiden Spillköpfen durch eine kräftige Winde zu ersetzen. Das erforderte allerdings 4 Mann zur Bedienung der Winden. Einige Fischer brachten an der Segelwinsch eine Trommel für die achtere Kurrleine an, womit sich der Gebrauch der Sprinken erübrigte. Andere hatten auch auf dem Achterdeck zwischen Großschot und Beiboot ein zweites Plattspill aufstellen lassen. Ferner war die Lippe zur Aufnahme der Achterleine kurz vor der Besanswant auf der Reeling angebracht.

Diese „eiserne Winde hinter dem Mast" (Abb. 24) hatte eine Trommel von 12,0 cm Kerndurchmesser und 30 cm Länge. Auf der Trommelwelle saßen 2 Zahnräder von 67 cm und 52 cm Außendurchmesser. Außerhalb der gußeisernen Lagerböcke war jederseits ein eiserner Spillkopf auf die Welle gekeilt. Der Antrieb erfolgte von einer Welle mit 2 Handkurbeln oberhalb der Trommelwelle, die verschiebbar gelagert war und deren Verschiebung verriegelt werden konnte. Dadurch war es möglich, das kleine Zahnrad von 12,5 cm in das große Trommelzahnrad oder das größere von 26 cm Durchmesser in das kleine Trommelzahnrad einzukuppeln bzw. in der Mittelstellung den Antrieb auszuschalten. In der ersten Stellung konnten 283 kg in der zweiten 100 kg, dafür allerdings mit höherer Drehzahl von einem Mann erzielt werden. Die Zugkraft war somit geringer als bei dem Kopfspill, genügte aber beim Zusammen-

Abb. 22. Segelwinsch hinter dem Großmast

Abb. 23. Englisches Kopfspill für die Kurrleine

arbeiten mit diesem vollauf. Gleichzeitig übernahmen Spillköpfe die Aufgaben der Segelwinsch. Zu diesem Zweck war die Trommel auf der einen Seite mit einem Sperr-Rad mit zwei gefederten Sperrklinken und auf der anderen Seite mit einem solchen mit einer Innensperrklinke versehen, die sich aber auskuppeln ließ. Um das letztere war außen eine Handbremse gebaut, die gestattete, die beim Aussetzen des Netzes leer laufende Trommel nach Bedarf zu bremsen. Auch für die Spillköpfe war auf einer Seite ein kleiner Pallkranz mit umklappbarer Palle eingebaut.

Der Gebrauch dieser Winde setzte einen Rollpoller hinter der Winde voraus, damit die Kurrleine zur hinteren Rollklüse auf dem Schanzkleid geleitet werden konnte.

Das umfangreiche Bedienungsmaterial machte eine einfachere Windenanlage erforderlich.

Auf den Kutterneubauten und den älteren Fahrzeugen, die z. T. mit Reichsmitteln verbessert werden sollten, wurden daher die für die Schernetzfischerei im Prinzip heute noch angewendeten Zwei-Trommel-Netzwinden aufgestellt (Abb. 25). Jede Trommel hatte 12 cm Kerndurchmesser und 0,31 m Länge, die lose auf einer Welle saßen und durch je eine Kupplung unabhängig voneinander mit ihr verbunden wurden. Außerdem hatte jede Trommel ihren eigenen Innenpallkranz mit ausrückbarer Palle und ihre Handbremse für Leerlauf. Auf den Enden der Welle waren 2 Spillköpfe mit einem Pallkranz und einer Palle aufgekeilt. Der Antrieb der Winde erfolgte von einer Kurbelwelle mit 3 losen kleinen Zahnrädern mit (1) 15 cm, (2) 15 cm und (3) 29 cm Durchmesser und 2 Kurbeln von je 40 cm Länge aus. Auf der Trommelwelle saßen fest 2 große Zahnräder mit (6) 71 cm und (7) 56 cm Durchmesser. Außerdem war noch eine Vorgelegewelle mit 2 festen Zahnrädern von (4) 43 cm und (5) 15 cm eingebaut. Durch verschiebbare Klauenkupplungen konnten die 3 losen Zahnräder der Antriebswelle in Eingriff gebracht werden, so daß also keine Welle verschoben werden brauchte. Durch Kombination der Räder (1) (4) (5) (6) ließen sich 813 kg Leinenzug erzielen, durch (2) / (6) 235 kg und durch (3) / (7) 93 kg. Auf der Antriebswelle war noch ein Schwungrad als bequemer Handgriff beim Kuppeln aufgekeilt. Sämtliche Kraftangaben sind ohne Berücksichtigung der Lager- und Taureibung zu verstehen. Ebenso ist immer nur die Kraft eines Mannes eingesetzt. Die beschriebene Winde ist eine Konstruktion von J. Rabba.

Eine etwas abgeänderte Form ist in der Arbeit von H. Lübbert dargestellt, doch scheint auch diese von Rabba zu stammen.[39] Hier sind die Vorgelegeräder nur über den 2 Trommelrädern angeordnet. Einzelheiten der Schaltung sind nicht ersichtlich. Diese Bauweise erlaubte auch einen Motorantrieb, wofür auf der Antriebswelle ein Kegelrad saß, das in ein anderes auf einer senkrechten Welle zu einem Motorraum unter Deck

Abb. 24. Eiserne Winsch hinter dem Mast beim Aussetzen des Schernetzes

Abb. 25. Zweitrommelige Winde für das Schernetz

führte. Bei beiden Konstruktionen besaßen die Winden 3 gußeiserne Lagerböcke.

Eine andere Bauweise von Achgelis Söhne in Geestemünde hatte nur zwei Lagerböcke.[42, 10] Die ganze Konstruktion war etwas kürzer als die von Rabba. Die Antriebswelle mit den beiden Kurbeln hatte nur ein Zahnrad, das auf die Vorgelegeräder wirkte. Die 4 Vorgelegeräder ließen sich mit ihrer Welle wie bei einer Drehbank verschieben. Auf jedem Ende der Vorgelegewelle war ein Spillkopf zusätzlich aufgekeilt. Ein Gallsches Kettenrad

Abb. 26. Rollpoller und Rollklüse für die Kurrleinen des Schernetzes

mit einer Schleifringkupplung gestattete den Antrieb vom Motor unter Deck. Über eine normale Kettenscheibe auf der Steuerbordseite konnte vom Vorgelege aus das Ankerspill betätigt werden. Durch die Vorgelegekombination ließen sich von einem Mann 436,3 kg, 1827 kg und 1178 kg Zugkraft übertragen, wobei Bruno Müller 15 kg je Mann eingesetzt hat, eine Leistung, die nur bei geringerer Drehzahl und nur begrenzte Zeit durchzuhalten ist. Diese Anfangskonstruktionen der Winden haben sich so bewährt, daß sie noch bis heute mit geringen Änderungen gebaut werden. Allerdings werden stets drei Lagerböcke benötigt.

In vielen Fällen — besonders bei kleinen Ewern — ist für die gleiche Aufgabe eine einfachere Winde, die mit einem starken eisernen Band am

Kasten befestigt war, benutzt worden. Bei dieser Winde war nur eine Untersetzung und ein Spillkopf vorhanden. Während eine Kurbel fest auf der Antriebswelle aufgekeilt war, konnte die andere lose aufgesteckt werden. Man nannte solche Kurbel „Krüppelwinsch" (Abb. 21). Das Untersetzungsverhältnis entsprach dem Untersetzungsverhältnis der vorher beschriebenen Winde, so daß auch hier 84,5 kg zur Verfügung standen. Ein Pallrad mit Palle verhinderte den Rücklauf.

Damals wurde auch z. T. nach dänischem Vorbild eine ganz einfache Winde für den Snurrewadenbetrieb entwickelt, die aus einer 45 cm langen Trommel mit 10 cm Kerndurchmesser bestand.[39, 42] Auf der Trommelwelle saßen 2 Spillköpfe. Zum Antrieb mit dem Motor unter Deck besaß die Welle ein Gallsches Kettenrad mit Schutzhaube. Die Winde wurde längsschiffs hinter der Luke aufgestellt.

6*

Verbesserung der Innenhölzer

In Schiffsbauerkreisen war man sich über die Mängel der Bünn vom Standpunkt der Festigkeit des Schiffsträgers vollkommen klar. Durch den geringen Auftrieb im Bereich der Bünn entstehen an ihren Enden erhebliche Scherkräfte, zumal durch den Bünnschacht, die Belastung des Bünndecks als Stau- oder Frischfischraum und durch die dicken Bünnschotten das Gewicht der Holzkonstruktion u. dergl. erhöht wird. Bei „Schiffen auf Wellenberg" wird der Auftrieb geringer, weil die Bünn voll Wasser bleibt. Dadurch hat das Schiff einen größeren Tiefgang, als wenn es ohne Bünn ist. Bei „Schiffen im Wellental" wird infolge der wassergefüllten Bünn das Gewicht des Schiffes in der Mitte größer, als wenn keine Bünn vorhanden ist. Bei 20 m langen Wellen, die etwa der Länge eines Kutters entsprechen, werden die Bauteile des Schiffes am stärksten beansprucht. Man überlegte infolgedessen schon damals ernstlich — und das ist natürlich nicht nur eine schiffsbautechnische Frage — ob man nicht auf die Bünn verzichten und dafür ein gleichmäßigeres Spantengerüst bauen sollte.[9]

Eiserner Fischkutter „Präsident Herwig" SB 1

Der Gedanke, daß die Form der damals üblichen Segeljachten die vorteilhafteste Fischkutterform ergeben müßte, hat die Gemüter der Schiffskonstrukteure nicht verlassen. Die Anregung, Fischkutter in Jachtform zu gestalten, mag auch vom Deutschen Seefischerei-Verein ausgegangen sein, denn der größte Teil der Hochseejachten jener Zeit sind aus amerikanischen Formen entwickelt, deren Ursprung in Lotsen- und Fischereischonern zu suchen ist. Namentlich die sog. Gloucester- oder Neufundlandschoner sind als besonders elegante und ausgezeichnet segelnde Fischereifahrzeuge schon im 19. Jahrhundert bekannt. Sie fuhren zuerst als Mutterschiffe für kleine Angelboote (Dory) in die fischreichen Gebiete der Neufundlandbänke. Das Modell eines solchen Neufundlandschoners „Fredonia" befand sich schon seit 1895 in der Modellsammlung des Deutschen Seefischerei-Vereins und steht heute im Altonaer Museum.[24] Der etwa 33 m über alles lange Schoner hatte eine etwa 560 m^2 große Segelfläche. Das Schiff hat einen Klippersteven und weicht stark von unseren

Abb. 27. Eiserner Fischkutter „Präsident Herwig" SB 1 Seitenansicht

Fischkuttern ab. Auch in der Arbeit von Dittmer und Buhl[9] ist ein solcher Schoner mit einem Löffelbug abgebildet. Auch G. Junge, Wewelsfleth, interessierte sich dafür, Sportjachtformen für Fischkutter zu verwenden, wie aus einem Modellfoto im Altonaer Museum hervorgeht. So entstand 1905 auf dem Konstruktionstisch des aus Elmshorn gebürtigen Schiffsbaumeisters und -ingenieurs Jacobsen, Mitinhaber der Werft J. Jacobsen & Fröhlich (später Zivilingenieur in Berlin-Oberschöneweide) in Neumühlen bei Kiel ein Fischkutter, für den sich der Seefischer Peter Backhaus in Blankenese interessierte und den er in Bauauftrag gab.[10] (Tafel XIII.) Das im Altonaer Museum noch vorhandene Blockmodell ermöglichte die neue Anfertigung eines Linienrisses, aus dem die in den Tabellen angegebenen Zahlenwerte entnommen sind. Die L/B- und B/T-Werte kennzeichnen das Schiff als relativ lang und schmal im Verhältnis zu den übrigen Fahrzeugen. Auch der Verdrängungsvölligkeitsgrad und der des Hauptspantes zeigen die kleinsten Werte aller untersuchten Typen, nicht so der Völligkeitsgrad der Wasserlinie. Es ist daher nicht verwunderlich, daß auch der Schärfegrad den höchsten und der Schlankheitsgrad den dritthöchsten Wert unter den Kuttern erreichen.

Der Verfasser hat die Angaben von Dittmar, Liekefeld und Romberg[10] technisch nachgeprüft und dabei gefunden, daß bei Zugrundelegung des heutigen Takelmaße von 4,0 (vergleiche S. 16) dies bei dem obigen Schiff nicht erreicht wurde (3,76). Andererseits ergaben die praktischen Erfahrungen mit dem Fahrzeug auf See eine zu hohe Segelschwerpunktslage, trotz der 21 t Zement und Eisen im Kiel als Ballast, die sich auch in dem ε-Wert zeigt. Die Folge war, daß man das Großtoppsegel von 35,80 m² beseitigte.

Die beiden Segelrisse in der obigen Veröffentlichung stimmen nicht ganz mit der Beseglung auf der noch vorhandenen Originalaufnahme überein (Abb. 29), so daß eine unbedingt zuverlässige Kontrolle über die Stabilitätsverhältnisse kaum möglich ist. 1906 hat man den Großmast um 1,6 m verkürzt, und der Rest der Beseglung bestand nur aus Großsegel, Besan, Stagfock und 3 auswechselbaren Klüvern. Für die oben und in den Tabellen angeführten Stabilitätsangaben ist der Gewichtsschwerpunkt nach den Angaben des Stockhusenschen Entwurfes eingesetzt, da irgendwelche andere Unterlagen fehlten. Berücksichtigt ist dabei nicht der Frischfischraum mit 19 m³, der auf Wunsch des Eigners eingebaut wurde. Ebenso fehlen Angaben über die Stabilität unter Einschluß des Bünnraumes mit und ohne Wasser. Sie heute rein rechnerisch nachzuprüfen verbietet schon der Umstand, daß der nach dem Blockmodell gezeichnete Linienriß eine Seitenhöhe von 3,70 m aufweist, bei einer Konstruktionstiefe von 2,90 und einem Freibord von 0,80 m, während in der erwähnten Schrift ein Tiefgang mit leerer Bünn

Abb. 28. Eiserner Fischkutter „Präsident Herwig" SB 1
Ansicht von vorne

von 3,60 m und gefüllter Bünn von 3,82 m angegeben wird. Vor der Ausführung dürften also die Linien noch geändert sein. Immerhin ist der Kutter SB 1 mit 275,25 m² Segelfläche wohl der deutsche Kutter mit der größten Beseglung gewesen und seine Segeleigenschaften waren sicher nicht schlecht, soll er doch zeitweilig bis 12 Seemeilen erreicht haben. Wie sein Verhalten als Schernetz-Schleppkutter war, ist nicht bekannt.

In den Neubau hatte man 1905/06 einen deutschen Zweizylinder-Glühhauben-Petroleummotor von 16 PS eingebaut. Da er in seinen Leistungen hinter den Forderungen zurückblieb, wurde er im Frühjahr 1907 durch einen deutschen Einzylinder-Petroleummotor von 16 PS mit Benzinanlaß und elektrischer Zündung ersetzt. Aber auch diese Maschine war für den Seefischereibetrieb ungeeignet. 1909 ging der Kutter in den Besitz des Kapitäns G. Wellm in Cuxhaven unter der Registriernummer HC 19 über. Im Winter 1909/10 erhielt dann der Kutter einen dritten Motor, einen deutschen Zweizylinder-Glühhauben-Rohölmotor. Aber auch dieser mußte im Sommer 1911 wieder ausgebaut werden.

Eine lenzbare Bünn

Von besonderem Interesse war an diesem Kutter die Bünn, die statt vieler Bünnlöcher eine Wasserzirkulationseinrichtung erhielt.[10] Durch zwei im Vorschiff angebrachte ovale trichterförmige Mündungsstücke strömte das Wasser in zwei Rohren, die außerhalb der Bünn in einem Winkel von 18° zur Kiellinie eingebaut waren, durch die gesamte Bünn. Die Rohre waren bis zum Achterende der Bünn geführt und seitlich mit Löchern versehen, so daß das Wasser in der Bünn sich verteilen konnte. Am Achterende der Bünn befand sich eine Abflußeinrichtung, bestehend aus einem Trichter und verbunden mit zwei Abflußrohren. An der Außenhaut hatte jedes Rohr eine exhausterähnliche Einrichtung, so daß der Wasserstrom außen eine saugende Wirkung auf das abfließende Bünnwasser ausüben konnte. Zu- und Abflußleitung waren mit von Deck aus zu bedienenden Ventilen versehen. Die Fische waren durch ein Lattenrost gegen die Rohrleitungen geschützt. Vier weitere verschließbare Ventile stellten eine Verbindung zwischen dem Innen- und Außenwasser her, wenn das Schiff im Seegang keine Fahrt machte. Zusätzlich konnte eine Downtonspumpe mit zwei Kolben, die auf Deck stand, eingesetzt werden. Zum Entnehmen der Fische im Hafen mußte die Bünn nach Schließung der Ventile gelenzt werden. Die Pumpe konnte auch als Lenzpumpe sämtlicher fünf wasserdichten Abteilungen des Schiffes benutzt werden.

Weiter ist zu erwähnen, daß der Kutter außer der Bünn einen 19 m³ großen Eisraum auf Wunsch des Eigners erhielt. Vor dem Mast war Raum für eine fünfköpfige Besatzung vorgesehen, dabei für den Kapitän ein besonderer Raum. Ein Abort war hinten auf dem Heck aufgebaut. Das

Ruder wurde über einen Ruderapparat mit Spindel, Muttern und Jochen mit Rechts- und Linksgewinde hintereinander von einem Handrad angetrieben. Die Praxis hat damals bewiesen, daß ein solcher Steuerapparat für Segelkutter mit diesen Abmessungen insofern unvorteilhaft ist, als der Mann am Ruder die Ruderwirkung nicht fühlt. Heute sind solche Steuerapparate weit verbreitet.

Nach Beendigung der Prüfung kam man zu dem Urteil, daß man sich die Erfahrungen des Jachtsportes nicht zu weit nutzbar machen und daß man außerdem nicht neue Formgebungsversuche mit neuen Bünneinrichtungen verbinden sollte. Denn beide verursachen ja besondere Stabilitätsverhältnisse, deren Auswirkung von Rechts wegen getrennt untersucht werden müssen. Für den vorliegenden Fall kamen außerdem noch Schwierigkeiten hinzu, die durch die Motorversuche entstanden, so daß eigentlich befriedigend nur die Ergebnisse waren, die mit der Schernetzwinde erzielt wurden.

Die Schwierigkeiten mit dem Motor machten die Fischerei auch von Cuxhaven aus schließlich unrentabel. Man riß daraufhin den letzten Motor heraus und ließ den Kutter unter Segel auf den Fang fahren.

1912 wurde er an die „Württembergische Kamerun-Gesellschaft" verkauft, die es sich zur Aufgabe gemacht hatte, Holzschlag und Fischfang im Schutzgebiet Kamerun zu betreiben.[16] Es wurde nun ein 55-PS-Gardner-Motor eingebaut und der Stengenmast durch einen Pfahlmast ersetzt, wobei man gleichzeitig die Segelfläche etwas verkleinerte. Dabei erhielten die Segel einen Schnitt, der mehr dem anderer Fischkuttersegel entsprach und nicht so sehr dem Jachtschnitt. Unter dem Namen „Wirtemberg" ging der Kutter am 6. August 1912 unter Führung des Kapitäns J. v. Eitzen in See und traf am 26. September in Duala ein. Zeitweilig lief das Fahrzeug unter Segel und Motor 10 kn. Doch traten schon auf dieser Ausreise erhebliche Schwierigkeiten mit dem Motor ein, die sich auch im folgenden Jahr bei der Fangtätigkeit an der Kamerunküste mehrfach wiederholten. Kapitän v. Eitzen kehrte nach 1¹/₄jähriger Tätigkeit von dort zurück. Seine Aufgabe war zur Hauptsache Versuchsfischerei für die staatliche Fischereidirektion Hamburg. Die zoologischen Arbeiten wurden von Prof. Ehrenbaum durchgeführt.

Der Fischereimotor wird weiterentwickelt

Der erstgenannte 16-PS-Motor im „Präsident Herwig" war ein Fabrikat der Kieler Maschinenbau A.G., vormals C. Daevel, Kiel. Die erste Veröffentlichung eines Daevel-Motors für Fischereizwecke erfolgte in der schon erwähnten Arbeit von H. Lübbert.[39] Sie zeigt eine offene Bauart, d. h. die beiden Zylinder sitzen auf einer viereckigen Grundplatte, die auf 6 Säulen von 38 mm Durchmesser ruht. Der Kolbenhub betrug 200 mm, der Durchmesser 160 mm für 8 PS Leistung. Weitere Einzelheiten sind der Arbeit nicht zu entnehmen. Ein solcher 8-PS-Zweizylindermotor wurde 1904 auf dem Kutter „Meta Margaretha" HF 235 zum Antrieb der Winden eingebaut. Zu dem gleichen Zweck erhielt der Kutter „Emma Catharina" HF 254 einen 8-PS-Einzylindermotor von August Pahl, Finkenwerder, der ebenfalls sich mit dem Bau geeigneter Motoren beschäftigte, aber eine ebenso ungeeignete Konstruktion herausbrachte. Von den heutigen Motorenbaufirmen hat nur Deutz sich schon sehr lange mit der Konstruktion leistungsfähiger Maschinen für den Schiffsbetrieb ohne Verwendung von Leichttreibölen beschäftigt. Schon 1897 wurde auf Kutter SB 76 „Apoll" ein 2 PS Deutz Petroleummotor eingebaut, der aber 1902 wieder entfernt wurde, da er sich als ungeeignet erwies.

Wie Romberg schrieb, gab es bis 1908 keinen brauchbaren Fischereimotor in Deutschland, dem Ursprungslande des Dieselmotors.[48] „Kühn ging die Entwicklung bereits an die großen Leistungen heran, während die Frage des Rohölkleinmotors noch völlig offen war."

Daher war es selbstverständlich, daß nur wenige deutsche Fahrzeuge der Hochseefischerei mit Motoren versehen wurden. Einen Dieselmotor der Gasmotorenfabrik Deutz von 75 PS, mit 3 Zylindern im Viertakt arbeitend, und einem Kompressor hatte man in ein Fahrzeug der Biologischen Anstalt Helgoland eingebaut.

„Diesen unwürdigen Zustand beendigt zu haben ist das Verdienst des Deutschen Seefischerei-Vereins." Er schrieb im Jahre 1908 ein Preisausschreiben aus zur „Erlangung brauchbarer Motoren und Winden für Fahrzeuge der deutschen See- und Küstenfischerei", wozu das Reichsamt des Inneren die Mittel und außerdem der Verein deutscher Motorfahrzeugindustrieller einen sehr nennenswerten Beitrag gaben.

Die Prüfung der Motoren gliederte sich in eine Vorprüfung auf dem Prüfstande im Werk. Sie bezog sich auf Zuverlässigkeit im Betrieb. Einfachheit der Konstruktion, Geräuschlosigkeit, Regelmäßigkeit des Ganges, Treibstoff- und Schmierölverbrauch, Raumbedarf an Bord und Billigkeit

Abb. 29. Eiserner Fischkutter „Präsident Herwig" SB 1
mit der ersten Beseglung

Abb. 30. Heck eines alten Fischkutters
Konstruktion von Oertz, Foto G. Timmermann

der Anschaffung; anschließend mußten die Motoren eine mindestens ein-
jährige Probezeit auf See bestehen, bei der die Maschinenbauanlage auf
ihre Betriebssicherheit, Manövrierfähigkeit, Schleppwirkung, Einfachheit
der Wartung, Reinigung und Ausbesserung, sowie Feuersicherheit über-
wacht wurde. Die Schlußprüfung erstreckte sich auf Übersichtlichkeit und
Zugänglichkeit der Maschinenanlage, auf Abnutzung, Einfachheit der
Wartung, Art und Unterbringung des Brennstoffes, sowie auf die Schrau-
benwirkung.[10]

Von 18 ursprünglich gemeldeten Motoren wurden 6 vor der Vorprüfung zurückgezogen und 5 bestanden die Vorprüfung nicht.[10] Zu den
schließlich in den Wettbewerb eintretenden Fabriken gehörten:

1. Gasmotorenfabrik Deutz, Köln-Deutz
2. Maschinenfabrik Swiderski, Leipzig
3. Kieler Maschinenbau A.G. vormals C. Daevel
4. Grade Motorenwerke G.m.b.H., Magdeburg

Die Winden von Schlossermeister Theuring (Wadenwinde), Eisengießerei
und Maschinenfabrik Achgelis Söhne in Geestemünde (Schernetzwinde),
die sich als einzige an dem Wettbewerb beteiligten, wurden ebenfalls ge-
prüft. Von den Motorenfabriken wurden die drei erstgenannten in der
gleichen Reihenfolge mit einem Preis von 10 000 M, 6000 M und 2000 M
ausgezeichnet.

Die Gasmotorenfabrik Deutz verwendete das System Brons — nach
dem Holländer Brons genannt —, während die übrigen Vier- und Zwei-
takt-Glühhaubenmotoren einbauten. Davon hatte die eine Brons-Motor
24 PS, während die Leistungen der übrigen zwischen 6 und 10 PS lagen.[48]

Der Brons-Motor wurde später nicht weiterentwickelt. Er arbeitete
im Viertakt, wobei im ersten Hub Luft in den Arbeitszylinder ge-
sogen wurde, die sich im zweiten Hub auf etwa 27 atü verdichtete.
Am Schluß dieses Hubes mischt sich in einer Zündkapsel Luft und
Brennstoff, die durch die heiße Luft des Kompressionshubes entzündet
wird. Der gesamte Brennstoff in der Kapsel tritt dabei durch die Öffnungen in den Zylinder, verpufft hier mit erheblicher Drucksteigerung.
An diesen zweiten Hub schließen sich Ausdehnungs- und Auspuffhub.

Im Gegensatz zum Dieselverfahren verbrennt der Kraftstoff nicht im
Gleichdruck, so daß hier mit erheblichen Drücken — bis 50 und mehr
Atmosphären — gerechnet werden muß, die besonders starke Bemessung
der Bauteile erforderlich machten. Dadurch ergibt sich natürlich ein
hohes Gewicht je Leistungseinheit. Motoren dieser Art über 30 PS sind
unwirtschaftlich.

Nach dem Deutschen Seefischerei-Almanach von 1908 war in dem Fischkutter „Präsident Herwig" SB 1 ein solcher Bronsmotor von 24 PS eingebaut.

Zu dem Zeitpunkt als der „Wirtemberg" ex „Präsident Herwig" Deutschland verließ, war die Fahrzeugmotorenindustrie sich über die von der Seefischerei geforderten Bedingungen klargeworden.[48]

Zylinder und Ständer bildeten ein festes Ganzes und, da der Zweitaktmotor einer Spülluftpumpe bedarf, wurde anscheinend zuerst von Ph. Swiderski das Kurbelgehäuse des Ständers als Kompressor für Spülluft konstruiert. Der Vorzug der Zweitakt- vor der Viertaktmaschine war erkannt. Im übrigen kam die Einstellung zu den geprüften Motoren in folgendem Urteil klar zum Ausdruck:

„Die Glühhaubensysteme sind nicht weiter entwicklungsfähig. Der Bronsmotor ist schwer, groß und komplizierter als der Glühhaubenmotor. Seine Vorteile dem Glühhaubenmotor gegenüber liegen in der für die See- und Küstenfischerei wichtigen steten Gebrauchsbereitschaft und in den geringen Brennstoffkosten, wenn Rohöl verwendet wird.

Die stark im Fluß befindliche Entwicklung des Schiffs- und Bootsmotorenbaus geht auf die Gleichdrucksysteme hin, unter denen das Dieselsystem zur Zeit in erster Reihe steht."

Der Krieg 1914—1918 unterbrach die Entwicklung geeigneter Maschinen und Hilfsmaschinen für Fischereifahrzeuge, nicht aber die Entwicklung kleiner Verbrennungskraftmaschinen überhaupt, da in manchen wehrwirtschaftlichen Betrieben derartige Motoren benötigt wurden.[47] Gleichzeitig lief in der Kriegszeit das Dieselpatent ab, so daß auch andere Firmen außer MAN und Krupp sich mit der Konstruktion von Dieselmaschinen beschäftigen konnten. Das Interesse für Dieselmaschinen hatte die Kriegsmarine schon vor dem Kriege mit dem Einbau einer solchen im Jahre 1910 bekundet. Das erste seegehende Schiff mit Dieselmotor wurde 1913 in Dienst gestellt.

1920 gab es sieben Fabriken, die sich mit der Herstellung von Motoren für Fischereizwecke beschäftigten: Gasmotorenfabrik Deutz, Daimler-Motoren A.G., Benz Motoren, Grade-Motorenwerke, Callesen in Apenrade, Hanseatische Motoren-Gesellschaft und Deutsche Kromhout-Motoren-Ges. in Brake. Alle bauten Petroleum- oder Glühkopfmotoren, dazu Deutz seinen Brons-Motor. Keiner baute aber Dieselmotoren für Fischereizwecke.

Nach dem ersten Weltkrieg versuchte man die stark dezimierte Kleine Hochseefischereiflotte wieder aufzubauen und gleichzeitig zu modernisieren. Vor allem ging man an den Einbau von Motoren in die Fahrzeuge.

In den folgenden Jahren entstanden erstmalig auch Kutter-Reedereien:

1. Hanseatische Hochsee-Wadenfischerei A.G. 1912, Hamburg,
2. Deutsche Motor-Hochseefischerei A.G., Hamburg,
3. Cordes & Peters, Hamburg, gegr. in Lübeck, wahrscheinlich identisch mit der Lübecker Hochseefischerei A.G., gegründet 1920,

4. Friedrich Heinrich Sternemann, Wewelsfleth (derzeitiger Inhaber der
   Werft Hugo Peters, Wewelsfleth),
5. Deutsch-Holländische Hochseefischerei-Ges., Hamburg,
6. Hans Maetzke, Berlin,
7. Ostfriesische Küsten- und Hochseefischerei A.G., Norddeich,
8. Vereinigung der Küstenschiffer und Fischer des Harlinger Landes,
   Carolinensiel,
9. Schiffswerft H. C. Stülcken & Sohn.

Mit Ausnahme der Fahrzeuge der vorletzten Reederei waren alle
Kutter in Hamburg beheimatet. 1925 hatten die Reedereien insgesamt
29 Kutter.

Bei den Ergänzungsbauten konnte es nicht ausbleiben, daß man sich
um eine vorteilhaftere Formgebung bemühte. Die bis dahin mit dem
Kutterbau beschäftigten Werften hielten dabei an der englisch beein-
flußten Form fest. Im Ostseegebiet baute man Formen, die den schon
genannten dänischen Formen von Benzon und Buhl sehr ähnelten.
Soweit die deutsche Ostseefischerei hier unvorteilhafte Formen verwendete, hatte schon der Deutsche Seefischerei-Verein durch Propagierung
schwedischer (Bleckings-Eka) und dänischer Typen (Belt Boot) versucht,
Einfluß auf die Gestaltung der Ostseefischkutter zu nehmen.[9]

Die Bezeichnung Kutter ist im Ostseegebiet eigentlich nicht ganz zu-
treffend, da wir mit diesem Namen ja nur Formen bezeichnen können,
die aus der englischen Smack entwickelt sind. Das trifft aber für die
deutschen Ostseekutter nicht zu. Man hat zwar 1896 auch in der Ostseefischerei englische Smacks einzuführen versucht, aber der Versuch schlug
fehl. Das Wort „Kutter" ist in der Ostseefischerei schon 1881 bei B. Benecke
zu finden, aber hier handelt es sich um ein einzelnes Fahrzeug, das von
Memel aus fischend nach einer Darstellung den englischen Smacks entsprach. Der Rumpf hatte den senkrechten Vorsteven und das überhän-
gende Heck. Die anderthalbmastige Takelung fuhr einen Großmast mit
Stenge. Bei einer Länge von 15 m, einer Breite von 5,37 m und einer
Tiefe von 2,81 m hatte der Kutter eine 8 Mann starke Besatzung. Benecke schreibt: „. . . . indessen haben sich ergiebige Fangplätze bisher
noch nicht ermitteln lassen." Bei diesem Beispiel wird auch das einzige
Grundschleppnetz nach Art des Keitelnetzes beschrieben.

Der Jachtkonstrukteur Dr.-Ing. E. h. Max Oertz baut Fischkutter

Der Hamburger Jachtkonstrukteur Dr.-Ing. h. c. Max Oertz, der am Reiherstieg eine eigene Werft hatte, war als erfahrener Sportsegler mit den Fahrzeugen der Ostsee vertraut. Da es nach 1918 auf seiner Werft an Aufträgen fehlte, beschloß er, den Bau von Fischereifahrzeugen nach eigenen Plänen aufzunehmen (Tafel XV). 1921 wurden nach seinen Rissen in der Versuchsanstalt für Wasserbau und Schiffbau in Berlin-Charlottenburg von Dr.-Ing. C. Schaffran Modellschleppversuche gemacht, wobei gleichzeitig die für den Motorenbetrieb nötige Maschinenleistung und Propellerabmessungen bestimmt wurden. Danach wurden zwei Typen gebaut: mit 18,27 m und 24,36 m Länge über alles. Für den ersteren waren die Hauptabmessungen nach der Literatur $L_{üA}$ = 18,27 m; L_{CWL} = 15,60 m, B = 5,40 m, Tg = 1,80 m. Verdrängung 50,13 m^3, Segelfläche 156,40 m^2, Motorleistung 32 PS für 5,5—6 kn. Die des zweiten waren: $L_{üA}$ = 24,36 m, L_{CWL} = 20,86 m, B = 6,47 m, Verdrängung 60 m^3, Segelfläche 260,70 m^2, Motorleistung 50 PS, bei 6—7 kn. Die Veröffentlichung des Risses des ersten Typs ermöglichte eine Auswertung, die bei einem Verdrängungsvölligkeitsgrad von Durchschnittshöhe einen verhältnismäßig großen Schärfegrad aber trotzdem einen geringen Schlankheitsgrad erzielte.[2] Wenngleich es sich bei den Schiffen eigentlich noch um Segelfahrzeuge handelte, so waren sie doch immer schon für den Einbau von Motoren geeigneter als die oben beschriebenen Kutter. Die Oertzschen Kutter hatten eine relativ große Besegelung. Der ε-Wert betrug 19,8 bei einem M. G. von 1,06 m. Die Ermittlung des Gewichtsschwerpunktes ist auch hier eine mit zuviel Fehlern behaftete Aufgabe, so daß die Stabilitätsverhältnisse doch nicht sicher übersehen werden können. Die Oertzkutter wurden in Kompositbauweise — eiserne Spanten und hölzerne Beplankung — ausgeführt und der große Typ erhielt keine Bünn. Wenngleich die Segelfläche verhältnismäßig groß gewählt wurde, so ging in der Praxis die Tendenz dahin, die Segelfläche zu verkleinern und die Motorleistungen größer zu nehmen (Abb. 35).

Außer der Oertz-Werft A.G. baute die Werft H. C. Stülcken & Sohn sechs Kutter für den eigenen Reedereibetrieb und 1923 zwei Kutter für die Deutsche Motor-Hochseefischerei A.G. Hamburg.[40] Diese Fahrzeuge waren aus Stahl gebaut und in der Wasserlinie 20,50 m lang, 6,20 m breit und hatten eine Seitenhöhe von 2,96 m. Weitere Kutter entstanden auf den Reichswerften Kiel und Wilhelmshaven.[51]

Da sie mit Reichsdarlehen erbaut wurden, bezeichnete man sie auch als „Reichskutter". Sie fuhren vor allem von den ostfriesischen Häfen Norddeich und Carolinensiel aus. Die sogenannten „Hamburger Wadenkutter" wurden nach Unterlagen der Stülcken Werft bei den Deutschen Werken, Kiel, gebaut. Auch diese Reedereien erhielten Darlehen, und zwar, da die Kosten 50 000 Goldmark betrugen, vom Reich 37 500 Goldmark und von Hamburg 12 500 Goldmark, die mit 3% zu verzinsen waren. Mit dem Ende der Inflation war aber auch das Ende der Fischereigesellschaften gekommen, und verschiedene Kutter wurden Frachtfahrzeuge, während die übrigen an die kleinen Fischer verkauft wurden.

Die „Hamburger Wadenkutter" waren trotz der Abmessungen L = 20 m, B = 6,20 m und Tg = 2,40 m schon mit reduzierter Beseglung gebaut und fuhren kein Gaffeltoppsegel und nur einen Spitzbesan. Statt der Pinne steuerte man die Kutter mit einem Handrad in einem Ruderhaus. Außer der Schleppnetzwinde hinter dem Großmast stand vor dem Ruderhaus eine Wadenwinde. Für die Scherkurre waren Netzgalgen wie bei den Fischdampfern eingebaut. Statt der Bünn erhielten diese Kutter einen 4 m langen Fischraum. Später baute man in zwei derartigen Fahrzeugen eine Bünn ein.

Die zwei Kutter der Reederei Fr. Sternemann werden auf der Peterschen Werft in Wewelsfleth gebaut sein.

Gleichzeitig mit dem Neubau fand aber auch die Motorisierung der alten Fahrzeuge statt. 1921 hatten von 42 Fahrzeugen in Finkenwerder 16 einen Motor, 1925 alle Kutter. Die Leistungen der Motore verteilten sich auf die Kutter folgendermaßen:

12 PS —	1	Kutter
25 PS —	12	„
28 PS —	1	„
30 PS —	20	„
35 PS —	4	„
36 PS —	2	„
45 PS —	3	„
50 PS —	9	„
	= 52	Kutter

Von diesen waren 39 in Finkenwerder und 13 an der Unterelbe (Schulau) beheimatet.

Dieses Interesse für den Motorantrieb bot die beste Gelegenheit, die bisherigen Bauarten zu verbessern und weiterzuentwickeln. Beim Glühkopfmotor war die Verwendung des Kurbelgehäuses als Kompressor für Spülluft allgemein geworden. Um bei den Glühkopfmaschinen eine Frühzündung und eine Überhitzung zu vermeiden, hatte man ein recht grobes

Verfahren eingeführt, indem einfach Wasser in den Zylinder gespritzt
wurde. Das war aber ausgerechnet in den Händen der ungeschulten
Fischer eine sehr ungeschickte Lösung, von der man sich nach dem Kriege
befreite. Um als Spülluftpumpe zu dienen, wurde das Kurbelgehäuse
luftdicht gebaut und mit einer Rückschlagklappe für frische Außenluft
versehen. Ein besonderer Umströmungskanal, dessen Öffnungen durch
den Kolben im Zylinder geschlossen und geöffnet werden konnten, leitete
die Spülluft aus dem Kurbelgehäuse in den Zylinder. Zur Regulierung
der Luftmenge war ein besonderes Ventil vorgesehen. Es versteht sich,
daß eine Doppelwandung des Zylinders mit Kühlwasser versehen
wurde. Bei Zweizylindermaschinen ging man auch von dem gleichen Hub
der Kolben ab und versetzte die Kurbeln gegenseitig so, daß nicht derart lästige Schwingungen auftreten, wie seinerzeit bei den ersten Konstruktionen von Daevel in Kiel und Pahl in Finkenwerder. Diese wurden
scherzweise ihres Geräusches wegen mit Hammerwerk oder Hammer-
maschinen bezeichnet.

Von den obengenannten Firmen haben sich vor allem die Motorenfabrik von Heinr. Callesen, Apenrade, mit ihrer Schwesterfirma der Hanseatischen Motoren-Gesellschaft, Hamburg-Bergedorf, die Deutsche
Kromhout-Motorenfabrik, Brake, und die Daimler Motoren-Gesellschaft
mit dem Bau von Fischerei-Motoren beschäftigt.[42] Damals wurden mit
Unterstützung der „Fischereiförderung G.m.b.H." ganze Motorenserien
bei den genannten Fabriken bestellt. Aber immer noch war ein großer
Teil der Motoren reine Handwerkskonstruktion, mehr in der Werkstatt
praktisch ausprobiert als auf dem Reißbrett konstruiert. Wenn auch der
Glühkopfmotor vorherrschte, so gewann doch das Dieselprinzip mehr
und mehr Interesse, hatte es doch unter Ausnutzung der Erfahrungen,
die beim Glühkopfmotor gewonnen waren, entschieden viele Vorzüge.
Allerdings mußte hier erst der kompressorlose Dieselmotor durchkonstruiert werden, für den es verschiedene Zündungsmöglichkeiten gibt:

1. die Vorkammereinspritzung,
2. das Verfahren reiner Druckeinspritzung,
3. die Anordnung eines Luftspeichers.

Der Brennstoff wird beim Dieselverfahren an der heißen Luft entzündet, die zu diesem Zweck hoch verdichtet werden muß. Bei der
Vorkammereinspritzung sind hierfür 32—40 at erforderlich, bei reiner
Druckaufspritzung nur $\sim$ 25 at, wogegen die Glühkopfmaschinen überhaupt nur 8—10 at Verdichtung benötigen. Dabei entsteht eine Temperatur von ungefähr 430°C, die aber noch nicht genügt, das aus kleinen
Tröpfchen bestehende Öl vollkommen zu verbrennen, so daß erst die
Fläche des schwach rotglühenden Glühkopfes zusammen mit der kom-
primierten Luft diesen Vorgang ermöglicht. Der Glühkopf selbst behält

dabei eine Temperatur von etwa 400°C. Im Dieselmotor treten dagegen bei Verdichtungen von 30 bis 35 at Temperaturen von 600° bis 700° C auf, an denen sich der Treibstoff leicht zündet und verbrennt. Glühkopfmotore unterscheiden sich also vom Dieselmotor durch die niedrigere Verdichtung der Luft und die Unterstützung der Verbrennung durch Verdampfen des Treibstoffes an dem heißen Glühkopf.

Mit der entsprechend besseren Durchkonstruktion der Motore war natürlich auch eine Verminderung des Gewichts verbunden. Rechnete man vor dem ersten Weltkriege mit einem Gewicht von 120 kg/PSi, beim Bronsmotor sogar mit 150 kg/PSi, so konnte man nach dem Kriege auf etwa 60 bis 80 kg/PSi heruntergehen. Das Gewicht eines Dieselmotors ist etwa um 25% geringer als das eines gleichstarken Glühkopfmotors.

Mit dem Oertzkutter waren neue Gedankengänge und Formen in den Kutterbau hineingetragen. Wieweit sie sich bewährte, mußte die Praxis zeigen. Manches wurde für Neukonstruktionen übernommen, manches verworfen. G. Junge hat sich auf jeden Fall Oertzsche Unterlagen beschafft und gibt folgende Hauptabmessungen an:[30]

Länge über alles	~ 17,00 m
Länge in der Wasserlinie	~ 16,00 m
Breite über Deck	~ 5,25 m
Seitenhöhe	~ 2,70 m
Tiefgang	~ 2,00 m
Verdrängung	~ 48,00 m³
Völligkeitsgrad des Hauptspants	0,716
Völligkeitsgrad der Verdrängung	0,411

Dazu schreibt er weiter: „Die Fischer lehnten die Bauart und Form ab." Auch sonst ist mir von Schiffbauern gesagt worden, daß vor allen Dingen im Vorschiff der Oertzkutter zu weit überhinge und leegierig auch im Motorbetrieb sei. Aus dem vorstehenden Grunde haben die Finkenwerder ihre Kutter vorgeschuht, d. h. sie glichen die Rundung des vorderen Kielendes und des unteren Vorderstevens durch ein etwa rechtwinkliges Dreieckstück aus. Im allgemeinen blieb man daher beim geraden Vorsteven und übernahm nur das spitzgatte Kreuzerheck weniger aus hydrodynamischen Gründen als deshalb, weil es sich beim Ablegen in den Häfen besonders bewährte.

Eine besonders völlige Form eines Hochseefischkutters entstand 1929 auf der Werft von Hugo Peters in Beidenfleth und Wewelsfleth für die Seefischer J. Martens & A. Reimers, Finkenwerder, der „Gorch Fock" HF 299. Da eine von Laien gepauste Zeichnung in das Archiv des Altonaer Museums gelangte, ließ sich der Riß durchrechnen. Die Zahlen-

werte des Typs 19 verraten ein sehr großes und völliges Schiff von
größerer Schärfe als der Oertzkutter und „Louis und Emma", aber vom
geringsten Schlankheitsgrad aller durchgerechneten Typen. Wie die Verdrängung, so sind auch die Wasserlinie und das Hauptspant vom größten Völligkeitsgrad aller untersuchten Risse. Der ganze Rumpf ist ein
ausgesprochenes Motorschiff mit wesentlich geringerer Beseglung als der
Oertzkutter gleicher Länge. Das Takelmaß von 2,39 zeigt, daß der Kutter
eine wesentlich größere Segelfläche tragen könnte, zumal auch der ε-Wert
mit 8,05 eine hohe Segelstabilität kennzeichnet. Aber hier dient die Beseglung nur noch zur Schlingerdämpfung, zum Kurshalten und zum Abtreiben beim Netzmanöver. Im übrigen fuhr der Kutter mit einer 75 PS
Dieselmaschine der Deutschen Werke, Kiel. Im zweiten Weltkriege erhielt er einen 180pferdigen Deutz-Dieselmotor. Die Netzwinde steht
wie bei den Fischdampfern vor dem Ruderhaus, und dementsprechend
ist auch der Einbau von Rollpollern und Galgen durchgeführt. Für derartige große Kutter ist eine Besatzung von fünf Mann nicht zuviel.

Die Verbesserung der Motore, die Möglichkeit, sich mit ihnen mehr
vertraut machen zu können, die größere Zuverlässigkeit im Betrieb und
die Möglichkeit eines bequemeren Manövrierens veranlaßten die Schiffbauer, die Fischkutter mehr vom Standpunkt des Motorschiffes her zu
konstruieren.

So wurde mancher der Kutter auch verhältnismäßig groß im Vergleich
zu denen am Anfang des Jahrhunderts — um diese Zeit maß man etwas
über 100 Brutto-Kubikmeter —, denn man baute Fahrzeuge von etwa
200 B cbm und einige 10 cbm darüber hinaus.

Der Fischkutter „Zukunft" HH 218

In einem Fall wurde ein Versuch gemacht, ein wesentlich größeres Schiff zu bauen. Es war der Hochsee-Motorfischkutter „Zukunft", den Kapitän Joh. v. Eitzen 1935 auf der Werft Sietas in Cranz-Neuenfelde a. d. Este bauen ließ. Es war ein eisernes Fahrzeug mit folgenden Hauptabmessungen:

Länge über alles	27,30 m
Länge in der CWL	24,00 m
Breite auf Spanten	6,50 m
Seitenhöhe	3,50 m
Tiefgang achtern	3,20 m
Freibord	1,00 m

Zur Auswertung stand nur der Generalplan, den die Werft leihweise freundlichst überließ, zur Verfügung, so daß genauere Angaben über Form und Stabilität nicht gemacht werden können.

Der Vorsteven hatte eine Neigung von 20° gegen die Senkrechte und war nur ganz schwach gebogen. Der Kiel hatte einen nicht übermäßigen Fall von 70 cm auf 19,5 m. Das Achterschiff hatte ein Kreuzerheck und einen Schraubenrahmen im Steven. Das Fahrzeug wirkte infolge seines hohen Freibords von 1 m und einem 1 m hohen Schanzkleid im Gegensatz zu den üblichen Hochseefischkuttern sehr hoch. Hinzu kommt, daß man im Bereich der vorderen 6 m, der also bei einem Dampfer von der Back eingenommen wird, das Schanzkleid um 30 cm höher gezogen hat, um auf diese Weise ein trockeneres Vorschiff zu erzielen. Somit ragt der Vorsteven 3,70 m gegen 3,00 m der modernen Kutter über Wasser. Unter Deck lagen in diesem Bereich Kabelgatt und Kettenkasten und Unterkunftsraum für zwei Mann, außer Steuer- und Bootsmann. Hinter diesen Räumen folgte ein 8 m langer Fischraum in der Art, wie er sonst üblich ist, zugängig durch zwei Ladeluken. Unter ihm, der natürlich auch isoliert war, nahm der Doppelbodenraum etwa 18 m³ Ballast, also 36 t, auf und in den achtersten zwei Spantenabständen die Schleimbilge. Der anschließende Motorenraum nahm den 200 PSe Dieselmotor Fabrikat Humboldt-Deutz auf, mit Tanks für 8 t Treibstoff nebst Tagestank. Der Motorenraum schloß nach achtern mit einem Rahmenspant ab, durch das das Wendegetriebe und die Schraubenwelle noch 3 m unter die darüber liegenden achteren Wohnräume ragte. In diesen befanden sich die Kapitänskajüte, ein Raum für Steuermann und Maschinist, eine kleine Messe und eine Netz- und Segelkammer. Im eigentlichen Heck lag ein Inventarraum, ebenso wie der Netz- und Segelraum nur vom Deck zugängig. In einem 6,5 m langen und 3 m breiten Aufbau befand sich ein Netzraum, dahinter ein Kartenhaus und eine Küche. Außerdem waren hier der Niedergang zu den achteren Räumen und ein WC eingebaut. Ein Maschinenschacht war nur durch ein 0,5 m breites Oberlicht vor dem Ruderhaus ersetzt. Der Niedergang zum Maschinenraum führte vom Netzraum nach unten. Über dem Netzraum befand sich das Ruderhaus mit einer kleinen seitlichen Kommandobrücke. Für die Arbeiten mit dem Netz hatte man am Schanzkleid jeder Seite ein paar Galgen angebracht und vor dem Maschinenoberlicht in einem genügenden Abstand zur Führung der Großschot eine zweitrommelige Netzwinde aufgestellt. Damit entsprach die Anordnung unter Berücksichtigung der erforderlichen Rollenpoller und Leitrollen, derjenigen der Fischdampfer. Das Fahrzeug war also in jeder Beziehung ein Motorschiff, hatte aber trotzdem eine Beseglung von rund 173 m², die sich aus folgenden Einzelsegeln zusammensetzt:

Großsegel	63,00 m²
Gaffeltopsegel	14,00 m²
Spitzbesan	30,05 m²
Stagfock	27,00 m²
Klüver	25,00 m²
Flieger	14,50 m²
	173,55 m²

Klüver und Flieger fuhren an einem Klüverbaum. Der eiserne Besanmast war hohl und diente, wie schon allgemein bei den Kuttern üblich, als Auspuff. Der Umfang der Beseglung läßt erkennen, wieweit sie wirklich zum Vortrieb und nicht nur als Stützsegel dienen sollten. Andererseits war der Rumpf weit davon entfernt, eine gute Segelschiffsform abzugeben. Das Schiff, das von der Werft völlig nach den Plänen von Kapitän v. Eitzen erbaut ist, hat die darauf gestellten Erwartungen nicht erfüllt und wurde 1950 nach Norwegen verkauft. Der Grund hierfür ist im besonderen darin zu suchen, daß die Abmessungen und auch die Maschinenstärke weit über die des damaligen modernen Finkenwerder Kutters hinausgingen.

Mit der Einführung von Kutterformen der Ostsee in das Nordseegebiet verwischten die Unterschiede zwischen den Typen dieser beiden deutschen Küstengebiete mehr und mehr. Infolgedessen gingen also auch Ostseewerften zum Bau von Nordseefischkuttern über. So wurden z. B. HF 301 — ein Krabbenkutter — bei Fr. Glasau in Eckernförde und HF 291

Abb. 31. Eiserner Motorfischkutter
„Zukunft" HH 218

Ansicht von vorne, Foto G. Timmermann

Abb. 32. Eiserner Motorfischkutter
„Zukunft" HH 218

mit Heckansicht, Foto G. Timmermann

Abb. 33. Eiserner Motorfischkutter „Zukunft" HH 218
Vorschiff, Foto G. Timmermann

bei der Wagria Werft in Neustadt in Holstein gebaut.[33] Die Folge war, daß man sich Gedanken machte, den Bau der Fischkutter rationeller auszuführen. Nicht jeder Schiffbaumeister oder Werftbesitzer war gleichzeitig ein guter Konstrukteur. Mancher mußte daher die Risse außerhalb seiner Werft anfertigen lassen. Bei diesen fehlten oft wieder die Verbindungen mit dem Fischer, denn n u r auf Grund theoretischer Erwägungen und Berechnungen läßt sich kein brauchbarer Hochseefischkutter konstruieren. Die Mitwirkung des Schiffbauversuchswesens war unbedingt erforderlich, wollte man die Vorteile, die sich durch die Dieselmaschine ergaben, wirklich ausnutzen. Wer konnte aber die Kosten des Schleppversuchs übernehmen? Die Werften kaum und die Fischer noch weniger. Hätte damals das Reich die nötigen Mittel zur Verfügung gestellt, so hätte man die Grundlagen zum Bau einheitlich durchgebildeter Kutter schaffen können.

Als nun 1938 der Deutsche Seefischerei-Verein aufgelöst und seine Aufgaben von der neugegründeten Reichsanstalt für Fischerei übernommen wurden, versuchte man sehr bald zu einer Vereinheitlichung der verschiedenen Fischereifahrzeugtypen zu kommen.

Die Kutterform in der Küstenfischerei

Die für deutsche Verhältnisse passende Kutterform war schon in den neunziger Jahren in der Küstenfischerei für den Garnelenfang eingeführt worden. Auch hier scheint G. Junge bahnbrechend gewesen zu sein. Allerdings mußte man natürlich die Hauptabmessungen den Wattenmeerverhältnissen entsprechend ändern und konnte die Segelkutter nur mit eisernem Mittelschwert bauen. Aber später ging man auch hier zum Bau von Motorkuttern über, wobei auch formmäßig die Hochseekutter meistens als Vorbild dienten.

Die zahlreichen Elbkuttertypen, die die Aufgaben der Elbewer übernahmen, d. h. mit Ankerhamen fischten, erhielten hierfür besondere Einrichtungen, wie Rollklüsen am Vorsteven und eine kräftige eintrommelige Winsch mit einer Zahnradübersetzung und zwei Spillköpfen. Als Segelfahrzeuge mit verhältnismäßig geringem Tiefgang benötigten sie sämtlich ein eisernes Mittelschwert, meistens ein Klappschwert. Es stehen noch eine Anzahl Elbkutterrisse der Werft J. Behrens, Finkenwerder an der Süderelbe, zur Verfügung. Der erste Kutter, der 1891 für Christopher Rübke gezeichnet und gebaut ist, war eigentlich kein Kutter, denn er hatte Knickspanten und einen runden Ewersteven, aber ein überhängendes Heck. Seine Hauptabmessungen betrugen $L_{üA}$ = 13,37 m, L_{iK} = 9,14 m, B = 4,28 m, T = 1,57 m. Ein 1892 für Jacob Schuldt gebauter Kutter hatte nur einen Knick an der Bünnkante, war aber sehr völlig mit einem fast senkrechten Vorsteven. Seine Hauptabmessungen waren: $L_{üA}$ = 14,85 m, B = 4,57 m, T = 1,71 m. Von weiteren vier etwas runder und schärfer gebauten Elbkuttern betrugen die Hauptabmessungen:

	I	II	III	IV
$L_{üA}$	9,57 m	12,00 m	10,26 m	11,82 m
$L_{im\ Kiel}$	7,71 m			
$B_{a.\ Spt.}$	3,26 m	3,85 m	3,13 m	a. Pl. 3,47 m
H	1,10 m	1,32 m	1,57 m	1,00 m
L_{CWL}		9,77 m		
Tg			0,99 m	

Diese kleineren Elbkutter sind übrigens zum Teil als Ersatz für die Buttjollen benutzt worden, d. h. zum Fang mit Garnen. Alle Elbkutter hatten nur eine Giekbeseglung mit Stagfock und Klüver. In den zwanziger Jahren sind auch diese Kutter alle nach und nach motorisiert worden.

Abb. 34. Besanewer „Expreß" HF 144 auf der Nordsee

Abb. 35. Die Baumkurre wird eingeholt

Die Entwicklung zum Reichsfischkutter (Kriegsfischkutter)

Unter den Praktikern im Schiffbau waren es vor allen Dingen die Schiffbaumeister Jonny Eckmann, Finkenwerder, Gustav Junge, Wewelsfleth, Gustav Behrens, Finkenwerder, Wendtland, Wollin, und noch ein paar andere, die mit der Reichsanstalt für Fischerei die Vorarbeiten durchführten. Aus dieser Zeit stammt ein Entwurf von G. Junge, März 1938, für einen Motorkutter für Eisfische oder Bünn und Eisfische mit folgenden Hauptabmessungen:[30]

$$
\begin{array}{lll}
L_{\text{üA}} & = & 22,00 \text{ m} \\
L_{\text{CWL}} & = & 21,00 \text{ m} \\
B_{\text{Planken}} & = & 6,30 \text{ m} \\
H & = & 2,92 \text{ m} \\
Tg & = & 2,65 \text{ m} \\
\text{Frb.} & = & 0,86 \text{ m} \\
\text{Depl.} & = & 117,00 \text{ cbm} \\
\beta & = & 0,647 \\
\delta & = & 0,43 \\
\text{Motorleistung} & & 150 \text{ PS}
\end{array}
$$

Ähnlich sind die Abmessungen des Hochseekutters HF 333 „I. C. Woldmann", der nach einem Riß von Peter Friedrichs, Finkenwerder, auf der Werft von J. Eckmann in Finkenwerder gebaut wurde. Abweichend sind L_{CWL} = 19,60 m, Tg = 2,90 m, Frb = 0,75 m, β = 0,672, δ = 0,45. Der Kutter hatte keine Bünn und lief mit einem 150-PS-Motor 9 bis 9,5 kn. Ein weiterer Riß von G. Junge ist nach seinen Angaben 1939 für den Deutschen Seefischerei-Verein für Schleppversuche in der Hamburger Schiffsbau Versuchsanstalt in Hamburg-Barmbeck gezeichnet.[30] Die Hauptabmessungen betrugen:

$L_{\text{üA}}$	= 22,00 m		β vorgeschr.	0,63
L_{CWL}	= 20,00 m		δ vorgeschr.	0,42
B_{Gr}	= 6,20 m		Schiffsgewicht	73 t
H mit Kielplanke	= 3,00 m		Motor mit Zubehör	12 t
Tg	= 2,65 m		Brennstoff	6 t
Frb.	= 0,87 m		Eis	5 t
Depl.	= 116,00 cbm		Trimmballast	20 t
				116 t

Ein Linienriß für einen etwa ebenso großen Motorkutter, Maßstab
1 : 20, und einen Segelriß und Raumeinteilung, 1 : 75, hatte Gustav
Behrens, Finkenwerder, im Mai 1938 gezeichnet und gegen eine Kopie des
vorher beschriebenen Kutters mit Gustav Junge getauscht. Die Hauptabmessungen des Kutters von Behrens betrugen:[30]

$$
\begin{aligned}
L_{\text{üA}} &= 22,00 \text{ m} \\
L_{\text{CWL}} &= 20,15 \text{ m} \\
B_{\text{Gr}} &= 6,20 \text{ m} \\
H &= 3,00 \text{ m} \\
Tg &= 2,75 \text{ m} \\
\text{Frb.} &= 0,80 \text{ m} \\
\text{Depl.} &= 112,50 \text{ cbm}
\end{aligned}
$$

Auch sechs Küstenfischkutter hat Junge für diese Vereinheitlichungs-
arbeiten gezeichnet, für die nachstehend die Hauptabmessungen angegeben sind:

	I	II	III	IV	V	VI
$L_{\text{üA}}$	14,00 m	14,00 m	14,00 m	14,00 m	14,00 m	14,00 m
L_{CWL}	12,00 m	12,80 m	13,10 m	13,10 m	13,12 m	12,80 m
B_{Gr}	4,70 m	4,70 m	4,70 m	4,70 m	4,30 m	4,70 m
$H_{\text{mit Kielpl.}}$	2,20 m	2,20 m	2,20 m	2,20 m	1,80 m	2,20 m
Tg	1,90 m	1,90 m	1,90 m	1,90 m	1,50 m	1,90 m
Frb.	0,64 m	0,64 m	0,64 m	0,64 m	0,64 m	0,64 m
Gew. m. Ausr.	17,00 t	17,00 t	17,00 t	17,00 t	16,40 t	16,40 t
Bünn o. Ballast	10,00 t	5,00 t	10,00 t	10,00 t	5,59 t	5,60 t
Trimm o. Ballast	3,50 t	3,50 t	3,50 t	3,50 t	—	—
Motor m Zubeh.	5,00 t	5,00 t	5,00 t	5,00 t	5,00 t	5,60 t
Fischereiger.	3,00 t	3,00 t	3,00 t	3,00 t	3,00 t	3,00 t
Depl.	38,50 t	33,50 t	38,50 t	33,50 t	29,99 t	30,60 t
β	0,65	0,55	0,61	0,53	0,67	0,53
δ	0,41	0,36	0,40	0,34	0,44	0,33

Die hieraus sich ergebenden Schärfe- und Schlankheitsgrade sind nicht
von Junge, sondern vom Verfasser errechnet.

φ	0,63	0,655	0,655	0,641	0,656	0,623
ψ	3,55	4,00	3,87	4,07	4,23	4,10

Aus diesen Zahlen geht sehr deutlich die Variationsmöglichkeit der
Kutterform bei ganz geringen Änderungen der Hauptabmessungen her-
vor. Diese Formvariationen haben beim Motorschiff eine ganz andere
Auswirkung als bei einem Segelschiff, da bei ein und demselben Motor

mit einer gleichmäßigen Propulsion gerechnet werden kann im Gegensatz zum Segelschiff, bei dem veränderte Formen verschiedene Krängungswinkel, gleiche Beseglung und Windstärke vorausgesetzt, und damit eine unterschiedliche Propulsionseinheit erzeugen.

Zu den wichtigsten Aufgaben zur Vereinheitlichung der Kuttertypen gehörte vor allen Dingen die Normung der Größen, so daß von den ursprünglich über 200 Typen nur sieben übrigblieben: vier für die Ostsee und drei für die Nordsee. Als Kennzeichnung dienten die Typenlänge und der Typenbuchstabe: A = 10,0 m, B = 12,0 m, C = 14,0 m, D = 16,0 m (Ostsee), E = 18,0 m, F = 20,0 m, G = 22,0 m.

Die Größennormung erfolgte von seiten der Reichsanstalt für Fischerei, Referat für Motoren- und Fangfahrzeuge, Geh.-Rat Prof. Romberg, in Zusammenarbeit mit dem Germanischen Lloyd unter Leitung von Schiffbau-Oberingenieur Georg Buchsbaum.[47] Nachdem Geh.-Rat Romberg die erforderlichen Mittel vom Reichsernährungsministerium beschafft hatte, erfolgte dann auch die Formennormung unter Hinzuziehung der Maierform G.m.b.H. Deren Mitwirkung hatte vor allem das Oberkommando der Kriegsmarine veranlaßt. Diese Gesellschaft stellte die praktischen Erfahrungen ihres Konstruktionsbüros zur Verfügung. Aus den Linien eines 22-m-Kutters von J. Eckmann und eines 16-m-Kutters von Wendlandt wurden unter Ausnutzung der Maierform neue Linien entwickelt und danach in der Schleppversuchsanstalt in Wien Modelle geschleppt und verbessert. So entstand die RfF-Maierform oder Reichsfischkutter G.

Bei Gelegenheit dieser Versuche wurde das OKM auf die guten Ergebnisse aufmerksam und erbat sich die Einwilligung des Reichs-Ernährungs-Ministeriums zur Benutzung dieser Form für Marinezwecke. Die Durchkonstruktion hierfür übernahm ebenfalls die Maierform G. m. b. H. Auf diese Weise entstanden die Kriegsfischkutter (KFK), die dann 1939 bis 1944 in 600 Exemplaren gebaut und von denen 1947 etwa 130 für ihre eigentliche Bestimmung zurückgebaut und eingesetzt wurden. Es wird von Romberg betont, daß die zum Vorbild genommenen Kutter aus Finkenwerder und Wollin „unter den bis dahin vorhandenen Schiffsformen absichtsgemäß die besten und bewährtesten Vertreter bisheriger Bauart darstellten. Die Durchschnittsqualität alter Bauart steht wesentlich tiefer, von den zahlreichen schlechten Ausführungen ganz zu schweigen". Berücksichtigt man die Ersparnis von einem Drittel an Leistung bzw. Brennstoffverbrauch und die guten See-Eigenschaften, so kann der Erfolg die Neugestaltung der Fischkutter als ein Fortschritt von technisch geschichtlicher Bedeutung gewertet werden. Denn nun erst ist die Linienführung von der rein handwerklichen Erfahrung losgelöst und in eine technisch wissenschaftliche Konstruktion überführt.

Es wurde schon obenerwähnt, daß der Reichsfischkutter G (RFK) und der Kriegsfischkutter (KFK) verschiedene Formen haben, abgesehen davon, daß der größte Teil der Kriegsfischkutter einen schrägen Spiegel bekam, um Minenräumgeräte besser ausbringen zu können.[54] Nach Angaben der Maierform G.m.b.H. betrug der Unterschied in den Hauptabmessungen:

	RFK — G	KFK
Länge über alles	24,00 m	
Länge zwischen den Loten	20,57 m	
Breite auf Spanten	6,25 m	
Seitenhöhe	3,25 m	3,00 m
Konstruktionstiefgang	2,45 m	2,11 m
Größter Tiefgang hinten	3,10 m	2,85 m
Wasserverdrängung	121 m³	119 m³

Die in der angehängten Tafel angegebenen Hauptabmessungen, Berechnungsergebnisse und Verhältniswerte sind nun aus zwei Rissen ermittelt, die 1946 für Rückbauzwecke nach Unterlagen der Deutschen Werft auf der Norderwerft Köser & Meyer gezeichnet und berechnet wurden. Diese Zahlen zeigen bei geringerer Völligkeit der Verdrängung gegenüber dem Oertz-Kutter und dem Peters-Kutter schärfere Formen bei größerem Schlankheitsgrad. Kleine Änderungen im Schlankheitsgrad sind schon beim Vergleich des RFK — G mit 4,16 und dem KFK mit 4,20 wie auch bei den beiden rekonstruierten KFK mit Spiegel = 4,13 und Kreuzerheck mit 4,12 festzustellen. Der KFK wurde nämlich mit Spitzgatt in einigen Exemplaren in Schweden in Auftrag gegeben, während die übrigen Plattgattkutter auf deutschen Werften entstanden. Beide wurden ohne Bünn als Kompositschiffe gebaut. Wegen Mangels an geeignetem Baumaterial wurde die deutsche Ausführung mangelhafter.[37] Die eisernen Spanten wurden für die deutschen Werften auf einer großen Eisenwerft in Serie hergestellt. Die Kutter erhielten für die Marinezwecke hochtourige DEMAG - Dieselmotoren von 130 PS, die allerdings für Fischereizwecke ungeeignet sind, und soweit möglich nach dem Kriege durch langsam laufende Motoren ersetzt wurden.[54] Im übrigen ergaben sich in der Versuchsanstalt mit der Modellnummer 474 für den Normaltyp von J. Eckmann und 475 für die Maierform bei Freifahrtversuchen unter Mitwirkung einer verbesserten Ruderkonstruktion mit Propulsionsbirne folgende Höchstgeschwindigkeiten für die Maierform:

bei 120 PSe 9,0 kn
bei 135 PSe 9,2 kn
bei 180 PSe 9,75 kn

Nun spielt aber in der Seefischerei die Pfahlprobe bzw. der Trossenzug eine sehr wichtige Rolle. Im Bereich der Netzschleppgeschwindigkeiten von 3 bis 4 kn wirkt sich dagegen der Formunterschied nur unwesentlich aus. Für den G-Typ zeigten sich jedoch zwischen 4 bis 5 kn Schleppgeschwindigkeit 20 v. H. Leistungsersparnis bei dem konstanten Trossenzug von 1333 kg gegenüber dem Normaltyp. Bei der Geschwindigkeit 0 — d. h. das Schiff wird am Pfahl festgehalten — wurde bei einer Motorenleistung von 150 PS für den G-Typ eine Vergrößerung des Trossenzuges um 18 v. H. erzielt.

Die Inneneinrichtung sah vorn unter Deck in der Piek den Kettenkasten vor, dahinter die Küche mit dem Niedergang, dahinter den Besatzungsraum für fünf Mann. Der dahinterliegende Fischraum faßt je nach Rückbau 39,6 m³—49 m³, das sind 435— ~ 540 Korb Fische. Ein Fassungsvermögen von 300 Korb wurde zunächst in Fachkreisen als ausreichend erachtet. Hinter dem Fischraum folgt der Motorenraum, dahinter ein Stauraum. Ein Aufbau enthielt Ruderhaus und WC. Bei Rückbauten ist dieser Ruderraum meistens nach achtern verlängert, um mehr Raum für Proviant und auch ein geräumiges Kartenhaus mit Fischlupe u. dgl. zu erhalten.

Durch die Mitwirkung der Klassifikationsgesellschaft wurde gleichzeitig die Möglichkeit einer Bauaufsicht und Bestimmung der Abmessungen der Bauteile gegeben.[19] Hierfür gab der Germanische Lloyd 1941 „Vorschriften für Klassifikation und Bau von hölzernen gedeckten Seefischereifahrzeugen" heraus. Die Typenlänge diente als Leitzahl. Die Bauvorschrift berücksichtigte auch den Einbau einer Bünn, die allerdings in der beigegebenen Lichtpause für einen Ostseekutter Typ C 4 als nicht seesicher gezeichnet ist. In den Bauvorschriften ist nicht Kompositbauweise vorgesehen. Mit der Typenlänge ist außerdem gleichzeitig die Motorenleistung gegeben:

10,0 m — 30 PSe, 12,0 m — 50 PSe, 14,0 m — 70 PSe, 16,0 m — 90 PSe, 18,0 m — 110 PSe, 20,0 m — 130 PSe und 22,0 m — 150 PSe, die als Höchstwerte nicht überschritten werden sollen, damit Betriebssicherheit, Dauerhaftigkeit und Wirtschaftlichkeit des Fahrzeuges nicht gefährdet werden.

Selbst für die Beseglung sind Richtmaße angegeben, trotzdem es sich doch um ausgesprochene Motorkutter handelt. So soll die Mindestsegelfläche $0,7 \times L_{CWL} \times B_{Gr}$ nicht unterschritten werden. Das würde für den Typ G eine Segelfläche von 92,5 m² ergeben, also ein Takelmaß von 1,945. Der rückgebaute KFK „Antje" HF 385 mit Kreuzerheck erhielt 74 m², der KFK „Elke" HF 408 mit Plattgat 65 m². Das sind Takelmaße von 1,72 und 1,62, aus denen hervorgeht, daß die Fischer auf die Beseglung als Antriebskraft keinen Wert legen. So bleibt nur eine Schlingerdämpfung und eine Erhöhung der Abtrift beim Netzaussetzen und Einholen. Die Fischer haben die an sich für einen Motorkutter recht große Segelfläche von ihrer Versicherungskasse aus festgelegt, weil sie beim Zusammenbruch der Maschine immerhin noch damit in der Lage sind, den Hafen bei günstigen Winden ohne fremde Hilfe zu erreichen. Diese Möglichkeit wurde auch in mehreren Fällen bewiesen. Ob hierfür eine so große Beseglung erforderlich ist, mag dahingestellt sein. Denn bei einem Nachkriegsneubau ist die dem Winddruck ausgesetzte Seitenfläche mit 41 m² angegeben, wodurch bei einem Winddruck von 0,20 t/m² eine Neigung von $\sim 10°$, in Böen bis $\sim 21°$ entsteht.

Nach dem zweiten Weltkrieg sind von verschiedenen Werften Ersatz- bzw. Neubauten für selbständige Fischer oder Fischergruppen ausgeführt, bei denen man die Erfahrungen mit dem KFK auswertete.[18, 56] Z. T. sind diese Neubauten größer als die vom Germanischen Lloyd vorgesehenen Typen. Die Praxis muß die Wirtschaftlichkeit solcher Motorschiffe ergeben. Immer sind diese Fahrzeuge, die meistens aus Eisen gebaut werden, ingenieurtechnische Konstruktionen, die auf dem Reißbrett unter Zugrundelegung besonderer Versuchs- und Rechenmethoden entstanden sind und daher eigentlich aus dem Rahmen unserer historischen Betrachtung fallen.

Die Motorisierung der deutschen Fischereiflotte kann jetzt als abgeschlossen betrachtet werden, wie aus dem „Almanach für die deutsche See- und Küstenfischerei 1951" hervorgeht.[41]

Von 2924 Fahrzeugen sind 2011 mit Motoren versehen, die von 41 Firmen stammen, d. h. jedes Fahrzeug in der See- und Küstenfischerei, das von einem richtigen Berufsfischer verwendet wird, ist mit einem Motor versehen. Bei den Fischerfahrzeugen ohne Motor handelt es sich um Neben- oder Gelegenheitsfischer. Dazu kommen 66 von 80 Elbfischerfahrzeugen (HBK) mit Motoren verschiedener Leistung und Herkunft ohne nähere Angaben. Von den 2011 Maschinen sind 399 Glühkopfmotoren und 182 Benzinmotoren kleinerer Leistung, 407 Motoren haben mehr als 100 PSi Leistung. Darunter sind 558 Fabrikate der Humboldt Deutz-Werke, früher G. M. F. Deutz. 251 entstammen der Hanseatischen Motoren-Gesellschaft, Hamburg-Bergedorf, zu denen noch 53 Motoren der Firma H. Callesen, Apenrade, kommen, und 251 sind von der Demag, Motorenfabrik, Darmstadt, geliefert. Alle anderen Firmen lieferten unter 100 Maschinen. Für die Unverwüstlichkeit der alten Glühkopfmotore ist bezeichnend, daß 1952 im Altonaer Museum in der Fischereiabteilung ein 15 PS HMG Glühkopfmotor aus dem Jahre 1920 aufgestellt wurde, der 30 Jahre in einem Fahrzeug lief und nun dazu dient, dem Publikum die einfache Konstruktion einer solchen Maschine auch im Inneren zu zeigen.

Die Entwicklung der Fangfahrzeuge für die kleine Hochseefischerei ist aus der rein volkstümlichen Handwerksarbeit herausgekommen. Ihre zukünftige Gestaltung beruht ausschließlich auf wissenschaftlichen Entwicklungen, wobei es weniger auf die Formgebung zur Erzielung hoher

Geschwindigkeiten ankommt, als auf eine ruhige Lage im Seegang. Und diese ist wieder durch geeignete Formgebung und richtige Verteilung der Gewichtsmassen bedingt. Die Netzschleppgeschwindigkeit liegt in einem Bereich (3 bis 4 kn), in dem die Formgebung eine ganz unbedeutende Rolle spielt. Es bleibt also nur die Geschwindigkeit auf der Aus- und Rückreise, die mit 9 kn z. Z. mit den Motoren von 120—180 PS mit den Nachkriegsformen ohne weiteres erreicht wird.

In den Jahren nach dem zweiten Weltkriege sind außer den Rückbauten der Kriegsfischkutter, die keinesfalls immer zu befriedigenden Ergebnissen führten, auch eine ganze Anzahl neuer Fischkutter gebaut worden.[31a, 64] Die Währungsverhältnisse und die Ernährungsschwierigkeiten führten dazu, daß mancher Unternehmer, der zur Seefischerei überging, sich über die Rentabilität der Fischkuttertypen gar kein richtiges Bild machen konnte. Eine Anzahl Eisenschiffswerften, die über Materialrestbestände aus der Kriegszeit verfügten, konnten ihren Betrieb, der sich vorher kaum mit Kutterbau beschäftigt hatte, damit über Wasser halten.

So entstanden auf den Werften von Abeking und Rasmussen, Lemwerder bei Bremen — D. W. Kremer Sohn, Elmshorn — W. Holst, Hamburg-Neuenfelde — Ottenser Eisenwerk A. G. Werft Peute, Hamburg — Hugo Peters, Wewelsfleth — H. Rancke, Hamburg-Neuenfelde und auf der Stader Schiffswerft G.m.b.H. vollständig neue Typen von z. T. einer Größe, daß von einem Kutter kaum mehr die Rede sein konnte. Es waren Motorschiffe in der Größe des bei Sietas, Neuenfelde, gebauten Motorschiffes „Zukunft".

Zwei bei W. Holst gebaute Kutter von 14,00 m Länge ü. A. aus Eichenholz mit einem 60-PS-Motor, von denen einer sogar noch eine Bünn erhielt, sind ausgesprochene Küstenfahrzeuge. Ihr Laderaum war für 125 Korb vorgesehen. Die 18 m² große Segelfläche beweist, daß es sich um reine Motorkutter handelt.

Die nächstgrößeren waren die drei kleinen Kutter von D. W. Kremer, die bei einer Länge ü. A. von 18,00 m für 380 Korb Fische eingerichtet waren. Alle anderen Fahrzeuge sind etwa so groß oder größer als die Kriegsfischkutter.

Das größte Schiff — man kann es keinesfalls noch als Kutter bezeichnen — hatte eine Länge ü. A. von fast 32 m und erreichte mit 350 PS trotz seiner vollen Form — δ = 0,653 — eine Geschwindigkeit von 9,80 kn. Im Verhältnis zu seiner Verdrängung von 320 t ist der Fischraum für 1300 Korb viel zu klein. Der überschüssige Raum bietet Platz für eine 15köpfige Besatzung, die gar nicht benötigt wird. Dieses Fahrzeug, die „Anna Karger", wurde bei Hugo Peters in Wewelsfleth gebaut und war ebenso wenig für die Fischerei geeignet wie seinerzeit der Kutter „Zukunft".

Viel vorteilhafter sind die 10 Kutter, die nach einer Konstruktion des Schiffsbauingenieurs Franz Beeck auf der Stader Schiffswerft G.m.b.H. und bei H. Holst und bei H. Rancke gebaut worden sind.[1c] Beeck gibt die Völligkeitsgrade nach seinem Riß mit $\delta = 0{,}470$ an, während sich aus den Tabellen $\delta = 0{,}562$ ermitteln läßt. Auch die übrigen Hauptabmessungen stimmen nicht ganz mit dem Linienriß überein. Die beiden bei W. Holst gebauten Kutter weisen eine wesentlich günstigere Formgebung auf als die großen Fahrzeuge der übrigen Werften. (Über die auf der Stader Schiffswerft und bei Rancke gebauten kann mangels Unterlagen nichts Näheres gesagt werden.) In dem mit 26,25 m Länge über alles gemessenen Schiff lassen sich etwa 800 Korb in Eis und 1300—1500 Korb unverarbeitete Fische unterbringen. Da das Hauptspant mit $\beta = 0{,}752$ etwas völliger als das der Kriegsfischkutter ist, erhielt Beeck auch eine etwas weniger scharfe Form mit $\varphi = 0{,}625$ bei einer Schlankheit von $\Psi = 4{,}19$. Mit 200 PS erreicht der Kutter mühelos 9 kn. Die Schiffe haben eine Besatzung von 4 Mann. Die Besatzung ist im Vorschiff untergebracht und der Kapitän hat seinen Wohnraum auf dem Achterdeck hinter dem Kartenhaus.

Interessant ist der Vergleich der Beeckschen Konstruktion mit den auf der Werft D. W. Kremer Sohn gebauten 15 Kuttern.[64] Trotz einer geringeren Völligkeit der Verdrängung — $\delta = 0{,}467$ — der letzteren ist ihre Form weniger schlank, $\Psi = 3{,}97$. Das 5 m kleinere Fahrzeug hat auch einen kleineren Motor — 150 PS —. Der Fischraum ist mit 500 Korb nur wenig kleiner als beim Kriegsfischkutter mit 500 Korb, trotzdem dieser eine größere Verdrängung hat.

Bei den nach den gleichen Plänen ausgeführten 6 Kuttern vom Ottensener Eisenwerk ist der Fischraum auf Wunsch des Bestellers um zwei Spantentfernungen kürzer gebaut. So erhielt man einen Fischraum für nur 400 Korb.

Das schlankste Schiff ergab die Konstruktion von Abeking und Rasmussen. Bei 28,5 m Länge ü. A. betrug die Verdrängung 175 t und damit $\Psi = 4{,}46$. Der Fischraum nimmt 1000—1100 Korb auf; das ist im Vergleich zu Beecks Entwurf etwas zu wenig. Dafür ist aber auch hier mit einer 9köpfigen Besatzung einschließlich Kapitän gerechnet. Die Mannschaft wohnt vorn im Logis. Über die Geschwindigkeit, die mit dem 250-PS-Motor erreicht wird, ist nichts veröffentlicht.

Sämtliche Kutter sind ausgesprochene Motorschiffe mit verhältnismäßig hohen Leistungen, deren Motoren von MWM, MAN, Klöckner-Humboldt-Deutz, Bohn & Kähler und Deutsche Werke stammen. Die Hauptmotoren treiben auch die Netzwinden an. Die Beseglung ist in allen Fällen kleiner als die der Kriegsfischkutter. Die Fischräume sind meistens mit Alfol isoliert, bei den Kuttern des Ottensener Eisenwerks mit Glasgespinstmatten. Auf dieser Werft sind die Rümpfe ganz geschweißt worden, während man auf einigen Werften aus zeitbedingten Gründen nur teilweise schweißte. Neu ist auch der Bau in Längsspanten, wie er auf der Kremerschen Werft aus bestimmtem Anlaß ausgeführt wurde. Einige Kutter erhielten auch eine Warmwasserheizung für die achteren Wohnräume.

Bei den Planungen dieser Kutter wurden wohl hauptsächlich Bremerhavener Fischdampferkapitäne herangezogen, von denen sie auch später geführt wurden. Diesen mit der Dampferfischerei vertrauten Männern fehlten naturgemäß die Erfahrungen in der Kutterfischerei; es fehlte auch die enge Verbindung mit den alten Hochseefischern und schließlich auch die Tradition, kurz alles das, was die Finkenwerder Flotte über viele schwere Zeiten hinweggebracht hat. Die Schiffe mußten daher nach dem Eintritt geordneter Verhältnisse nach der Bewirtschaftung aufgelegt und nach dem Ausland verkauft werden, während mit den großen modernen Kuttern in Finkenwerder sehr gute wirtschaftliche Erfolge erzielt wurden.

Fischerei mit Ewer und Kutter

Von Hans Fick

Der Verfasser hat in diesem Buch eine auf jahrzehntelange Arbeit und intensives Studium gestützte Darstellung von der Entwicklung unserer Fischereifahrzeuge in der Küsten- und Kutterhochseefischerei gegeben. Es ist selbstverständlich, daß dabei die schiffbaulichen und schiffbautechnischen Fragen im Vordergrund stehen, und vieles was diese Fahrzeugentwicklung begleitet hat, oder was gar den Anstoß zu dieser Entwicklung gab, ungesagt bleiben mußte.

Damit nun das Verständnis für die hier teilweise recht komplizierten schiffbaulichen Vorgänge nicht leidet, hat mich der Herausgeber der „Schriften der Bundesforschungsanstalt für Fischerei" gebeten, aus der Sicht eines alten Finkenwerder Fischers heraus, der diese hier geschilderten Zeiten selbst miterlebt hat, ein Bild über die damaligen fischereilichen Verhältnisse an der Unterelbe, die ja der Schauplatz dieser Entwicklung vom Pfahlewer zum modernen Motorkutter war, zu geben.

In einer Anfrage des Senators und Landherren Dr. Bausch im Jahre 1798 an den Landvogt in Finkenwerder über den Stand der See- und Elbfischer und die Anzahl der Betriebe, berichtet der letztere, daß in Finkenwerder 15 und in Altenwerder 1 Seefischer wohnhaft seien. Auf die Anfrage des Landherren über die Art der Fanggeräte, die von den Seefischern verwendet wurden, wird einmal der „Hamen" für die Heringsfischerei und „ein Netz, dessen sich die Seefischer in der offenen See bedienen", angeführt, also ohne eine nähere Bezeichnung darüber, ob es sich bei dem letzteren um Kurren oder Garne handelte. Interessant ist hierbei, daß der Senator sich zu der Anfrage veranlaßt fühlte, weil die Seefischer sich auch schon im Jahre 1753 gegenseitig beschuldigten, durch zu enge Steerte der Hamen für den Rückgang der Heringsbestände verantwortlich zu sein.

Nach W. Schnakenbeck[1]) haben die Blankeneser Fischer nach einer Mitteilung in den schleswig-holsteinischen Provinzialberichten vom Jahre 1787, um die damalige Jahrhundertwende, mit einem dreiwandigen Garn gefischt. Andererseits geht jedoch aus dem Auszug „Fanös Historia" eindeutig hervor, daß die Blankeneser von 1807—1814 schon mit Schleppnetzen gefischt haben. Es ist daher wohl anzunehmen, daß die Finken-

---

[1]) Siehe Schrifttum Nr. 50

werder, die mit den Blankenesern eine nachbarliche Verbindung pflegten, damals schon zum Teil das Schleppnetz benutzten, obwohl nach der Überlieferung in Finkenwerder von dem Pfahlewer aus nur mit dem dreiwandigen Garn der Fang auf See ausgeübt worden sein soll.

Es ist verständlich, daß sich in der Seefischerei der Fang mit dem Schleppnetz gegenüber dem Treibnetz durchsetzen mußte. Denn das Schleppnetz ist für den Fang von Fischen verschiedener Größe und Arten (man vergleiche nur einmal die verschiedenen Formen des Steinbutts und der Seezunge) sehr viel besser geeignet als das Treibnetz. Während das letztere für verschiedene Fischarten und -größen verschieden große Netzmaschen benötigt, ist das beim Schleppnetz, dessen Maschen beim Fang mehr oder weniger diagonal gezogen sind und infolgedessen eine geringere Auslesefähigkeit haben, nicht der Fall.

Damals war das Beschaffen von Netzen verschiedener Maschenweiten sehr schwierig, denn das Garn mußte noch von den Frauen gesponnen und auch meistens von ihnen und den größeren Kindern zu Netzen geknotet werden. Der Kauf von fertigen Netzen war noch nicht üblich, und es fehlte dazu auch sicherlich an den erforderlichen Geldmitteln. Es ist daher verständlich, daß das Schleppnetz oder die Kurre bald eine größere Verbreitung fand und die Treibnetze verdrängte, zumal auch im gewissen Umfang die Nachteile, die das Schleppen des Schleppnetzes für den Fisch hatte (er wird im Schleppnetz stärker strapaziert als im Treibnetz, was für die Lebenderhaltung in der Bünn nachteilig ist), durch Auslese der lebensfähigen Schollen, durch Abkürzung der Schleppdauer usw., wenigstens teilweise aufgehoben wurde.

Zur damaligen Zeit spannen die Frauen nicht nur die Garne für die Netze, sondern auch für die Segel. Die Blankeneser Fischer sollen ihr Garn zum Weben der Segel nach Wedel gebracht haben, wo sich eine Weberei befand, während die Finkenwerder sich den Weber von auswärts kommen ließen. Das Zuschneiden und Nähen der Segel wurde von den Fischern selbst vorgenommen, wobei diejenigen, die in dieser Arbeit besonders geschickt waren, den Kameraden halfen. In Finkenwerder interessierte sich um 1810 besonders der Seefischer Jacob M e w e s für das Zuschneiden der Segel. Wenn er wußte, daß einer der Fischer ein Segel herstellen wollte, hatte er immer gleich seine Elle zur Hand, um dem Fischer bei dieser ungewohnten Arbeit behilflich zu sein. Zum Dank dafür bekam er den Spitznamen „Jokkob mit de Ehl" (Jakob mit der Elle). Er hatte schon damals erkannt, daß der gute Zuschnitt der Segel für die Fortbewegung des Schiffes eine wesentliche Bedeutung hatte und ließ in der Voraussicht, daß die Seefischerei in Finkenwerder aufwärts ging, seinen Sohn Martin, der 1823 geboren wurde und ein Lebensalter von 95$^{1/2}$ Jahren erreichte, das Segelmacherhandwerk in Hamburg erlernen. Nachdem Martin Mewes später einen eigenen Segelboden er-

richtet hatte, folgten mit dem Aufblühen der Seefischerei eine ganze Anzahl weiterer Segelmacher und ließen sich in Finkenwerder nieder.
Unter ihnen waren Lindemann aus Blankenese, Jan Rickmers von Helgoland, Kai Kröger, Jacob von Cölln u. a. m. Sie wurden durch die schnit-
tigen Segel der Finkenwerder Ewer bald an der ganzen Niederelbe bekannt und brachten ihr Gewerbe besonders durch viele auswärtige Auf-
träge auf einen recht beachtlichen hohen Stand.

Nach W. Schnakenbeck[1]) beendete die Blankeneser Flotte, die 1787
schon einen Bestand von 140 Pfahlewern umfaßte, gewöhnlich um Mitte
September die Seefischerei. Bis Mitte November betätigte sie sich mit
Lotsendiensten und Bergungsarbeiten und fischte alsdann Stinte in der
Unterelbe. Da aus dem vorstehend angeführten Bericht des Finkenwerder Landvogtes an den Landherren jedoch hervorgeht, daß die Finkenwerder Seefischer im Winter mit dem Heringsfang beschäftigt waren,
werden auch die Blankeneser Fischer in der damaligen Zeit außer dem
Stintfang auch diese Tätigkeit ausgeübt haben.

Daß über den Zeitpunkt, wie lange sowohl die Blankeneser als auch
die Finkenwerder Seefischer noch Treibnetze im Gebrauch hatten, keine
Einmütigkeit unter den Autoren, die sich mit der Entwicklung der Seefischerei befaßten, besteht, ist allerdings verständlich. So stürmische Um-
stellungen wie heutzutage konnte es damals noch gar nicht geben. Dafür
waren die Fischer viel zu arm. Andererseits war das damalige Schleppnetz noch nicht durchkonstruiert, fing infolgedessen auch längst nicht so
gut wie das moderne Gerät. Es kam vor, daß das Treibgarn zu bestimmten Zeiten und beim Auftreten besonderer Fischarten ebensogut fing
wie die Kurre. Hinzu kam, daß die Segelfläche des Pfahlewers nur klein
und der Scher-Effekt mit Rücksicht auf seine geringe Tiefe zur Ausnutzung des Stromes recht gering war. Dazu war für die Bearbeitung
des Schleppnetzes auch noch ein Gangspill erforderlich, das, selbst
wenn der Kurrbaum damals auch erst eine Länge von 16 Fuß hatte,
mit Rücksicht auf die schweren eisernen Klauen sicherlich nicht mit der
Hand einzuholen war. Im übrigen war auch das Manövrieren beim Aussetzen und Einholen der Kurre mit einem Mast sehr schwierig, da die
Besan ausfiel, mit der man das Abfallen und Anluven des Ewers regulieren konnte. Es ist somit verständlich, daß mit dem Gebrauch des
Schleppnetzes eine Reihe von Giekewern als Besanewer eingerichtet
wurden.

Im Jahre 1835, in dem sich nach Kai Kröger die Giek-Besegelung schon
weitgehend durchgesetzt hatte, gründeten die Finkenwerder Seefischer
ihre Finkenwerder Fischerkasse, die noch heute als Unterelbische Versicherungskasse besteht. Die Begründung, die im Vorwort zu den Statuten gegeben ist, erscheint dem Verfasser so schlicht, sinnvoll und

[1]) Siehe Schrifttum (50)

geradezu rührend, daß sie im nachstehenden auch den Lesern nicht vor-
enthalten werden soll. Sie lautet:

„Da bei unserem gefährlichen Gewerbezweig es leider an häufigen
Beispielen von Unglücksfällen nicht fehlt, und dadurch mancher red-
liche Mann trotz der größten Geschicklichkeit und Gewissenhaftigkeit,
dennoch sich und seine Familie vor Elend und Noth nicht schützen und
durch e i n e n Schlag sein ganzes Haab und Gut, und die Mittel zu
seiner Erhaltung verlieren kann; da wir auch zugleich erkennen, daß
einem Jedem unter uns ein gleiches Schicksal zu jeder Zeit treffen
im Stande ist; so halten wir uns untereinander verbunden, durch gegenseitige Unterstützung dem jedesmalig vom Unglück Getroffenen
vor dem gänzlichen Untergang zu bewahren, und haben uns deshalb
vereinigt, mit Vorwissen der Hohen Obrigkeit, unter uns eine Kasse
zu errichten, mit dem Zwecke, daraus für unvorhergesehene und un-
verschuldete Unglücksfälle dem sie Betreffenden eine billige Unterstützung zukommen zu lassen. Wir haben deshalb folgende Punkte,
sowohl, in Absicht der Einrichtung, als der Verwaltung derselben,
unter uns nach reiflicher Überlegung ausgemacht und festgesetzt."

In den alten Statuten sind 24 Mitglieder angeführt. In dem Artikel 2
ist festgelegt, daß die Eintrittsgelder derjenigen Fischer, die später der
Kasse beitreten wollen, nach den schon eingezahlten Summen vereinbart
werden sollen. Offenbar gab es daher im Jahre 1835 schon mehr als 24
Seefischer in Finkenwerder. Der Wert eines neuen Ewers wurde damals
von der Kasse mit 2000 Mark Courant festgesetzt. Jedenfalls kann nach
der Bewertung von 2000 Mark Courant angenommen werden, daß es
sich bei der Versicherung noch um Pfahlewer oder um kleinere Giek-
segelewer handelte, da sie sonst sicherlich höher bewertet worden wären.
Mit der Einführung der Schleppnetzfischerei und deren Verbreitung
wurde naturgemäß die Bearbeitung des Gerätes zu einer sehr wichtigen
Aufgabe. Insbesondere muß der langen Periode Beachtung geschenkt
werden, in der in der Flotte das Fanggerät mit der Winde oder Winsch
bearbeitet wurde, die unmittelbar hinter dem Großmast an Deck befestigt
war. Mit dieser Winde, die man auch zum Segelaussetzen, zum Übersetzen des Steertes und zum Hieven schwerer Gegenstände benutzte,
wurde über einen langen Zeitraum — wahrscheinlich von der Zeit der
ersten Gieksegler an — die Kurre eingeholt. Als Kurrleine diente
ein Hanftau von 5 bis 6 Zoll Umfang in Kabelschlag, an das die Sprinken, die an den Klauen der Kurre befestigt waren, angespleißt wurden.
Sollte das Gerät eingeholt werden, so wurde der Reder losgeworfen, die
Klüverschoot gelöst und die Fock runtergefiert. Durch die Verminderung
des Druckes auf das Vorschiff lief der Ewer in den Wind und die auf
dem Poller belegte Kurrleine bekam hierdurch Lose. Dieser Moment

wurde benutzt, um die Kurrleine von dem Poller zu lösen und in die vordere Lippe am Bug neben dem Steven zu werfen. Es wurden drei Törns der Kurrleine um den Windenkopf gelegt, die in der Regel von dem Jungen, manchmal auch von dem Seefischer, abgestoppt werden mußten. Alsdann begann das mühselige Einhieven der Kurrleine durch den Schiffer und den Knecht, wie man den Bestmann damals nannte. Der Seegang mußte bei dieser harten Arbeit helfen. Bewegte sich der Ewer mit dem Vorderteil nach unten, so bekam die Kurrleine Lose, die dann von den beiden Fahrensleuten durch schnelles Drehen an der Kurbel der Winde eingehievt wurde. Wehe dem Jungen, falls er dann, wenn sich beim Wiederaufrichten des Ewers die Kurrleine straffspannte, den eingehievten Teil wieder auslaufen ließ! Besonders umständlich wurde die damalige Methode des Einholens, wenn die Kurrleine vorgehievt war und die beiden Sprinken in Erscheinung traten. Alsdann mußten beide Leinen zugleich abgestoppt werden. Wenn die Sprink bis auf etwa 8—10 Faden vorgehievt war, dann wurde die achtere, die mit einer Markierung versehen war, aus der Vorderlippe ausgeworfen und in die Lippe vor dem Großwant gelegt. Beim Weiterhieven wurde dann die achtere Sprink über den Fußblock auf dem Vorderdeck geleitet, der so angebracht war, daß die Achtersprink mit der vorderen parallel lief. War der Kurrbaum vorgehievt, so wurde er im Vorschiff aufgefangen und das Netz hinter dem Großwant mittschiffs eingeholt.

Ebenso umständlich wie das Einholen des Gerätes war auch das Aussetzen nach der damaligen Methode. Das Achternetz wurde über Bord geworfen und die Stroppen, mit denen der Baum aufgefangen war, gelöst. Dann wurde das Gerät langsam an den Sprinks so weit weggefiert, bis die Marke an der achteren Sprink erschien. Hierauf beförderte man dieses ebenfalls in die Lippe vor dem Großmast und ließ beide Sprinken bis zum Erscheinen der Kurrleine auslaufen. Darauf legte man mehrere Törns um den mittleren Poller, holte die Klüverschot an, setzte die Fock und fierte die Besanschot auf. Nun fiel der Ewer mit der Verstärkung des Winddrucks auf das Vorderschiff mehr vom Wind ab und nahm Fahrt auf. Darauf fierte man je nach dem Wind mit zwei oder drei Törns um den mittleren Poller das Gerät auf den Grund und legte die Kurrleine fest. Kurz vor dem Belegen auf dem mittleren Poller, wenn die Kurrleine noch Lose gab, wurde der Reder angeholt und der Kurs des Ewers einreguliert. Diese mühselige und außerordentlich schwierige Bedienung des Fanggerätes war, nachdem sich das auf dem Vorschiff stehende Plattspill mit den Kurrleinen aus Stahldraht schon jahrzehntelang auf das beste bewährt hatte, bei mehreren Seefischern noch bis zum Jahre 1902 in Gebrauch.

Fast ebensolange wie die Seefischerei brauchte sich von der Netzwinde zu trennen, dauerte auch der Übergang vom Seitenschwert zum

Mittelschwert. Um die Jahrhundertwende gab es noch mehrere Ewer, die mit den Seitenschwertern segelten. Der Nachteil des Seitenschwertes bestand nicht nur darin, daß es nur wenig den Seitenwiderstand beim Segeln und beim Fang unterstützte, sondern daß es auch einen bedeutend größeren Arbeitsaufwand, besonders beim Kreuzen, erforderte. Jedesmal, wenn der Ewer überstag ging, mußte das Leeschwert runtergefiert und das Luvschwert aufgeholt werden. Da dieses Manöver auch noch das Lösen der backstehenden Fock und das Übersetzen der Klüverschot erforderte, waren beim Kreuzen immer zwei Mann an Deck erforderlich. Wenn der Vorteil, den das Mittelschwert den Fischern bot, auch sicherlich eingesehen wurde, fehlte es aber manchen von ihnen an Mitteln, sich dieses Gerät einbauen zu lassen.

Es war nämlich nicht allein mit dem Ankauf des eisernen Mittelschwertes getan, sondern es mußte unter den platten Ewern auch noch ein Kiel befestigt werden, damit das eiserne Mittelschwert genügend Halt bekam, was mit den einfachen Bodenplanken nicht zu erreichen war.

Um 1870, als die Finkenwerder Flotte mit 79 Ewern den Bestand der Blankeneser schon um etwa zehn Einheiten übertraf, machten die Seefischer sich darüber Gedanken, wie sie ihre Fänge — besonders im Sommer — frisch erhalten konnten, da sie alle Fische, die in der Bünn verendeten, wieder über Bord werfen mußten. Bei den Seezungen, die ebenfalls lebend mitgeführt wurden, machte es übrigens auch immer besondere Schwierigkeiten, sie am Markt alle mit dem Lownetz (Ketscher) wieder aus der Bünn herauszufischen. Das stellte sich vielfach dann heraus, wenn die Fischer ihren Fang am Markt gelandet hatten und der Ewer mit der Ebbe aufs Trockne geriet. Alsdann fanden sie häufig noch eine ganze Anzahl verendeter Zungen in der Bünn vor, die — besonders im Sommer — nicht mehr genießbar waren. Die großen drei bis sechspfündigen Schollen und Steinbutt wurden in der Regel an quer über die Bünn ausgespannten Netzgarnen mit am Schwanz befestigten Schnüren so aufgehängt, daß sie den Schiffsboden nicht ganz erreichen konnten. Diese Prozedur konnte man natürlich nicht mit den kleinen Zungen und Schollen durchführen.

Der Seefischer Jacob F o c k aus Finkenwerder, der vor dem Erwerb seines Ewers sich als Kapitän auf großer Fahrt viel in der Welt umgesehen hatte, machte im Jahre 1870 die ersten Versuche, die Fische auf Eis zu konservieren. Er war es dann auch, der im Jahre 1871 trotz starken Widerstandes die Anregung dazu gab, daß sich ein großer Teil der Flotte zu einer Interessengemeinschaft zusammenschloß, um einen Eisschuppen zu bauen. Für diese fortschrittliche Tat, die sich später als so sehr segensreich erwies, bekam er dann auch — wie in Finkenwerder üblich — den Spitznamen „Ies-Jokkob" („Eis-Jacob").

Dieser erste Eisschuppen wurde am Neßbrack erbaut und von Gerhard

v o n E i t z e n , dem Vater des im vorigen Jahr verstorbenen Senior-
chefs der Firma Mewes & von Eitzen, Rudolf von Eitzen, verwaltet.
Später wurde dann noch ein Eisschuppen an der Aue und einer im bedeutend größeren Umfang von dem Werftbesitzer J. C. W r i e d e auf
der kleinen Dradenau erbaut. Das Eis wurde im Winter auf dem Brack
mit Handsägen in transportable Stücke zerlegt und in den mit Torf
isolierten Schuppen befördert und dort gelagert.

Die Ewer mußten damals in Finkenwerder, wenn sie ihre Fangreise beendet hatten, in den Prielen oder im Köhlfleet ankern, und
es war daher nicht möglich, das Eis direkt vom Schuppen in das Fahrzeug zu übernehmen. Das Eis wurde daher mit den Beibooten, die besonders für diese Aufgabe recht groß ausgeführt waren, vom Bollwerk
hinter dem Deich abgeholt. Bevor das Eis in das Boot übernommen
wurde, wurden die Eisblöcke mit einem großen Holzhammer in kleine
Stücke geschlagen; später — so etwa um 1890 — beschaffte J. C. Wriede
eine von einem Motor angetriebene Eismühle und eine Motorbarkasse.
Mit der Barkasse wurde alsdann das schon gemahlene Eis, in der Regel
2000 bis 3000 Pfund je Ewer, an Bord gebracht.

Die Unterbringung des Eises an Bord erfolgte in den sogenannten Eiskisten. Hiervon waren in der Regel drei Stück vorhanden, die allerdings
nur wenig isoliert waren und etwa je 1 cbm Inhalt hatten. Diese drei
Eiskisten wurden nebeneinander hinter dem Großmast vor der Bünn
unter dem Deck aufgestellt. Auf dem Deck hinter der Winsch war eine
kleine Klappe angebracht, durch die das Eis nach Aufheben der schweren
Deckel von den Kisten hineingeschüttet wurde. Mit dem Beginn des
Sprotten- und Elbheringsfanges, etwa Mitte oder Ende Oktober, brachten
die Seefischer die Eiskisten bis zum nächsten Frühjahr an Land, um
Platz für die Unterbringung der Heringe zu gewinnen, die nicht in der
Bünn, sondern ohne Eis auf dem Bünndeck bis zur Anlandung an dem
Markt gelagert wurden. Die großen schweren Eiskisten standen dann während des ganzen Winters auf einer Stellage ungefähr in Höhe der Deich-
krone, damit sie nicht von dem Hochwasser erreicht wurden und verrieten,
daß in dem gegenüberliegenden Haus ein Seefischer wohnte.

Auf die Anwendung des Eises für die Konservierung der Fische stellte
sich die gesamte Finkenwerder und Blankeneser Flotte nach den damaligen Verhältnissen recht schnell um. Der Grund hierfür war wohl nicht
allein der wirtschaftliche Vorteil, sondern auch die geringen Kosten für
die Beschaffung der Eiskisten, deren Unterbringung kaum Umbauarbeiten
am Schiff erforderten. Die Seefischer konnten nunmehr insbesondere die
beim Schollenfang miterbeuteten Zungen, Hummer und Steinbutt ohne
die Gefahr des Verderbens auf Eis legen, während die besser lebend-
bleibenden Schollen weiterhin in der Bünn gehalten wurden. Aus dieser
Zeit stammt wahrscheinlich die noch heute gebräuchliche Bezeichnung

„Mattgut" für Steinbutt und Zungen, da man vielfach noch Matten als zusätzliche Isolierung des Eises verwendete, auf die man die Fische legte. Eine grundsätzliche und besonders vorteilhafte Wandlung wurde im Sommer durch den Gebrauch der Eiskonservierung erzielt, wenn die Schollenfänge geringer wurden und die Lebenderhaltung der Fische von See bis an den Markt besonders schwierig war. Ebenso war alsdann die mitunter sehr lange Flaute besonders gefährlich, weil die Durchströmung der Bünn und damit die Sauerstoffzufuhr versagte. Nach Einführung der Konservierung auf Eis konnten die Seefischer ihre Fangreisen daher auch im Sommer auf die Dauer von etwa 14 Tagen ausweiten.

Ein weiterer, besonders bemerkenswerter Abschnitt in der Entwicklung der Kleinen Hochseefischerei war die Austernfischerei. Diese Tätigkeit begann in den achtziger Jahren, als die neuen Kutter schon einen erheblichen Aufwand zu ihrer Finanzierung und ihrer Amortisierung erforderten. Hinzu kam alsdann auch bald noch der Wettbewerb mit den Fischdampfern, die damals die gleichen Fangplätze befischten wie die Finkenwerder und Blankeneser Seefischer.

Die Austernfänge begannen etwa Anfang November und dauerten bis Ende März. Es war die Zeit, in der die anderen Seefischer den Fang auf Elbhering und Sprotten betrieben. Im Gegensatz zu den Engländern, die die Austern mit Bügelgeräten fingen, fischten die Finkenwerder hauptsächlich mit der Baumkurre und später auch vereinzelt mit dem Schernetz auf Austern. Sie bevorzugten die Kurre vor allem aus dem Grunde, weil sie außer den Austern auch mitunter recht gute Zungen- und Schellfischfänge brachte. Im Prinzip war die Austernkurre der normalen Kurre für den Fischfang gleich. Dagegen war der Kurrbaum mit 26 Fuß um 8 Fuß kürzer als bei der Fischkurre. Die Verkürzung war deshalb vorgenommen, weil der Baum vor allem bei schlechtem Wetter durch das große Gewicht der im Steert befindlichen Austern sehr stark belastet wurde und häufig brach. Er war daher auch nicht aus Fichtenholz, wie der normale Kurrbaum, sondern aus Eschenholz hergestellt. Wenn man bedenkt, daß sich beim Hieven in der Regel außer der gleichen Anzahl leerer Schalen etwa 800 bis 1200 Stück Austern im Steert befanden, so hatte der Inhalt mit Rücksicht auf das hohe spezifische Gewicht dieser Schalentiere, die schweren eisernen Klauen und die dicke Vorläufer-Kette schon unter der Wasseroberfläche ein Gewicht von etwa 500 kg. Da die Tiefen auf den Austerngründen etwa 40 bis 45 m betrugen und das Gerät mit der Hand gehievt werden mußte, kann man ermessen, welche Mühsal allein mit dieser Arbeit verbunden war. Nicht weniger hart war auch die Bearbeitung der schweren Kurre, die am Unternetz alle 1½ Maschen vom Grundtau bis zum Steert mit einem etwa 2—2½ Zoll dicken Strohtau benäht war. Der Steert war an der Unterseite auf jeder Masche mit einem Strohtau von derselben Stärke versehen. Man konnte hierauf nicht verzichten, da die schweren und scharfkantigen Austern bei der Fortbewegung des Netzes über den Meeresgrund die Maschen in kurzer Zeit durchgescheuert hätten.

In der Regel steuerten die Austernkutter von Helgoland WNW und setzten ihre Fanggeräte aus, wenn sie eine Strecke von 90 sm gesegelt waren. Da die Austerngründe damals sehr ausgedehnt waren, versegelten sie nicht wie beim normalen Fischfang, um sich auf dem Fangplatz zu halten, sondern das Fanggerät wurde nach dem Hieven gleich wieder auf dem anderen Bug ausgesetzt, damit es möglichst lange am Grunde und in Betrieb bleiben konnte. Um das Netz gleich wieder klar auf dem anderen Bug auszusetzen, mußte der Wachhabende schon vor dem Hieven die lose Kurrleine von der Spilltrommel holen, das letzte Ende der Kurrleine vom Spill abschäkeln und unter dem Klüverbaum hindurch vor dem Steven über in die vordere Lippe in Lee legen. Dann wurde das Ende wieder am Spill eingeschäkelt und die lose Leine eingehievt. Erschien dann die ganze Besatzung zum Einholen des Gerätes an Deck, so wurde die Fock niedergelassen und der Reder hinten losgeworfen. Darauf drehte der Kutter in den Wind, und die Kurrleine in Luv wurde losgeworfen, womit das Gerät auf dem anderen Bug eingehievt werden konnte. Wenn der Baum vorgehievt war, stand das Netz durch den schweren, mit Austern gefüllten Steert straff nach unten. Daraufhin gab der Fischer das sogenannte Leiht, eine vierzöllige Hanfleine, die am Baum belegt war und durch einen Hahnenpot an den Steertlaschen befestigt wurde, solange vor, bis an der Reling ein Stropp um den Steert gelegt werden konnte. Alsdann wurde der Steert mit der Fischtakel und der Winsch hinter dem Großmast übergesetzt.

Wenn der mit Austern gefüllte Steert auf dem Deck hinter dem Großmast entleert war, wurde er hinten wieder geschlossen und das Netz wieder ausgesetzt. Nun begann die Arbeit für den Wachhabenden. Außer seiner Aufgabe, auf Wind, Segel und sich nähernde Schiffe zu achten, mußte er die Austern einzeln herrichten und in die Bünn zählen. Er saß in den langen Winternächten bei jedem Wetter entweder auf einer Fischkiste oder in den Knien luvwärts von dem mittschiffs stehenden Beiboot, an dem eine angebundene Petroleumlaterne ihr spärliches Licht verbreitete, bei seiner Arbeit. Die leeren Schalen der Austern warf er auf einen Haufen für sich, damit sie nicht wieder ins Netz gerieten. Man schüttete sie über Bord, wenn das Netz eingeholt war. Die zusammengewachsenen lebenden Austern wurden mit einem kleinen Beil (Austernbeil) voneinander getrennt. Ebenso mußten die mit Seepocken (Balanus) oder Meerhänden (Alzygonium) bewachsenen Exemplare gesäubert werden, bevor sie in die Bünn geworfen wurden.

Auf einer Fangreise, die meistens 14 Tage, bei schlechtem Wetter aber auch mitunter bis zu 4 Wochen dauerte, konnten etwa 15 000 bis 25 000

Stück Austern erbeutet werden. Man verkaufte sie in der Regel in Cuxhaven an feste Abnehmer, mitunter auch in Dänemark oder in England.
Die Preise schwankten zwischen 4,— und 5,— Mark je 110 Stück Austern, die man als ein „Groß-Hundert" bezeichnete.

Für die alten Finkenwerder Einwohner verbindet sich mit dem Wort
„Austernfischer" unwillkürlich der Gedanke an Winterstürme, Not und
Untergang. Die beispiellosen Opfer, die die Finkenwerder in den Winter-
stürmen durch Totalverluste in ihrer Flotte erlitten, kommen in den
folgenden Zahlen zum Ausdruck:

> von 1835 bis 1860 2 Fahrzeuge
>
> von 1860 bis 1885 24 Fahrzeuge
>
> von 1885 bis 1910 97 Fahrzeuge.

Da gerade in der Zeit zwischen 1885 und 1910 die Austernfischerei
in größerem Ausmaße betrieben wurde, ist daraus ersichtlich, was dieser Fischereizweig an Opfern gefordert hat. Die großen Verluste konnten
trotz aller damaligen Versuche, die Schiffe seetüchtiger zu machen, nicht
verhindert werden. Auch die mit Hilfe des Deutschen Seefischerei-Vereins
im Jahre 1904 durchgeführten Maßnahmen, durch die alle noch mit
losen Luken versehenen Fahrzeuge mit einem festen Deck und einem
bis auf das Deck reichenden Bünnschornstein versehen wurden, konnte
an dem katastrophalen Verlust nichts ändern. So blieben auch noch im
Jahre 1909 in den schweren Dezemberstürmen 8 Fahrzeuge auf See, obwohl schon alle mit einem festen Deck über der Bünn versehen waren.
Nach Ansicht der meisten Fahrensleute waren die Kutter mit Segelan-
trieb zu klein, um die starken Orkane im Winter zu überstehen. Hinzu
kam alsdann noch die Beeinträchtigung der Seetüchtigkeit durch die verhältnismäßig große Bünn. Die Austernfischer waren gezwungen, auch
wenn der Stand ihres Barometers und andere Anzeichen einen Orkan
vermuten ließen, auf der See auszuharren, da es ihnen nicht möglich
war, von den Fangplätzen aus mit den Segeln vorher noch einen Hafen
zu erreichen. Mancher ist auch sicher noch auf der Heimreise verschollen, wenn er dicht unter der Küste von einem Sturm überrascht wurde.
Als nach dem ersten Weltkrieg die Austernbänke aus bisher noch nicht
mit Sicherheit festgestellten Gründen verödeten, hörte diese Fischerei
gänzlich auf.

Mit der Erfindung des Rohölmotors verlief die Motorisierung der
Kutterflotte gegenüber den langsamen Entwicklungsphasen im 19. Jahrhundert geradezu stürmisch. Während vor dem ersten Weltkrieg nur erst
sieben Kutter einen Motor als Antriebsmaschine hatten, war im Jahre
1925 schon die gesamte Flotte motorisiert, und erst jetzt erfolgte die
richtige Umstellung vom Schleppen des Fanggerätes durch die Segel auf
die Schraube. Nunmehr konnten die Fischer die Kurre in ihrer Größe,

in ihrer Form und im Gewicht des Grundtaues mit der Motorenstärke abstimmen und unvergleichlich größere Fänge erzielen als mit der Segelkraft.

Bis zum ersten Weltkrieg, als das Segeln in der Kutterfischerei noch unbestritten dominierte, waren trotz des inzwischen verbesserten Eisraumes noch alle Einheiten mit einer Bünn versehen, die in der Schollenzeit von Mitte März bis Anfang Juni, in der die Schollen lebend an den Markt gebracht wurden, immer noch als Fundament der Wirtschaftlichkeit in der Flotte galt.

Auch als die Motorisierung nach dem Weltkrieg schon gänzlich durchgeführt war und die Oertz-Kutter sowie die kleineren sogenannten Reichskutter, die keine Bünn mehr hatten, in der Finkenwerder Flotte Eingang gefunden hatten, war das Problem Bünn oder nicht Bünn heiß umstritten. Drei Seefischer ließen sich sogar in ihren Reichskutter, obwohl es Kompositschiffe waren und die Anbringung einer Bünn Schwierigkeiten bereitete, um 1926 eine Bünn einbauen, da sie nicht mit den Kuttern konkurrieren konnten, die ihre Schollen lebend an den Markt brachten.

Erst nach 1933, als die größeren Kutter mit einer Maschinenstärke von 90 bis 150 PS immer mehr in Gebrauch kamen, und die Fänge auch entsprechend stiegen, wurde der Eisraum, der durch die Bünn zu sehr eingeschränkt war, zu klein. Hinzu kam, daß damals auch die Bünn wiederum durch den Einbau größerer Motoren um das Achterschaart (hintere Abteilung) verkürzt worden war. Damit wurde auch die Bünn zu klein, um bei den größeren Fängen und den gestiegenen Unkosten noch den Anteil am Gewinn, den die lebenden Schollen bisher brachten, zu rechtfertigen. Weiterhin wurden auch von dem Handel die in Kisten verpackten dänischen Schollen immer mehr den doch vielfach im Süßwasser in der Bünn verendeten Schollen der Finkenwerder Kutter vorgezogen. Mit der Neubau-Aktion der neuen Kutter, die 1934 begann, wurde daher auch keine Bünn mehr vorgesehen, sondern es wurde ein Fischraum eingebaut, der in seiner Art und Anlage denen der Fischdampfer glich und etwa 400 bis 500 Korb vereister Fische fassen konnte. Als mit diesen Kuttern sehr gute Erfolge erzielt wurden, ließen in kurzer Zeit, etwa bis 1937, sämtliche Seefischer bis auf zwei, die sich wegen ihres vorgeschrittenen Alters nicht mehr die Unkosten machen wollten, ihre Bünn entfernen, um ihre Fänge nur noch ausschließlich zu vereisen.

Nach dem zweiten Weltkrieg, als durch Kriegseinwirkung allein von der Finkenwerder Flotte 27 Einheiten bei einem Bestand von 71 Fahrzeugen verlorengingen, wurden bei den Ersatzbauten und bei den Umbauten der KFK die Erfahrungen aus den Vorkriegsjahren aufs beste ausgewertet. Die Motorenstärke in der Kutterflotte schwankt nunmehr zwischen 120 und 200 PS. Die modernen Navigations-Instrumente wie Echo-

lot, Fischlupe, Funkpeiler und Sprechfunk haben auch in der Kutterflotte Eingang gefunden. Die Lade- und Fangfähigkeit übertrifft schon
die der Fischdampfer vor der Jahrhundertwende. Die Fangplätze der
Motorkutter sind nicht mehr auf die Küstennähe beschränkt, sondern sie
befischen die Gebiete, die damals noch die alleinige Domäne der Fischdampfer waren. Die Fischdampfer, die besonders vor und auch noch
nach der Jahrhundertwende durch ihre Konkurrenz die Seefischer mit
ihren Kuttern zu der gefährlichen Austernfischerei und so manchen zur
Aufgabe seines Berufes zwangen, sind in der Nordsee im wesentlichen
nur noch am Heringsfang interessiert. Die Belieferung der großen Fisch-
märkte mit Frischfischen aus der Nordsee und dem Kattegat ist schon
seit langen Jahren nur noch die alleinige Aufgabe der Motorkutter. Es
sind nunmehr auch unter den Eignern der größeren Motorkutter Bestre-
bungen erkenntlich, ebenso wie die Fischdampfer und die großen Schwe-
denkutter dem Fang von Frischheringen in der Nordsee und im Kanal
die größte Aufmerksamkeit zu schenken.

Anhang

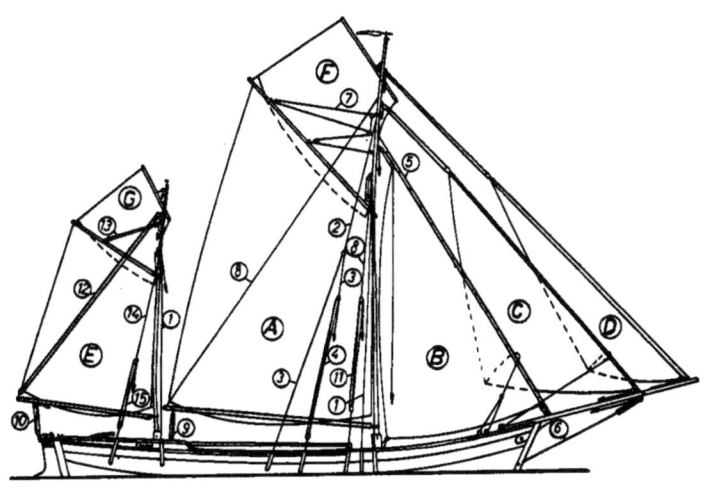

A. Großsegel	1. Wanten	9. Großschot
B. Stagfock	2. Großmasthanger	10. Besanschot
C. Klüver	3. Großmastmantel	11. Großdirktalje
D. Jager	4. Großmasttakel	12. Besandirktalje
E. Besan	5. Fockstag	13. Besanpiekfall
F. Großgaffeltoppsegel	6. Wasserstag	14. Besanmasthanger
G. Besangaffeltoppsegel	7. Großpiekfall	15. Besanmasttakel
	8. Großdirk	

Takelungsbezeichnungen bei einem Besanewer (Werft Junge, Wewelsfleth, 1899)
nach Szymanski

Erklärung von Fachausdrücken

A

Anfangsstabilität: *Stabilität bei kleiner Neigung bis 5°*

aufkimmend: *Seitliche Hebung des Schiffsbodens*

Auflanger: *Oberteil eines zusammengesetzten Spantes*

B

Backgeholt: *Das Segel ist herumgeholt, so daß es nicht mehr wirkt*

Backstag: *Tau vom Mast nach achtern seitlich zum Abstützen des Mastes*

Balkweger: *Längsbalken innen an den Spantenden zur Auflagerung der Decksbalken*

Bark: *Rahsegelschiff, mit mindestens drei Masten, deren hinterster Mast Schratsegel fährt*

Bawley: *Englischer Fischereifahrzeugtyp*

Besanewer: *Ewer mit einem großen Mast und einem kleinen Mast, an dem ein kleines Gaffelsegel ohne Toppsegel fährt*

Besanmast: *Der kleinere Mast des Besanewers oder Kutters*

Besanwanten: *Seitliche Abstützungstaue des Besanmastes*

Bergholz: *Obere stärkere Planke der Außenhaut bei Holzschiffen*

Bojer: *Völliger Schiffstyp mit rundem Vor- und Achterschiff niederländischer Herkunft*

Bugsieren: *Mit Hilfe eines Schleppers ein Schiff schleppen*

Buise: *Heringsfischerfahrzeug des 18. Jahrhunderts und früher, von runder, völliger Form, Vorläufer des Loggers*

Bulienspruten: *Fingerartig an der Bulien angebrachtes Hilfstau*

Bulien: *Tau zum Vorholen einer Segelkante (Liek)*

Bünn: *Fischbehälter im Schiff, der mit dem Außenwasser durch Löcher, in Verbindung steht*

D

Dollbord: *Obere Abschlußplanke eines offenen Bootes, u. U. mit Haltern (Dollen) für die Riemen versehen*

Downtonspumpe: *Eiserne Lenzpumpe mit Handrad englischer Herkunft*

Dreuchewer: *Ewer ohne Bünn*

Ducht: *Sitzbank im Boot*

F

Faden: *Längenmaß = 1,829 m*

Festenbug: *Verstärkung des Schanzkleides oder Setzbordes auf alten kleinen Holzschiffen*

Fischlager: *Siehe Mastfischung*

Flieger: *Vorderstes Vorsegel am Klüverbaum*

Fock: *Dreieckiges Segel, das am Vorstag gefahren wird*

Fockmast: *Vorderer Mast auf Schiffen mit mindestens drei Masten*

Fuß: *1. Altes Längenmaß: etwa 29 cm Länge (nicht in allen Ländern gleich)*
2. Unteres Ende des Mastes

G

Gaffelsegel: *Segel, das oben an einer Gaffel befestigt ist*

Gaffel: *Rundholz, das mit einem gabelförmigen Ende am Mast gestützt ist*

Gaffelsegler: *Schiff mit Gaffelsegeln*

Gaffeltopsegel: *Drei- oder viereckiges Segel über einem Gaffelsegel*

geschiftet: *Siehe schiften*

Giekbaum: *Baum eines Segels*

Giekbesegelung: *Besegelung mit Gaffel-segel, das an einem Giekbaum befestigt ist*

Giektakelung: *Takelung mit Gieksegel*

Gilling: *Rundung am Segel oder am Achterschiff*

Gillingspanten: *Spanten, die die Gilling des Achterschiffes stützen*

Gräting: *Roste aus Holz*

Großsegel: *Größtes Segel eines Ewers oder Kutters*

Gurtung: *Oberer und unterer Teil eines Trägers*

H

Hahnepot: *Tau, das wie ein Vogelfuß auseinandergespreizt ist*

Hals: *Untere Ecke des Gaffelsegels am Mast*

Halstau: *Tau, das am Hals des Segels befestigt ist*

Handspake: *Hölzerner Knüppel zum Drehen der Winde*

Hauptspant: *Größter Querschnitt des Schiffes*

K

Kabelgatt: *Raum im Schiff, in dem Tau untergebracht wird*

Kausche: *Hülse zum Schutze eines Tau- oder Segelöhrs*

Ketschtakelung: *Anderthalbmaster mit Großmast und kleinem Besanmast vor der Ruderpinne*

Kielschwein: *Verstärkungsbalken über dem Kiel im Schiff*

Kimm: *Kante, die entsteht, wo Seitenwand und Boden des Schiffes zusammengeführt werden*

Kimmplanken: *Planken im Bereich der Kimm*

Kimmwegerung: *Binnenbordsbekleidung im Bereich der Kimm*

Kleid: *Segeltuchstreifen, aus dem das Segel zusammengenäht wird*

Klipper: *Segelschiff mit großer Besegelung, scharfer Form und S-förmigem Vorsteven*

Klotje: *Hartholzring zur Führung von Tauwerk*

Klotjerack: *Vorrichtung zum Auf- und Niederholen des Segels*

Klüver: *Dreieckiges Vorsegel vom Mast zum Ende des Klüverbaumes*

Klüverbaum: *Nach vorn seitlich des Stevens hervorragendes Rundholz*

Knieholz: *Spantenholz, das wie ein Knie geformt ist*

Krängen: *Neigen eines Schiffes*

Kufftjalk: *Friesischer Schiffstyp*

L

Lautenheck: *Heck in Form einer Laute*

Lateralfläche: *Seitliche Unterwasserfläche des Schiffes*

Lateralschwerpunkt: *Schwerpunkt dieser Fläche*

Lateralplan: *Siehe Lateralfläche*

leegierig: *Eigenschaft eines Schiffes durch Wind vom Kurs abgetrieben zu werden*

lenzen: *1. leerpumpen, 2. vor einem Sturm mit geringer Geschwindigkeit segeln*

Leuwagen: *Bügel, an dem der Schotblock querschiffs gleiten kann*

Liek: *Kante des Segels*

Logger: *Anderhalbmastiger Segler mit senkrechtem Vorsteven und überhängendem Heck, vornehmlich zum Heringsfang mit Treibnetz*

Luggersegel: *Schratsegel, dessen oberer Baum keine Gaffel hat, sondern an einem Hahnepot hängt*

Luggertakelung: *Takelung mit Luggersegel*

luvart: *Zur Windseite hin*

luvgierig: *Eigenschaft eines Schiffes, in den Wind zu fahren*

9*

M

Mastfischung: *Halterung des Mastes im Deck oder an einer Ducht*

metazentrische Höhe: *Höhe des Metazentrums (siehe „Erläuterung zu den Tafeln", Seite 136)*

N

Nagelbank: *Bank für Belegnägel, an denen Taue festgemacht sind*

O

Oberplanke: *Oberste Seitenplanke bei einem Ewer*

P

Palle: *Feste, plattenförmige Sperrklinke*

Pallbeting: *Senkrechter Balken, an dem die Pallen für das Bratspill befestigt sind*

Pallgatten: *Löcher, in die Pallen eingreifen*

Pallring: *Eiserner Ring mit Zähnen*

Pfahlewer: *Ewer mit einem Pfahlmast*

Plattgatewer: *Ewer mit ebener Fläche*

Plattgatheck: *Heck mit plattem Heck (Spiegel)*

Poller: *Kurze Holzpfähle zum Festbinden von Tauen*

Q

Querrah: *Rundholz, quer am Mast hängend, für Querrahsegel*

Querrahsegel: *Segel, das querschiffs hängt und vornehmlich Wind von achtern ausnutzt*

R

Rah: *Rundholz des Quersegels*

Rahsegel: *Quersegel*

Reder: *Leittau vom Heck eines Fischereifahrzeuges zur Kurrleine zur Regulierung des Schleppwinkels zwischen Kurrleine und Schiff*

Reffbändsel: *Kurze Bänder, um ein verkleinertes Segel zusammenzubinden*

Reffzeisinge: *Kräftigere Reffbändsel*

Ruderpinne: *Hebel, mit dem das Steuerruder gedreht wird*

S

Saling: *Spanngerüst für die Wanten am Mast*

Schandeck: *Abdeckung der Spantköpfe*

Scherstöcke: *Umrahmung der Luke (Lukensüll)*

schifften: *Segel herunterholen und auf der anderen Seite heißen*

Schore: *Kahnplanke*

Schot: *Tau zum Lenken eines Segels*

Schothorn: *Segelecke, an dem die Schot befestigt ist*

Schott: *Wand im Schiff*

Schrägrah: *Rah eines Luggerseglers*

Schratsegel: *Segel in der Längsrichtung des Schiffes*

Schwert, Seitenschwert: *hölzerne Platte, die seitlich von einem flachbodigen Schiff weggesteckt wird, um die Steuerfähigkeit zu erhöhen und die Abtrift zu verringern*

Mittelschwert: *Eiserne Platte, die in der Mitte eines Schiffes weggesteckt wird*

Schwieping: *Krummholz am Spant über dem Kiel*

Segelducht: *Sitzbank, durch die ein Mast geführt ist. Bei manchen Schiffen wird die Ducht besonders schwer ausgeführt*

Seitenschwert: *Siehe Schwert*

Sitzer: *Krummer Teil eines zusammengesetzten Spantes bei Holzschiffen*

Sloep oder Sloop: *(Schaluppe) friesischer Schiffstyp*

Slooptakelung: *Takelung mit Gaffelgroßsegel und Stagfock*

Spanten: *Schiffsrippen*

Spantkopf: *Oberes Ende des Spantes*

Spiegel: *Achtere Abschlußfläche eines Schiffes*

Spinnacker: *Großes Vorsegel aus leichtem Baumwollstoff, seitlich des Mastes an einem Baum (nur bei Sportfahrzeugen)*

Spitzgatewer: *Ewer mit spitzem Achter-schiff*

Sponung: *Nute am Kiel und an dem Steven zur Aufnahme der hölzernen Beplankung*

Spring: *An einem Punkt auseinander-gehende Leine*

Sprung: *Erhebung des Decks an den Schiffsenden*

Spruten: *Siehe Bulienspruten*

Spur: *Lagerung eines Mastfußes*

Stag: *Verspannungstau vom Mast nach vorn*

Stagfocksegel: *siehe Fock*

Stenge: *Verlängerung des Mastes*

Steven: *Abschluß der Schiffsenden*

Süll: *Lukeneinfassung*

T

Takelung: *Gesamtheit von Masten, Tau-werk und Segel*

Talje: *Leichter Flaschenzug*

Tjalk: *gedrungenes Küstenschiff mit einem Mast*

Totholz: *Holz, das den Raum zwischen Rumpf und Kiel im Achterschiff aus-füllt*

Trimmoment: *Verteilungsverhältnis von Gewichten zur Veränderung des Tief-ganges eines Schiffes*

Twillen: *Gabelförmige Spantunterteile im Achterschiff*

V

verschalken: *Eine Luke mit Latten und Keilen wetterdicht verschließen*

Vorderlippe: *Gegossene Eisenführung für die Taue, die nach außenbords geführt werden (Lippklampe)*

Vorliek: *Vorderkante eines Schratsegels*

Vorstag: *Siehe Stag*

Vorstagsegel: *Segel, das an einem Vorstag hängt*

Vorsteven: *Vorderes Abschlußholz des Schiffsrumpfes*

Vorstevenknie: *Knieförmiges Holz, das die Verbindung von Vorsteven und Kiel verstärkt*

W

Wanten: *Seitliche Spanntaue am Mast*

Weger: *Längsversteifung im Schiff*

Wegerung: *Innenbordsbekleidung*

Windmoment: *Moment aus Segeldruck und Abstand des Segelschwerpunktes vom Lateralschwerpunkt*

Wrangen: *Schiffsbodenrippen*

Y

Yawl: *Anderthalbmastige Takelung mit dem Besanmast hinter dem Steuer-ruder*

Tafel 1

Berechnungen von

	Typ	Hauptabmessungen						Berechnungsergebnisse					
		$L_{\ddot{u}A}$	L_{CWL}	B_{Gr}	B_{CWL}	T	H	WL	⊗	D	L_p	R	⊙F
1	Pfahlewer 1800	18,56	15,16	5,47	4,82	0,90	1,86	47,04	2,94	26,83	11,82	0,69	0,35
2	„ 1850	13,86	11,48	4,46	4,18	1,00	1,58	31,25	3,02	19,71	8,52	1,36	0,277
3	Besanewer vor 1850 ..	18,60	14,95		5,40	0,95	1,77	52,24	3,92	36,30	14,23	1,35	0,416
4	Rundkimmewer 1876 .	18,70	16,00	5,76	5,50	1,06	1,91	58,57	4,34	39,93	17,87	—	0,485
5	Kielewer 1879	19,65	17,35	5,40	5,37	1,50	2,00	72,11	6,21	65,28	31,00	1,53	0,52
6	Besanewer HF 72	20,10	17,00	5,74		1,30	1,90	70,35	5,74	60,99	27,30	2,04	0,55
7	Engl. Fischersmak ...	23,40	20,09	5,80	5,75	2,25	3,15	92,00	9,52	120,00	49,80	1,246	0,513
8	Ewerkutter 1880	19,85	17,14	5,43		1,10	1,96	61,25	4,14	41,87	24,73	1,10	0,41
9	„	19,82	17,66	5,64	5,41	1,14	2,00	68,98	4,58	49,84	23,08	1,19	0,45
10	Hochseekutter 1886 ..	21,40	18,00	5,86	5,72	1,37	2,15	75,10	5,43	61,00	31,63	2,73	0,48
11	Dän. Fischeryawl 1888	15,90	14,35	4,66	4,44	1,45	2,07	46,07	4,04	36,40	26,60	1,66	0,467
12	Hochseekutter 1892 ..	20,15	17,15	5,40	5,40	2,00	3,00	70,70	7,30	82,00	45,75	1,28	0,60
13	„ 1899 ..	21,75	18,60	6,00		1,6	2,29	86,13	6,79	89,91	33,15	1,61	0,57
14	„ 1903 ..	21,30	18,15	6,00	5,82	1,45	2,43	77,73	6,20	67,00	35,78	1,8	0,503
15	„ 1904 ..	20,48	18,07	6,00		1,56	2,43	77,13	6,30	69,00	38,64	1,77	0,54
16	„ 1905 ..	21,35	18,26		6,10	2,02	2,74	78,58	8,20	94,91	43,78	1,45	0,68
17	„ 1906 ..	25,00	19,45	5,78	5,70	2,90	3,70	80,59	7,89	85,5	41,48		0,78
18	Oertz-Kutter	18,27	15,60	5,40		1,50	3,00	62,20	6,23	58,2	23,44	1,86	0,576
19	Hochseekutter 1929 ..	21,80	19,20		6,15	1,96	2,95	97,00	9,52	122,5	43,98		0,76
20	Kriegsfischkutter Spitzgat	24,10	20,57	6,40	6,25	2,11	2,90	98,5	9,76	123,5	46,5		0,78
21	Kriegsfischkutter Kreuzerheck.......	24,10	20,57	6,40	6,25	2,11	3,20	98,5	9,74	125,5	46,5		0,78
22	Entwurf Stockhusen..		25,00		7,10	2,40	3,40	122,5	10,85	161,0	39,9		0,84

Linienrissen

	Berechnungsergebnisse					Verhältniswerte									
$\odot G$	$\odot L$	J_B	$M_B F$	S	$\odot S$	L/B	B/T	δ	α	β	φ	ψ	$\dfrac{\sqrt{S}}{\sqrt[3]{D}}$	ε	$\varepsilon_{Red.}$
+0,69	0,42	64,13	2,40	76,03	8,8	3,15	5,35	0,408	0,630	0,677	0,604	5,14	2,93	19,2	—
+0,35	0,35	31,14	1,58	63,20	7,67	2,74	4,18	0,411	0,651	0,724	0,568	4,25	2,89	26,9	24,5
+0,77	0,466	100,27	2,76	65,08	8,64	2,77	5,69	0,473	0,647	0,765	0,618	4,52	3,87	31,8	23,7
+0,72	0,57	115,11	2,88	170,30	8,48	2,91	5,2	0,429	0,673	0,746	0,575	4,68	4,00	20,6	19,93
+0,40	0,84	126,87	1,94	188,32	6,76	3,23	3,54	0,466	0,777	0,773	0,603	4,31	3,42	22,6	22,4
+0,50	0,865	135,60	2,23	181,62	7,79	2,96	4,41	0,482	0,723	0,770	0,626	4,33	3,43	21,8	20,4
+0,23	1,00	186,26	1,55	—	—	3,5	2,55	0,46	0,795	0,74	0,632	4,08		—	—
+0,76	0,54	98,43	2,35	195,73	8,54	3,16	4,94	0,408	0,654	0,693	0,589	4,95	4,05	36,0	24,9
+0,76	0,643	125,89	2,53	170,38	8,48	3,26	4,75	0,457	0,723	0,741	0,616	4,79	3,54	23,6	21,5
0,30	0,91	152,58	2,50	210,22	8,54	3,15	4,17	0,432	0,729	0,693	0,623	4,58	3,69	18,9	18,1
0,21	0,973	56,89	1,56	181,21	7,96	3,23	3,06	0,365	0,690	0,628	0,581	4,31	4,04	50,5	41,6
0,40	1,10	125,47	1,54	165,3	8,44	3,31	2,7	0,426	0,738	0,678	0,630	4,11	2,89	35,7	34,7
0,19	0,888	192,02	2,23	212,81	6,46	3,10	3,75	0,505	0,774	0,707	0,715	4,15	3,27	11,18	—
0,31	1,005	166,22	2,48	216,14	9,43	3,12	4,01	0,438	0,736	0,735	0,596	4,48	3,62	20,2	—
0,38	1,10	164,75	2,39	253,95	9,16	3,01	3,85	0,408	0,711	0,673	0,607	4,43	3,84	25,6	—
0,17	1,21	158,00	1,67	210,22	8,54	2,99	2,78	0,388	0,709	0,612	0,634	4,00	3,18	27,6	23,8
—0,40	1,29	158,00	1,85	275,25	9,33	3,42	1,965	0,266	0,726	0,476	0,558	4,43	3,76	23,3	21,7
0,36	0,875	116,16	1,996	156,40	6,94	2,89	3,60	0,467	0,72	0,641	0,728	4,03	3,23	19,8	—
+0.13	1,18	255,00	2,08	141,80	7,10	3,12	3,14	0,53	0,821	0,792	0,669	3,87	2,39	8,05	—
—0,05	1,17	244,00	1,98	65,00	6,16	3,22	3,03	0,445	0,572	0,723	0,615	4,13	1,62	2,80	—
+0.16	1,17	244,00	1,98	74,00	6,39	3,22	3,03	0,420	0,572	0,693	0,605	4,12	1,72	4,28	—
0,1	1,07	360,00	2,315	360,00	8,38	3,51	2,96	0,377	0,69	0,62	0,607	4,60	3,50	11,55	—

Erläuterungen zu Tafel 1

Für die Beurteilung der Eigenschaften eines Schiffes hat der Schiffbauer eine Anzahl fester Begriffe eingeführt. Danach charakterisieren die Hauptabmessungen, die Berechnungsergebnisse und die daraus ermittelten Verhältniswerte die Schiffsform.

Wir unterscheiden bei den Hauptabmessungen die „Länge über Alles" $L_{üA}$, die eine Übersicht über die Größe des Schiffes gibt, von der „Länge in der Konstruktionswasserlinie" (früher CWL, heute KWL) L_{CWL}. Sie ist in der vorliegenden Arbeit von der Vorkante Plankeneinlauf (Sponung) am Vorsteven bis zur Hinterkante Sponung am Hintersteven gemessen. Auch die Breite wird als „größte Breite" B_{gr}, gemessen auf der Beplankung (Außenhaut), und Breite in der Konstruktionswasserlinie B_{CWL} unterschieden. Der Konstruktionstiefgang T reicht von der Oberkante der Kielsponung (O. K. K.) bis zur CWL, die Seitenhöhe H von der gleichen Stelle bis zum tiefsten Punkt der Dollbordkante. Der Tiefgang Tg wird dagegen von der CWL bis zur Unterkante Kiel gemessen. Bei größerem Tiefgang vorn sprechen wir von „kopflastig", bei größerem Tiefgang achtern von „steuerlastig". Der Unterschied beider ist der Trimm. Es kann aber bei „gleichlastiger" Lage bei g e n e i g t e m Kiel auch der Tiefgang achtern größer als vorn sein. Der Freibord ist die Differenz von H-T.

Für die vorliegende Arbeit sind die Wasserlinienfläche WL, das Hauptspant ⊗, die Wasserverdrängung D, die Seitenfläche des Unterwasserschiffes = Lateralplan Lp und die Ruderfläche R einzelner Risse errechnet worden. Soweit vorhanden, wurde auch die Ruderfläche, die Segelfläche S und ihr Schwerpunkt ⊙ S sowie der Schwerpunkt des Lateralplans ermittelt.

Für die Stabilität ist die Lage des Verdrängungsschwerpunktes ⊙ F, also der Raumschwerpunkt des eingetauchten Schiffes, dann der Gewichtsschwerpunkt ⊙ G, also der Schwerpunkt des völlig ausgetauchten Schiffes mit allem Zubehör — wie es etwa auf dem Lande liegen würde — und das sogenannte Metazentrum M_B maßgebend. Dieser Punkt ist der Krümmungsmittelpunkt der Verdrängungsschwerpunktskurve, denn der Verdrängungsschwerpunkt wandert bei Neigung des Schiffes nach der Seite. Je nach der Neigung hat das Schiff also mehrere Metazentren. Als kurze Orientierung wird oft der Abstand des Metazentrums vom Verdrängungsschwerpunkt M_BF angegeben, während praktisch der Abstand: Gewichtsschwerpunkt — Metazentrum M_BG bei ganz geringer Neigung die An-

fangsstabilität kennzeichnet. Der Gewichtsschwerpunkt wird fast ausnahmslos experimentell durch einen Krängungsversuch ermittelt, da die
Rechnung ungeheuer zeitraubend und doch nicht genau ist. In der vorliegenden Arbeit ist er nach Middendorf mit 0,8 H angenommen. Zur
Berechnung der Lage des Metazentrums unter dem Verdrängungsschwerpunkt $M_B F$ ist die Ermittlung des Trägheitsmomentes der Wasserlinienfläche J_B erforderlich, eine Größe, die in m^4 gemessen wird. Daraus ersieht man den Einfluß der Wasserlinienfläche auf die Stabilität.

Die Verhältniswerte L/B und B/T sind allgemein verständlich. Der
Völligkeitsgrad δ bezeichnet das Verhältnis der Verdrängung zu einem
umschriebenen Kasten aus L $\times$ B $\times$ T, der Völligkeitsgrad a das Verhältnis der Konstruktionswasserlinie zu dem aus L $\times$ B umschriebenen
Rechteck und der Völligkeitsgrad β das Verhältnis der Hauptspantfläche
zu dem aus B $\times$ T umschriebenen Rechteck.

Der Völligkeitsgrad φ läßt ein Urteil über die Zuschärfung an den
Enden des Schiffes zu und ergibt sich aus dem Verhältnis von $\dfrac{\delta}{\beta}$
Bei einem Schiff mit gleichförmigem Querschnitt (Hauptspant), wie z. B.
bei einem Trog, ist $\varphi = 1,00$. Bei einem solchen Fahrzeug ist die
Wasserlinie ein Rechteck.

Die Schlankheit wird durch den Schlankheitsgrad $\Psi = L/D^{2/3}$ ausgedrückt, also dem Verhältnis der Länge des Schiffes zu der Kantenlänge
eines Würfels vom Inhalt der Wasserverdrängung des Schiffes.

Um auszudrücken, wie groß die Segelfläche eines Schiffes sein darf,
genügt es, das Takelmaß zu kennen. Es ist das Verhältnis $\sqrt[2]{S}/\sqrt[3]{D}$
d. h. das Verhältnis der Seite eines Quadrates vom Inhalt der Segelfläche zur Kantenlänge eines Würfels vom Inhalt der Wasserverdrängung des Schiffes. Bei anormalen Schiffstypen muß aber auch die Segelstabilität berücksichtigt werden. Hierzu benutzt der Schiffbauer für
Überschlagsrechnungen den von Middendorf eingeführten Koeffizienten

$$\varepsilon = \frac{S \cdot h}{P \cdot MG}.$$

Zusammenstellung der Erläuterungen

$L_{üA}$ = Länge über alles in m

L_{CWL} = Länge in der Konstruktionswasserlinie (alte Schreibweise)
in m

B_{Gr} = größte Breite in m

B_{CWL} = Breite in der Konstruktionswasserlinie in m

T = Konstruktionstiefe in m

H = Seitenhöhe in m

WL = Konstruktionswasserlinienfläche in m^2

$\boxtimes$ = Hauptspantfläche in m²

D = Deplacement oder Wasserverdränung in m³

L_p = Lateralplan in m²

R = Ruderfläche in m²

$\odot F$ = Verdrängungsschwerpunkt unter Konstruktionswasserlinie in m

$\odot G$ = Gewichtsschwerpunkt unter oder über Konstruktionswasserlinie in m

$\odot L$ = Lateralschwerpunkt unter Konstruktionswasserlinie in m

J_b = Breitenträgheitsmoment in m⁴

$M_B F$ = Abstand des Breitenmetazentrums vom Verdrängungsschwerpunkt in m

S = Segelfläche in m²

$\odot S$ = Höhe des Segelschwerpunktes über Konstruktionswasserlinie in m

L/B = Verhältnis von Länge zur Breite in der Konstruktionswasserlinie

B/T = Verhältnis von Breite zur Tiefe

δ = Verdrängungsvölligkeitsgrad

α = Wasserlinienvölligkeitsgrad

β = Hauptspantvölligkeitsgrad

φ = Schärfegrad

ψ = Schlankheitsgrad

$\sqrt{S}/\sqrt[3]{D}$ = Takelmaß

ε = Segelstabilität

Red. ε = Segelstabilität mit Bünn

Nachweis der durchgerechneten Risse von Tafel 1

1. Pfahlewer um 1800, gezeichnet nach einem Blockmodell von
   G. Junge, Wewelsfleth, im Altonaer Museum AB 1400. Zeichnung
   von G. Timmermann. Maßstab 1 : 36.
2. Pfahlewer um 1850, von der Unterelbe. Gezeichnet nach einem
   Modell (AB 1158) unbekannter Herkunft im Altonaer Museum.
   Zeichnung G. Timmermann, Maßstab 1 : 25.
3. Besanewer vor 1850, von Junge fälschlich als Hochseefischewer
   bezeichnet. Aufgemessen und gezeichnet von Gustav Junge,
   Wewelsfleth 1880. Lichtpause des Originals in Wewelsfleth. Maßstab 1 : 20.
4. Rundkimmewer 1876, gezeichnet von Gustav Junge, Wewelsfleth 1876. Gepaust G. Timmermann. Maßstab 1 : 21,2.
5. Hochseefischewer 1879, „Maria" HF 211. Konstruiert und gebaut von Joh. Junge, Wewelsfleth, 1879 für Joachim Lühs, Finkenwerder. Originalriß ohne Jahr und Urheber im Altonaer Museum
   G 33/274. Maßstab 1 : 28,5.
6. Besanewer „Catharina" HF 72, konstruiert und gebaut von
   J. C. Wriede, Finkenwerder. Zeichnung nach H. Lübbert. Die
   Einführung von Motor und Schernetz in die deutsche Seefischerei.
   Berlin 1903. Maßstab 1 : 25 und 1 : 50.
7. Englischer Fischkutter für die Nordsee, konstruiert 1879 in
   Blankenese „beim Meister und Zeichenlehrer E. Kühl von Gustav
   Junge, Wewelsfleth". Gepaust G. Timmermann. Maßstab 1 : 31,5.
8. Ewerkutter 1880, konstruiert und gebaut von J. C. Wriede,
   Finkenwerder 1880. Zeichnung nach: H. Lübbert, Die Einführung
   von Motor und Schernetz in die deutsche Seefischerei 1903. Gezeichnet von P. Märtner, Hamburg. Maßstab 1 : 25.
9. Ewerkutter, konstruiert von Johs. Thormählen, Schiffbaumeister,
   Johs. Thormählen & Co., Elmshorn. Ohne Jahr. Originalriß im
   Altonaer Museum. G 22/263. Maßstab 1 : 25.
10. Hochseefischkutter 1886, „Möwe" HF 190, konstruiert und
    gebaut von G. Junge, Wewelsfleth, 1886 für D. Butendeich, Finken-
    werder. Gepaust vom Original. Maßstab 1 : 25.
11. Dänische Fischeryawl 1888, gezeichnet von E. C. Benzon,
    Nykjöbbing auf Falster. 1888. Klinkerbeplankung und Bünn. Riß im
    Altonaer Museum G. 48/396 und G. 49/399. Maßstab 1 : 23 und 1 : 48.

12. **Hochseefischkutter 1892** „Matador" BX 22, Konstruktion von Gustav Junge, Wewelsfleth, gebaut 1891—92 für Konsul Friedrich Schellhaß, Bremen. Unterlagen: Lichtpause des Originalrisses 1 : 40.

13. **Hochseefischkutter 1899** „Louis und Emma" HF 260, Zeichnung ohne Jahr und Konstrukteur. Gebaut 1899 bei J. Behrens, Finkenwerder, für E. F. Christensen. Maßstab 1 : 28,5 (1 : 28). Riß im Altonaer Museum G. 23/264.

14. **Hochseefischkutter 1903** „Herold" HF 249, konstruiert 1903 und gebaut 1905 bei J. Behrens, Finkenwerder, für Joachim Claus Vöge, Finkenwerder. Zeichnung von Paul Märtner, Hamburg. Maßstab 1 : 25 und 1 : 50.

15. **Hochseefischkutter 1904.** „Präsident Herwig" HF 252, konstruiert und gebaut 1904 von J. C. Wriede, Finkenwerder. Zeichnung nach H. Lübbert, Die Einführung von Motor und Schernetz in die deutsche Seefischerei, 1903, von Paul Märtner, Hamburg, Maßstab 1 : 50 und 1 : 25.

16. **Hochseefischkutter 1905,** „Senator von Melle" HF 258, konstruiert und gebaut 1905 bei G. Behrens, Finkenwerder. Gepaust G. Timmermann. Altonaer Museum. Maßstab 1 : 24.

17. **Hochseefischkutter 1906,** „Präsident Herwig" SB 1, gebaut 1906 bei Jacobsen in Kiel. Riß gezeichnet nach dem Blockmodell im Altonaer Museum. Maßstab 1 : 25 und 1 : 50. Segelriß nach Dittmer, Lieckfeld u. Romberg und Photo.

18. **Oertz-Kutter,** Konstruktion von Dr. ing. Gebaut: Oertz Werke A.G. Hamburg Neuhof. Risse nach: Brix, Praktischer Schiffbau, Bootsbau 1919. Maßstab 1 : 25 und 1 : 50.

19. **Hochseefischkutter 1929,** „Gorch Fock" HF 299, Konstruktion und Bau: Hugo Peters, Beidenfleth 1929 für J. Martens & A. Reimers, Finkenwerder. Zeichnung 1 : 25 und 1 : 50. Altonaer Museum G. 51/401 und G. 52/402 von Lehrer Käthe Jens und Adolf Berger, Hamburg-Fuhlsbüttel.

20. **Kriegsfischkutter mit Spiegelheck,** „Elke" HF 408, umgebaut auf der Norderwerft Köser und Meyer, Steinwerder. Zeichnungen 1 : 50 Ernst Lübbe, Norderwerft. Umbau für Johannes Rathjen, Finkenwerder.

21. **Kriegsfischkutter mit Kreuzerheck** (Reichsfischkutter) „Antje" HF 385, umgebaut auf der Deutschen Werft, Finkenwerder, für Willi Camper, Finkenwerder. Umbauriß der Deutschen Werft. Umgezeichnet von Ernst Lübbe, Norderwerft. Maßstab 1 : 50.

22. **Entwurf eines Fischkutters von Stockhusen.** Rißunterlagen in C. Stockhusen, Entwurf eines Segelfahrzeuges mit Hilfsmaschine für die Hochseefischerei. In: Abhandlungen des Deutschen Seefischerei-Vereins 1897. S. 32.

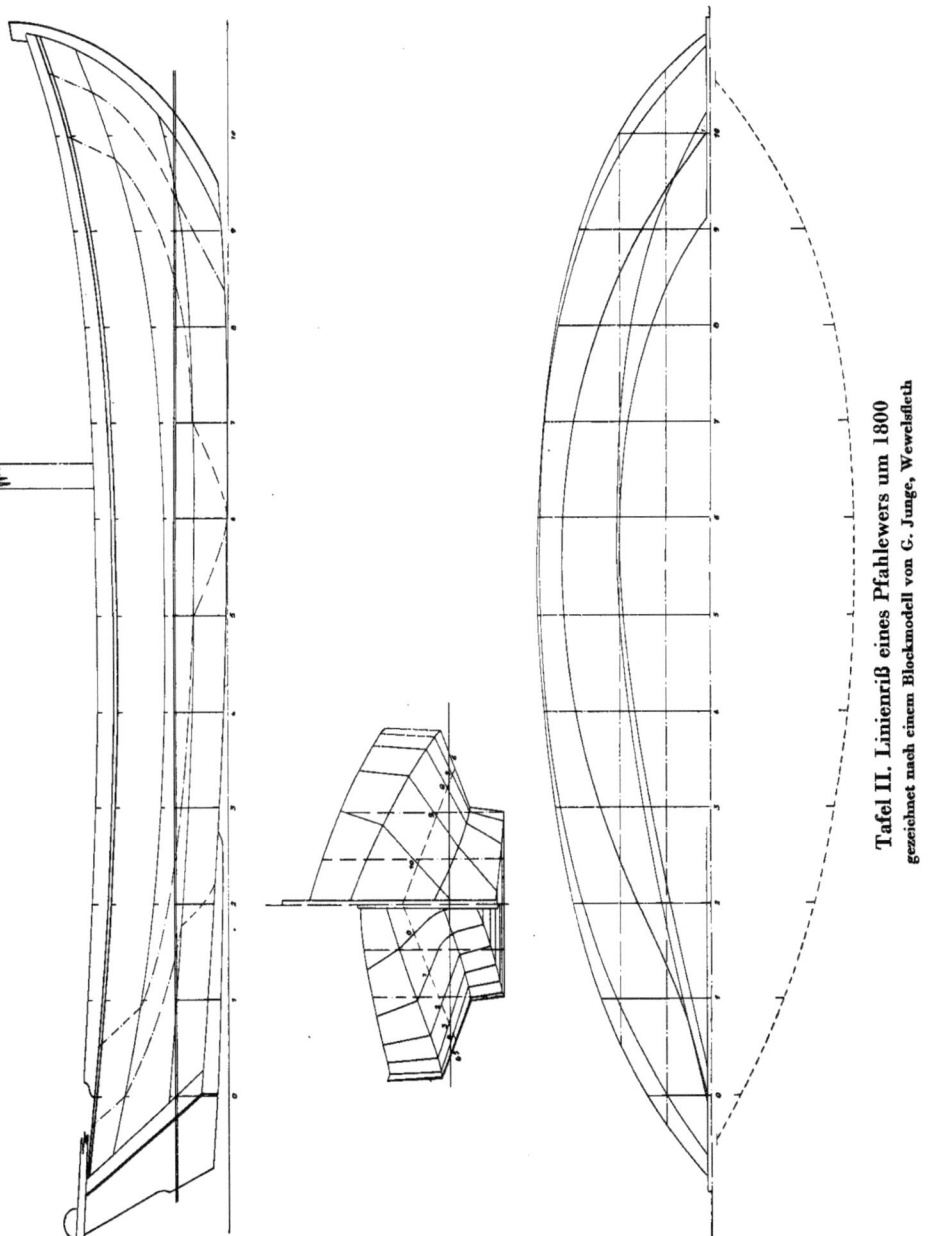

Tafel II. Linienriß eines Pfahlewers um 1800
gezeichnet nach einem Blockmodell von G. Junge, Wewelsfleth

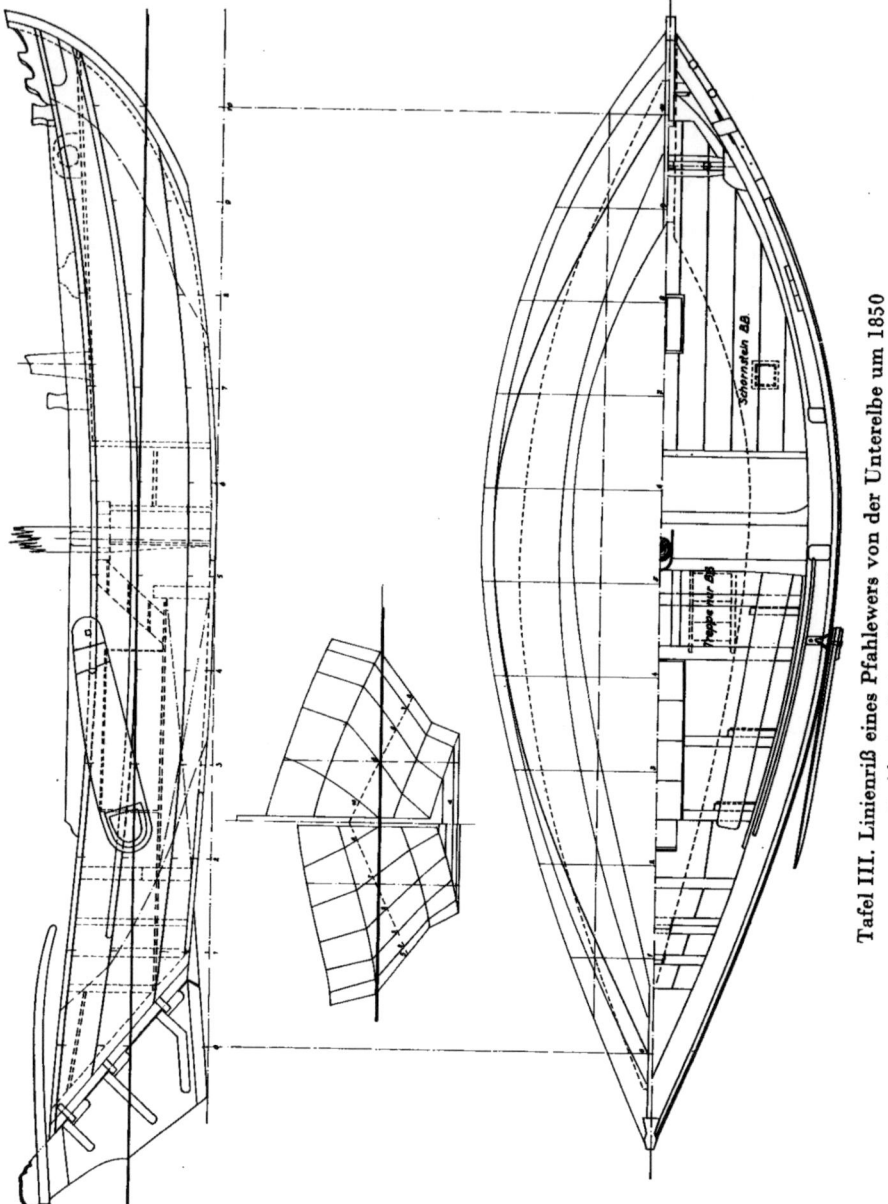

Tafel III. Linienriß eines Pfahlewers von der Unterelbe um 1850
gezeichnet nach einem Modell im Altonaer Museum

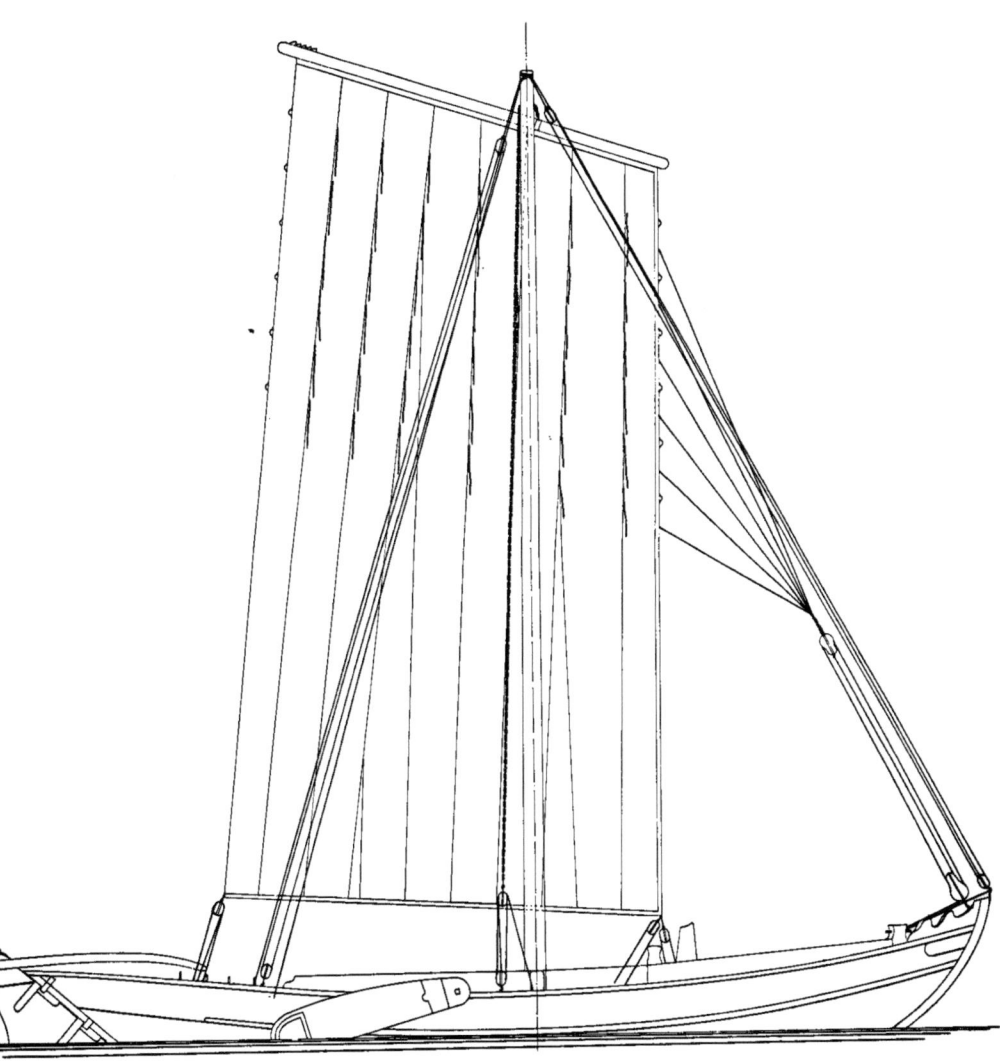

Tafel IV. Segelriß eines Pfahlewers von der Unterelbe um 1850

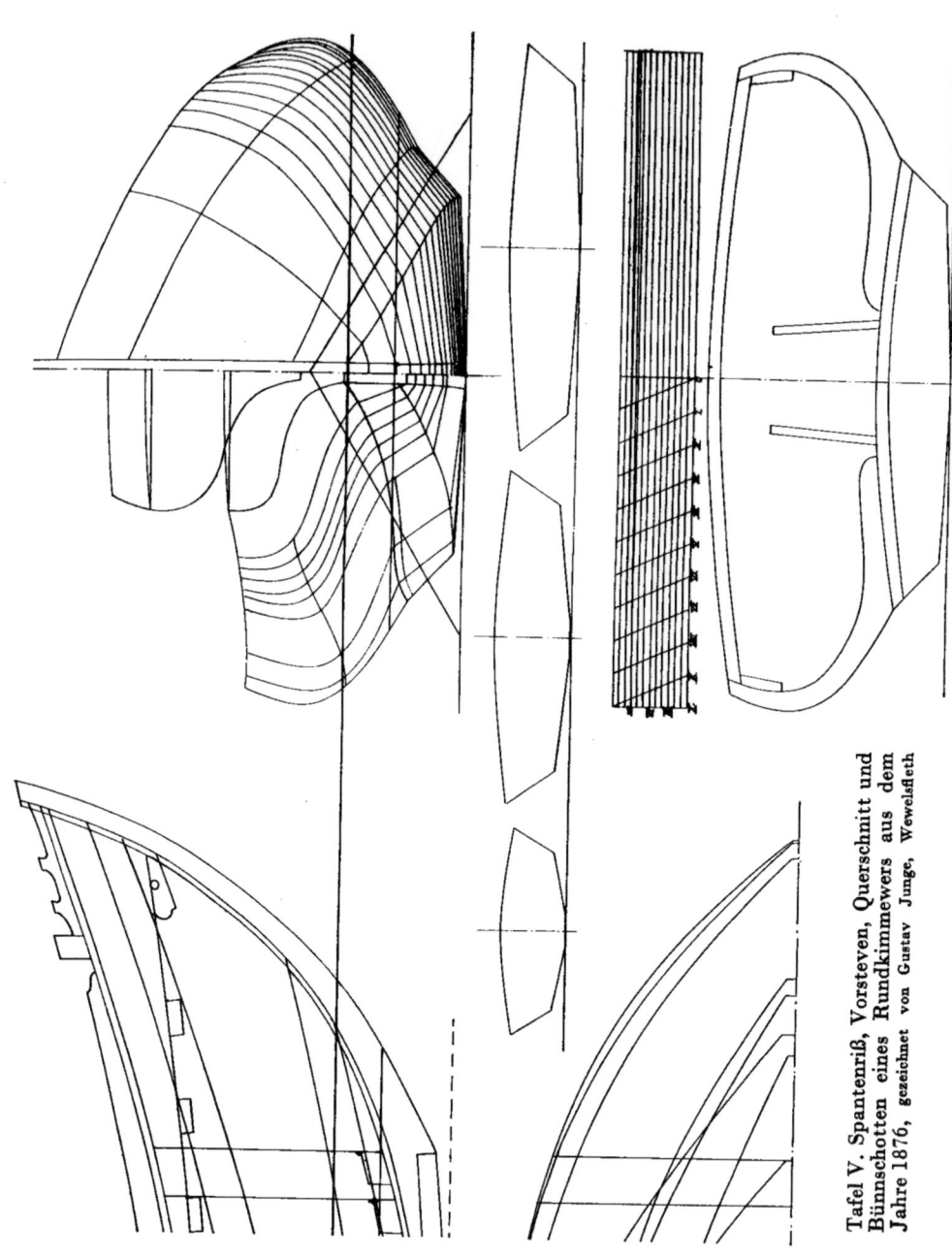

Tafel V. Spantenriß, Vorsteven, Querschnitt und Bünnschotten eines Rundkimmewers aus dem Jahre 1876, gezeichnet von Gustav Junge, Wewelsfleth

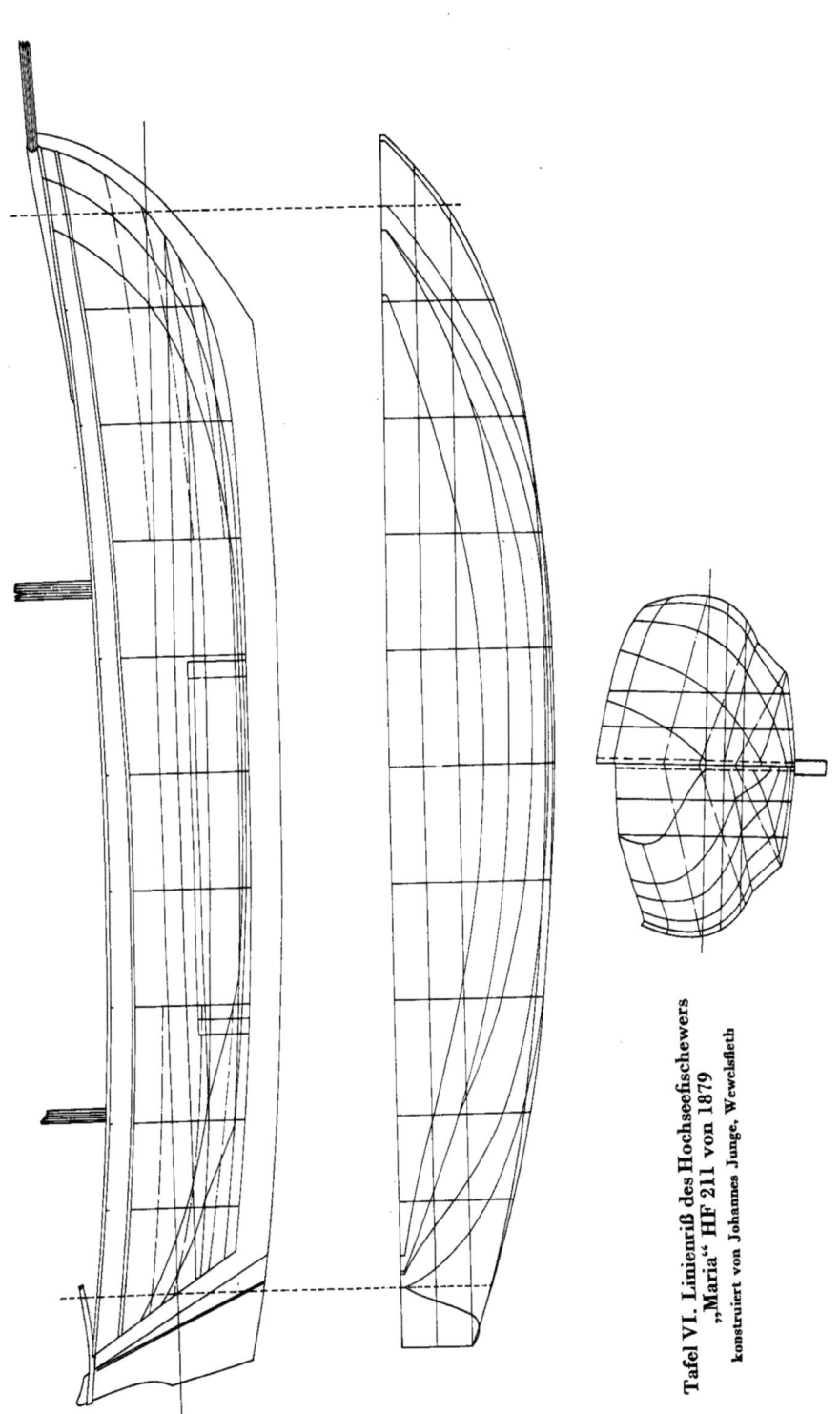

Tafel VI. Linienriß des Hochseefischewers
„Maria" HF 211 von 1879
konstruiert von Johannes Junge, Wewelsfleth

10 Pfahlewer

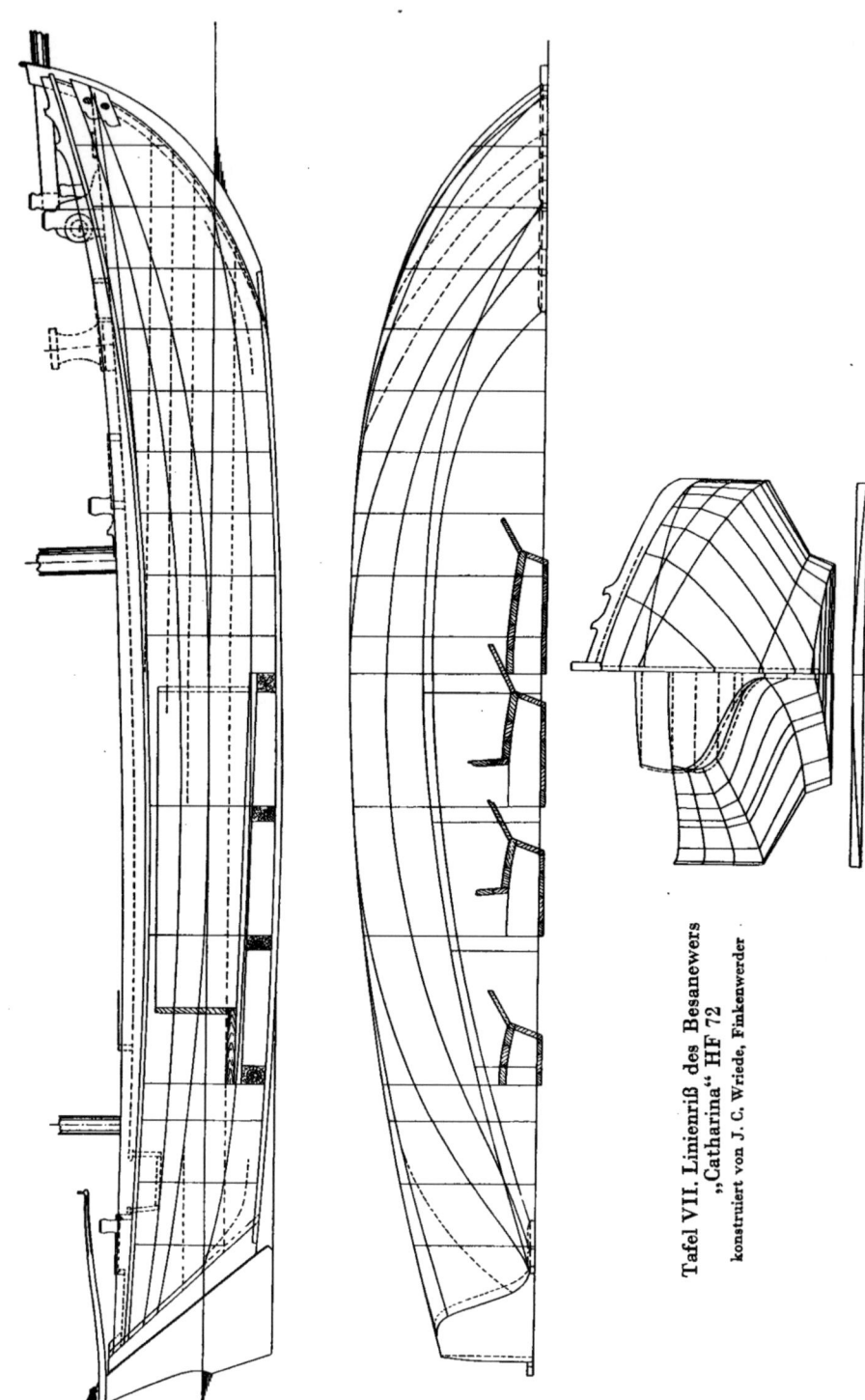

Tafel VII. Linienriß des Besanewers
„Catharina" HF 72
konstruiert von J. C. Wriede, Finkenwerder

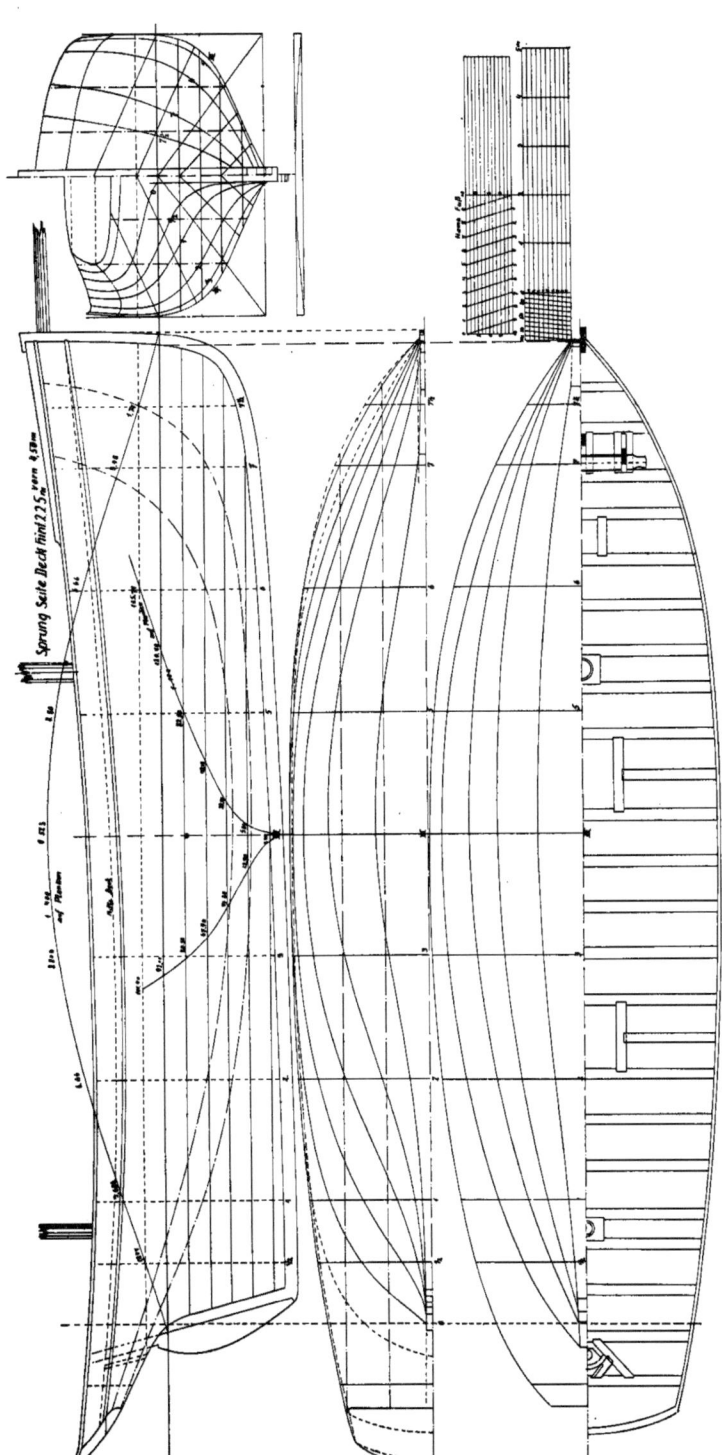

Tafel VIII. Linienriß eines englischen Fischkutters für die Nordsee

konstruiert 1879 von Gustav Junge, Wewelsfleth

10*

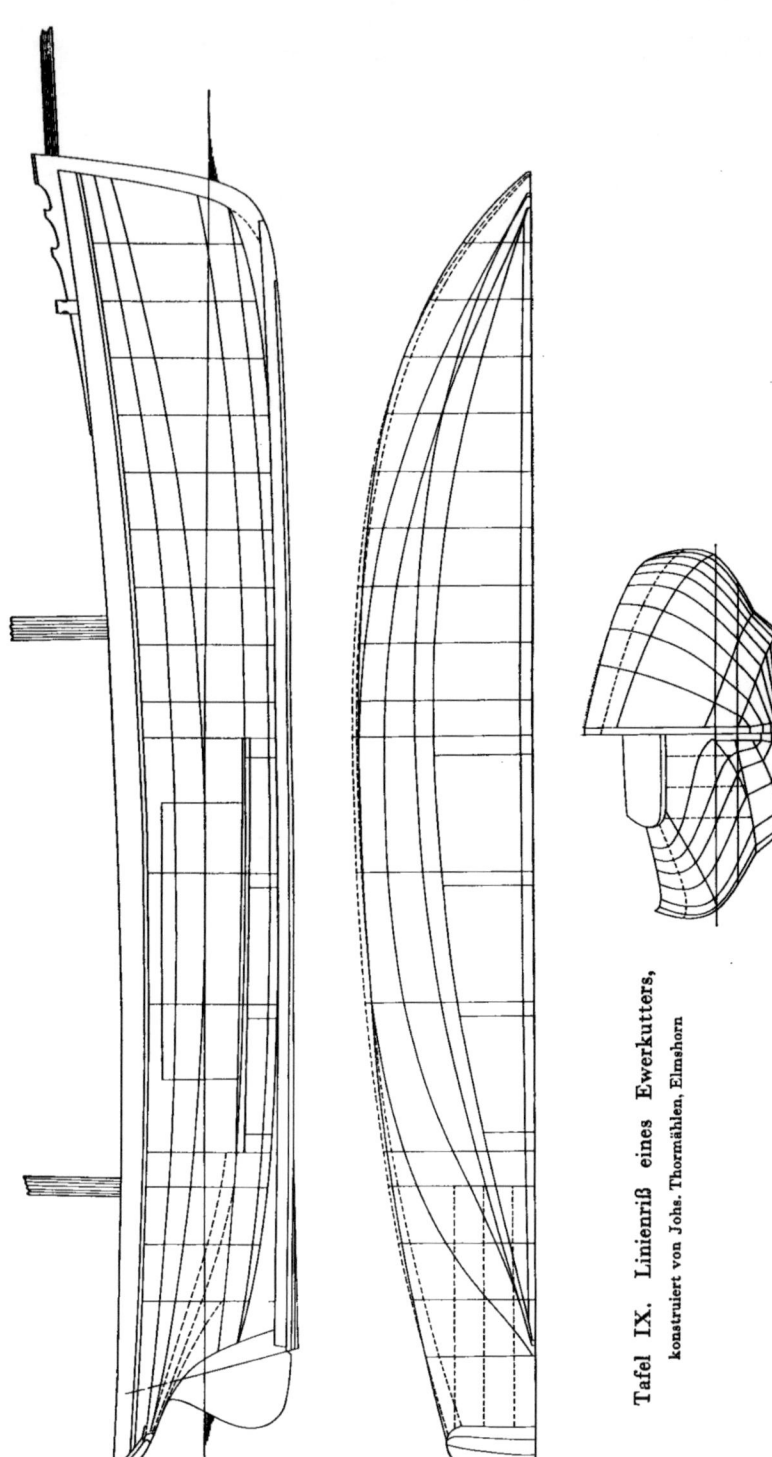

Tafel IX. Linienriß eines Ewerkutters,
konstruiert von Johs. Thormählen, Elmshorn

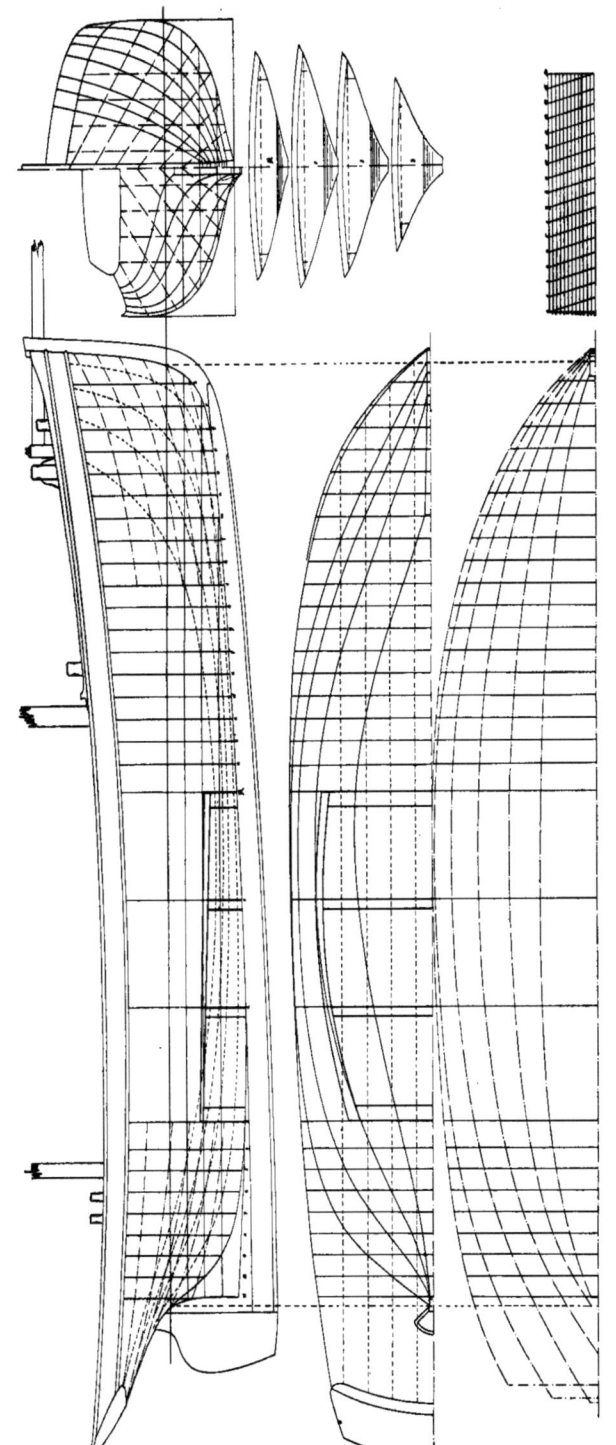

Tafel X. Linienriß des Hochseefischkutters „Möwe" HF 190
konstruiert 1886 von G. Junge, Wewelsfleth

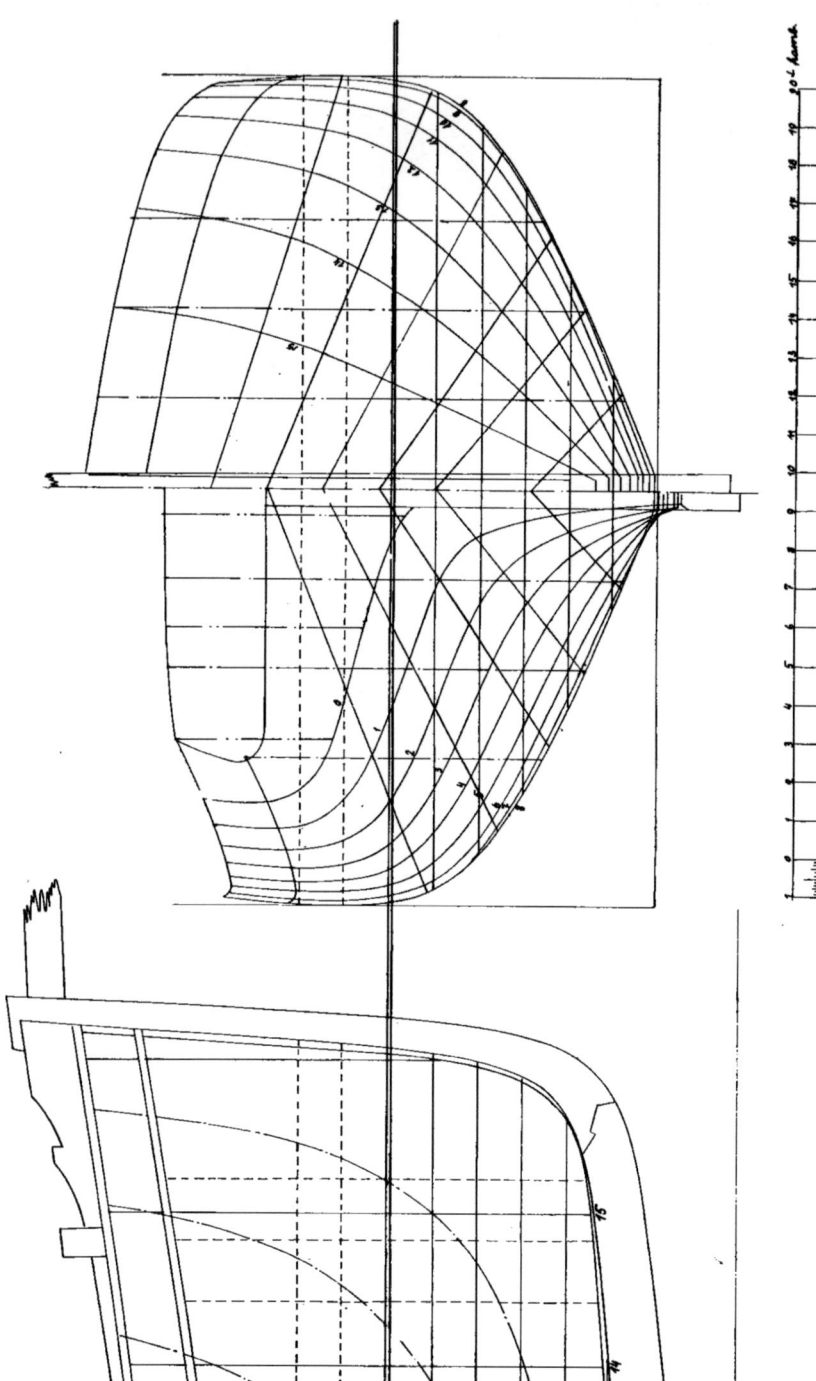

Tafel XI. Spantenriß und Vorsteven des Hochseefischkutters „Senator von Melle" HF 258

konstruiert 1905 bei G. Behrens, Finkenwerder

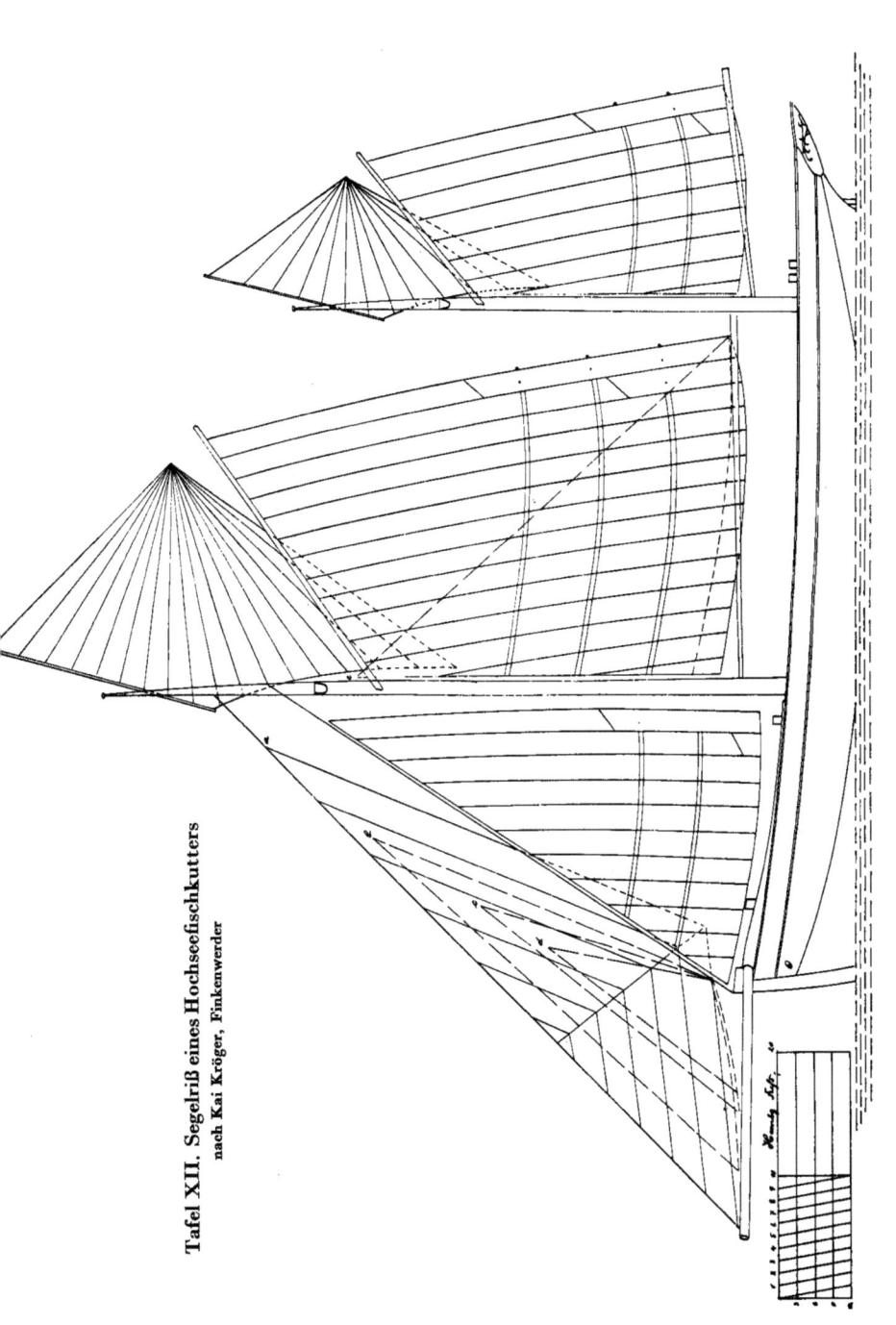

Tafel XII. Segelriß eines Hochseefischkutters
nach Kai Kröger, Finkenwerder

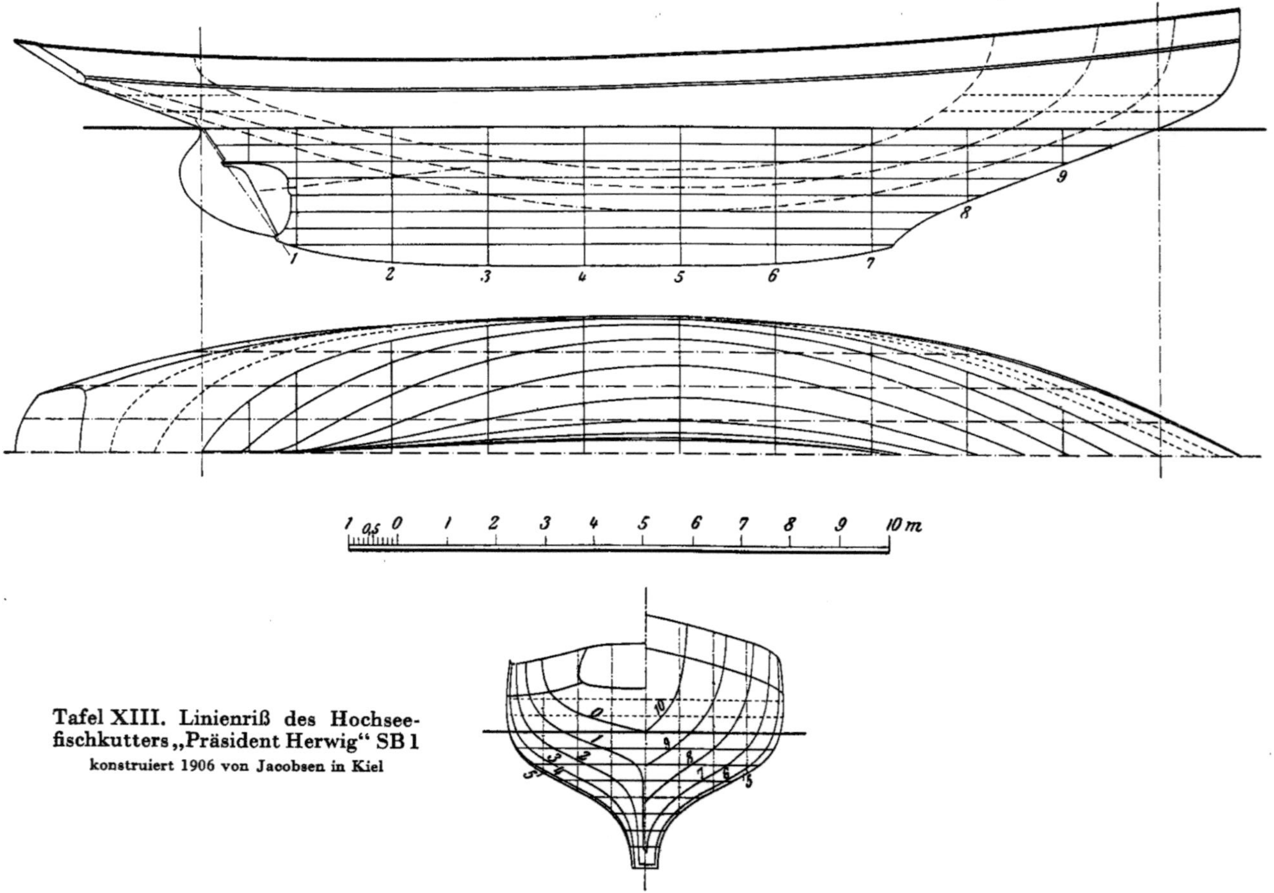

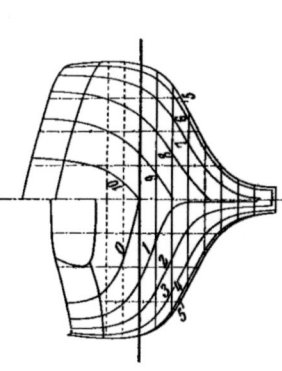

Tafel XIII. Linienriß des Hochseefischkutters „Präsident Herwig" SB 1
konstruiert 1906 von Jacobsen in Kiel

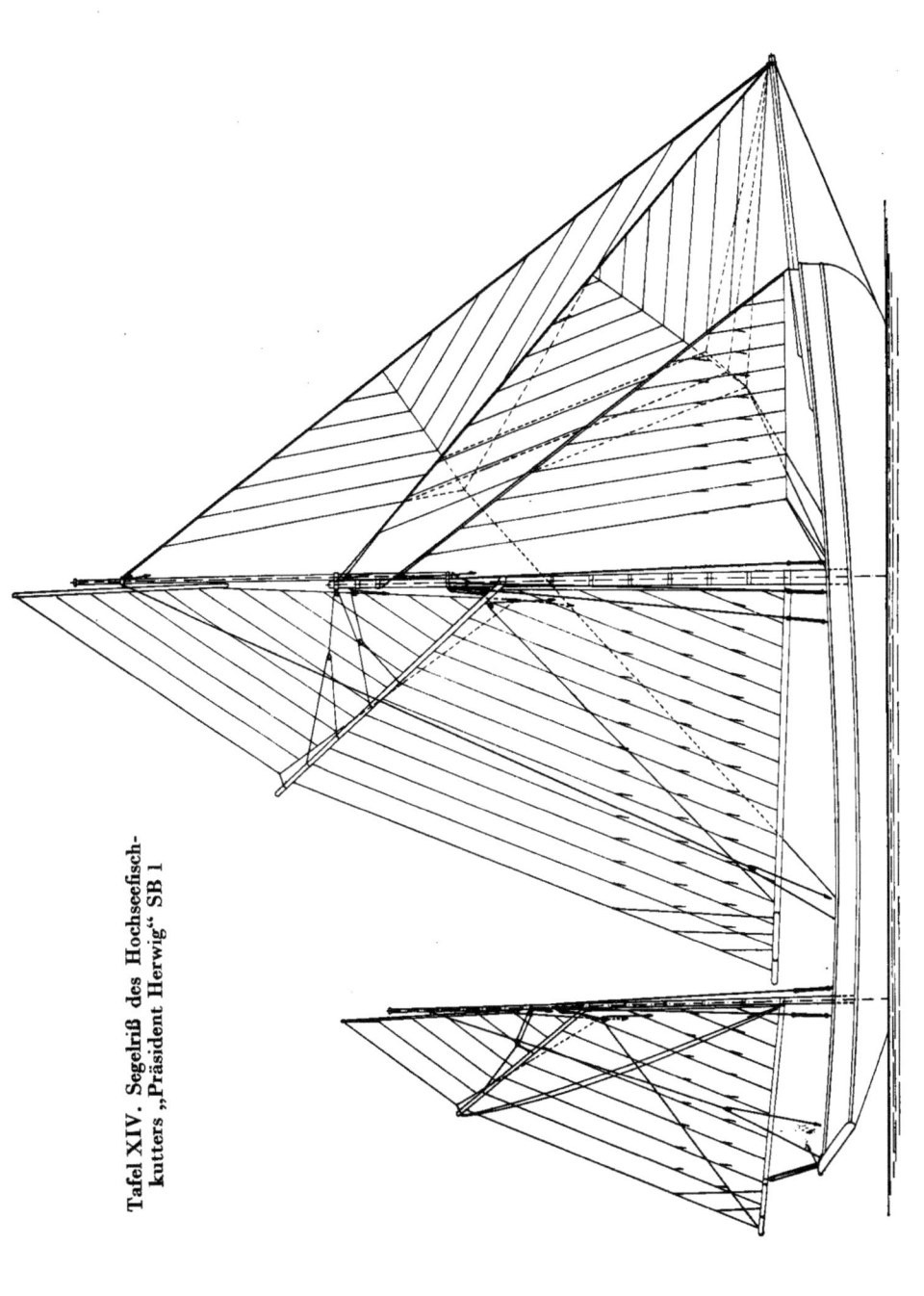

Tafel XIV. Segelriß des Hochseefischkutters „Präsident Herwig" SB 1

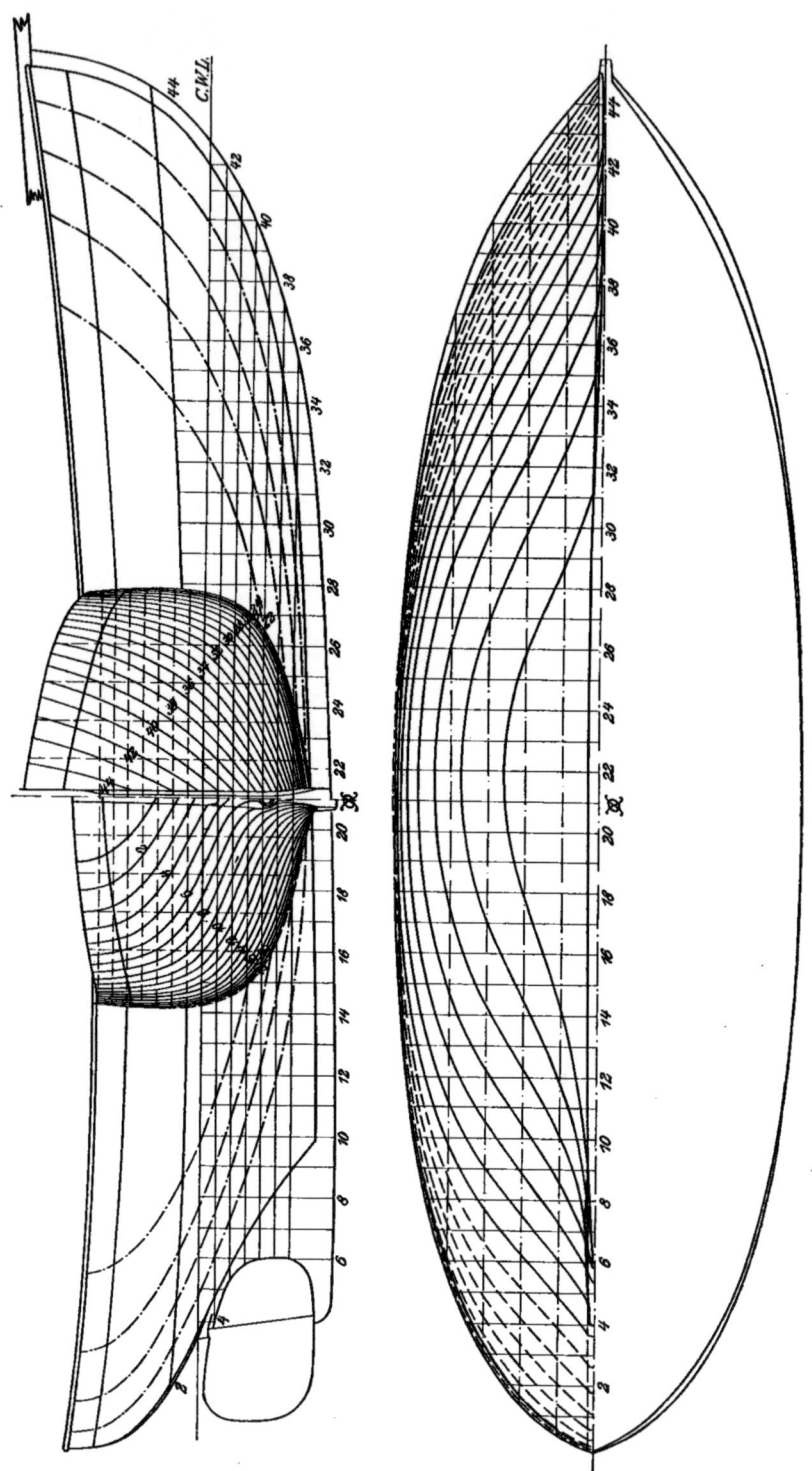

Tafel XV. Linienriß eines Hochseefischkutters von Dr.-Ing. Max Oertz
Aus: Brix, Praktischer Schiffbau, Bootsbau, 1919

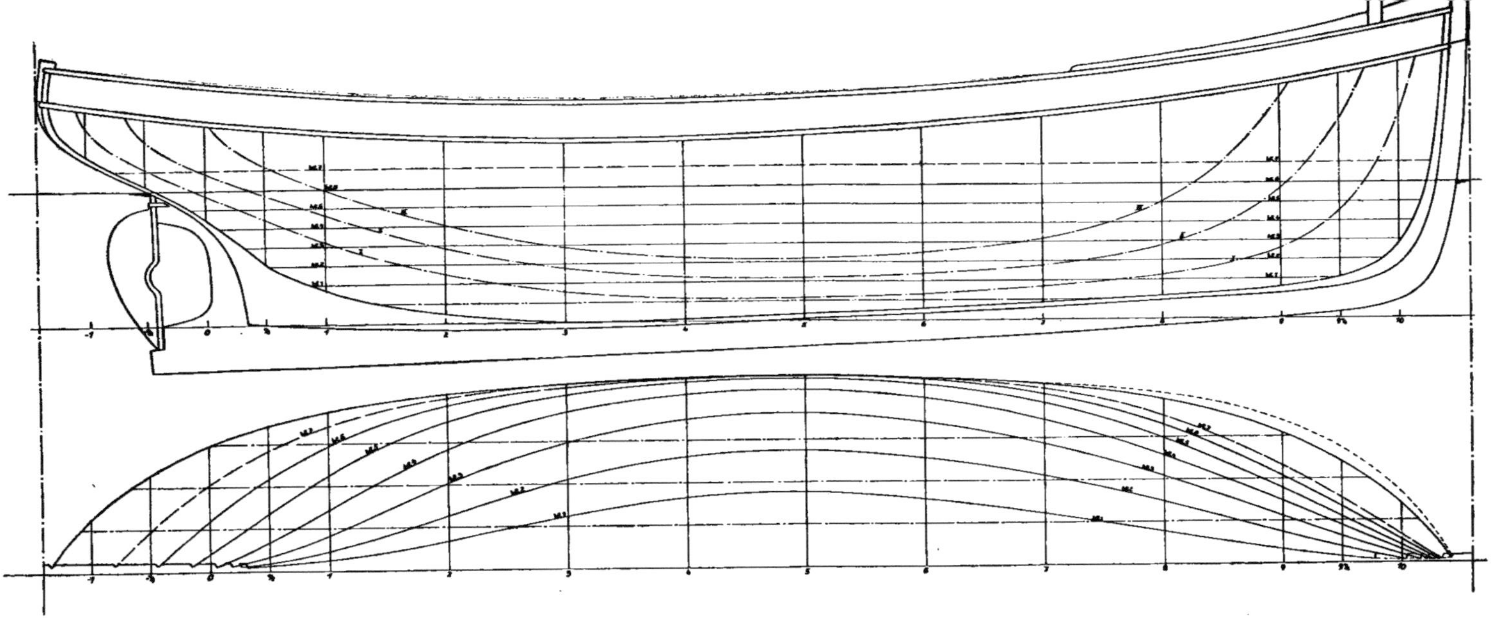

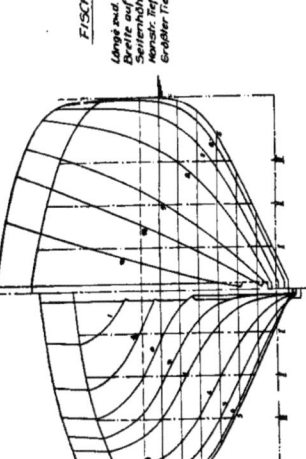

FISCHKUTTER

Länge nud Loten ..... 18,15 m
Breite auf Spanten ... 6,25 :
Seitenhöhe .... 3,00 :
Konstr. Tiefgang ..... 2,11 :
Größter Tiefgang ..... 2,92 :

Tafel XVI. Linienriß eines Motor-
fischkutters
konstruiert von J. Eckmann, Finkenwerder

Aus Zeitschrift „Schiff und Hafen" 1949

Die Blankeneser Fischerflotte

Nach O. Asmussen,

Reg. Nr.	SB Nr.	Untersch. Signal	Name	Typ	Eigner
SB 1a	RTQC		Elisabeth	Besanewer	Jasper v. Riegen
1b			Präsident Herwig	Stahl-Kutter	Joh. Backhaus
1c	RTBQ			„	Joh. Westphalen
2a				Ewer	C. Brand u. Joh. Jansen
2b			Albatrosz	Ewer	Joh. Groth u. Habbe 1896 Joh. Groth
2c	RTBN			Kutter	Joh. Westphalen
3a				Ewer	Herm. u. Wilken Bohn
3b			Luna	Kutter	Wilh. u. Hein Jansen 1897 W. Jansen
4	LGTC DJCN		Karstine	Kutter-Ewer	Hein u. Jochen Stehr Jochen Meyer
5a				Ewer	Andreas Breckwoldt
5b				Ewer	Jul. Suhr u. P. Tiemann
5c	LGCK		Orient	Kutter	Chr. Filter u. H. Meyer
6			Spera	Ewer	Joh. u. Claus Jessen 1887 Joh. Jessen
7			Otto	Ewer	Gust. Klaak u. Lindemann 1881 Schuldt
8a				Ewer	Hin. u. Jürg. Lütgens
8b			Therese	Ewer	Jürgen Lütgens
8c				Ewer	Jürgen Lütgens
9			Margarethe Jürgens	Ewer	Peter u. Joh. Bremer (2) 1906 Heinr. Ramcke

von Beginn an bis zur Jetztzeit

Blankenese. Ergänzt

Bauwerft und Jahr	Bcbm	Ncbm	Länge Breite Tiefe	Verbleib
D. Kremer 1883 Elmshorn	80,7	53,7	17,87/5,52/1,89	Ab 1903 HF 242
Jacobsen 1906 Kiel Finkenwerder gekauft	108,8	91,9	18,53/5,61/1,88	Ab 1926 HF 188
				1888 abgewrackt
				bis 1893 HF 70 1910 verkauft
1880 Cranz	109,8	86,3	18,05/5,60/1,92	vor 1922 HF 104 1923 Norwegen
				1885 verkauft z. Abwracken
D. Kremer 1886 Elmshorn				1904 auf der Elbe gerammt
J. Sietas 1886 1887 Cranz	78,8	23,9 .	17,34/5,55/1,82 2,85	Ab 1926 HF 287
				1888 abgewrackt
				vor 1890 SM 5 1894 abgewrackt
Kremer 1895 Elmshorn	111,1	99,4	18,28/5,72/2,08	1922 HF 277
				1899 abgewrackt
J. Sietas 1878 Cranz				1912 nach Hamburg verkauft
				1875 gekauft 1881 abgewrackt
				1881 von F. gek. 1908 n. Hamburg
1878				1908 i. Cuxh. gek. 1912 n. Altona
1872 Wewelsfleth				1920 n. Büsum Wrack in Blaatz

Reg. Nr.	SB Nr.	Untersch. Signal	Name	Typ	Eigner
SB	10a			Ewer	Franz Krohn 1885 Hans Stehr
	10b			Kutter	Matth. Garms u. J. Suhr
	10c		Augusta	Ewer	Chr. Weiss u. Röttger 1898 Chr. Weiss
	11a			Ewer	Hinr. Schuldt
	11b		Metta	Ewer	Hinr. Bohn u. I. v. Ehren
	12a			Ewer	Joh. Brügmann j. u. s. Joh. Brügmann j. 1892
	12b		Libelle	Kutter	Hinr. v. Helms
	13			Kielewer mit Mittelschwert	Dittmer Molkenbuhr 1 1885 Heinr. Jührs
	14		Johannes	Ewer	Johann Meyer Hinrich Schuldt Peter Holländer
	15			Ewer	Hans u. Diedr. Kröger Hinr. Kohfahl
	16			Ewer	Jürgen Imbeck u. Matz Petersen. Jochen Imbeck
	17		Helene	Ewer	Hans u. Herm. Stehr 1900 Herm. Stehr
	18a			Ewer	Johs. Büttner u. P. Weisz 1891 Joh. Büttner
	18b	LGFC		Kutter	Joh. Habbe u. H. Hagenah
	19		Klr. Heinrich	Ewer	1884 J. Kleis Joh. Kleis u. Breckwoldt
	20a			Ewer	Hinrich Tiemann
	20b		Elisabeth	Kutter	Hinr. Tiemann 1901 Heinr. Bustorf u. Hinr. Tiemann Wwe.

Bauwerft und Jahr	Größe					Verbleib
	Bcbm	Ncbm	Länge	Breite	Tiefe	
						1885 b. Helgoland gesunken
J. Hein 1886 Wewelsfleth						1890 nach Dänemark verkauft
Dierks						vor 1891 HF 135 1899 verschollen
Wittenbergen						1888 SM 4 1899 abgewrackt
J. Sietas 1877 Cranz						1890 gekauft 1912 z. Abwracken
Dierks 1860 Wittenbergen						1892 abgewrackt
Kremer 1894 Elmshorn						1925 n. Bremerhaven verkauft
J. Junge 1876 Wewelsfleth			20,00/5,86/2,00			1891 beim Amrum gesunken
1876 Wewelsfleth						1922 verkauft n. Schulau
						1889 gesunken
						1899 n. Hamburg verkauft
J. Sietas 1886 Cranz						1911 verkauft
J. Junge 1875 Wewelsfleth						1895 gesunken
J. Sietas 1895, 1897 Cranz	119,2	78,2	18,13/5,98/2,01			Ab 1900 Hf 225 1916 gesunken
J. Sietas 1872 Cranz						1902 verkauft n. Bremerhaven 1887 verkauft
D. Kremer 1887 Elmshorn						

Reg. Nr.	SB Nr.	Untersch. Signal	Name	Typ	Eigner
SB 21			Immanuel	Ewer	Jan Mählmann u. P. 1890, Jan u. Nic. Mählmann
	22a			Ewer	Fr. Bröer u. F. Breckwoldt
	22b			Ewer	Klaus Kröger
	23		Maria	Ewer	Hans u. Wilken Bohn 1895 Hans Bohn u. Backhaus
	24		Genius	Ewer	Hans u. Klaus Kröger
	25		Marianne	Ewer	Kl. u. N. Kröger (Sohn)
	26a		Annemarie	Ewer	Jochen Brandt 1888 Jochen u. Julius Brandt
	26b	LGDM		Kutter	J. Mählmann u. O. Habbe
	27		Margarethe	Ewer	Wilk. Bohn u. P. Kröger H. Nicolaisen u. Nielsen 1909
	28		Katharina	Ewer	H. Schnudt u. J. Habbe
	29a			Ewer	Hinr. Tiemann 1878 H. u. K. Schnudt
	29b			Kutter	Herm. u. Klaus Schnudt
	30		Maria	Ewer	Jakob Hoh 1876 J. Hoh u. P. Möller 1889 P. Möller
	31			Ewer	Hinr. Bohn J. Willms u. J. Raupert
	32			Ewer	David Oestmann 1875 Peter Stehr
	33		Catharine	Ewer	Hans Dreyer
	34a			Ewer	Peter Silberling 1885 u. A. Paulsen a. Part.
	34b		Catharina Maria	Ewer	Georg u. Friedr. Nickel 1896 G. Nickel

Bauwerft und Jahr	Größe Bcbm Ncbm Länge Breite Tiefe	Verbleib
1866		1902 n. Cuxhaven z. Abwracken verkauft
		1865 gekauft 1890 gestrandet
1880		bis 1897 SY 1 1901 Finkenwerder
1871		1902 abgewrackt
		1899 abgewrackt in Cuxhaven
		1898 abgewrackt in Cuxhaven
Dierks 1860 Wittenbergen		1894 abgewrackt
H. Sietas 1896 Cranz	119,7 106,3 17,83/5,90/2,08	1901 HF 232
Thormählen 1874 Elmshorn		1909 verkauft
		1898 abgewrackt
		1888 abgewrackt
J. Kremer 1888 Elmshorn		1890 n. Cuxhaven
1846 Teufelsbrücke		1904 n. Hamburg später abgewrackt
		1885 abgewrackt
1868		1892 abgewrackt
		1897 gesunken
Cuxhaven		1895 in Finkenwerder gekauft SM 2
1870		bis 1891 HF 102 1906 n. Cuxhaven

11 Pfahlewer

Reg. Nr.	SB Nr.	Untersch. Signal	Name	Typ	Eigner
	SB 35		Metta	Ewer	Ferd. Bohn 1884 H. Biesterfeld u. F. Bohn Wwe.
	36	LGPR DJBB	36 Ps G Brigitta	Ewer	Dl. v. Riegen sen. u. jun. 1891, P. v. Riegen u. Dr. v. Riegen
	37	RVHC DJBP	50 PSD Maria	Kutter	K. Weisz u. Sohn
	38			Ewer	Jac. u. Joh. Meyer J. Meyer u. Kl. Oestmann
	39		Metta	Ewer	Paul Tiemann
	40		Petrowine Joachine	Ewer	Peter Blankau 1891 J. Meyer
	41		Catharina	Ewer	Peter Struwe
	42a			Ewer	Fr. Bohn u. Backendorf 1 1884 H. Proföhr u. H. v. Ehren
	42b			Ewer	D. u. Herm. Breckwoldt
	43			Ewer	P. Imbeck sen. u. jun.
	44		Anna Margaretha	Ewer	Klaus Kröger Hinr. Breckwoldt Oestmann, Joch.
	45		Anna Gesa	Ewer	Tobias Schuldt
	46			Ewer	Klaus Kröger J. u. J. v. Appen
	47a			Ewer	F. Breckwoldt u. J. Imbeck
	47b		Germania	Ewer	Joh. u. Jochen Brandt Joh. u. H. Brandt
	48			Ewer	Kasper Weisz H. u. Joh. Schuldt
	49			Ewer	Adolf Magers
	50			Ewer	Peter Kröger Klaus Jmbeck

Bauwerft und Jahr	Größe Bcbm Ncbm Länge Breite Tiefe		Verbleib
J. Fink 1865 Blankenese			1903 n. Waltershof
J. Sietas 1885 Cranz	83,3 35,6	17,06/5,58/1,81 2,47	1926 HF 285
Thormählen 1878, 1889 Elmshorn	96,4 38,8	18,09/5,45/1,95	1912 HF 268
Dierks 1868 Wittenbergen			1891 gestrandet
			1884 v. Finkenwerder gek. 1902 gerammt
J. Fink 1869 Blankenese			1896 abgewrackt
Peters 1877 Wewelsfleth			1902 n. Finkenwerder
			1888 n. Amrum
			1888 verschollen
			1887 n. Röm
			1902 abgewrackt
			1897 gestrandet
			1885 abgewrackt
			1892 abgewrackt
J. Sietas 1884 Cranz			1910 gesunken
			1887 n. Amrum
1866			1891 abgewrackt
			1888 abgewrackt

11*

Reg. Nr.	SB Nr.	Untersch. Signal	Name	Typ	Eigner
SB 51a				Ewer	Johannes Backhaus
	51b			Ewer	Johannes Dreyer
	52a			Ewer	Hans Pieper
	52b			Ewer	Emil Dreier
	53		Elbe	Kutter	Albert u. Vito Weisz
	54			Ewer	Hinr. Bohn 1 J. Hülsen
	55		Margaretha	Ewer	Kl. Weisz u. Nik. Wangel
	56		Johannes	Ewer	Klaus Jessen
	57		Marie Clausine	Kutter	J. Breckwoldt u. P. Flotwedel 1 1906 Georg Nickel
	58			Ewer	Albert Lindemann
	59			Ewer	Hinr. Lütgens 1 1891 Brügmann u. u. Schlöbohm
	60		Catharina	Ewer	Karl Möller
	61a		Go	Kutter	H. Schuldt u. W. Winkler 2 1891 Johs. v. Ehren
	61b		Metta	Ewer	H. Brügmann u. J. Backhaus 1 H. Brügmann u. L. Breckwoldt
	62		Maria Elisabeth	Ewer	H. Gährs u. Jul. Barth J. Mählmann
	63		Catherina Maria	Kutter	H. Hoh u. H. Dohrmann 2 1896 F. Dreyer u. P. Breckwoldt

Bauwerft und Jahr	Größe Bcbm Ncbm Länge Breite Tiefe	Verbleib
		1877 gekauft
		1896 abgewrackt
		1897 v. Husum
		dann n. HF
		1878 v. HF
		1887 gestrandet
J. Sietas Cranz		bis 1897 PC 20
		später PC 29
D. Kremer 1887 Elmshorn		1896 an Kremer
		Elmshorn
Dierks Wittenbergen		1877 v. SM
		1891 gesunken
1863		1905 verkauft
Thormählen 1878 Elmshorn		1898 abgewrackt
		1912 verschollen
Hein 1878 Wewelsfleth		1893 HF 85
Junge 1878 Wewelsfleth		verkauft nach Cuxhaven
1866		1879 v. HF
		1899 n. Bremerhaven
Wolkau 1877 Reiherstieg		1891 HF 208
1877		1891 v. HF 49
		1914 n. Bremerhaven
D. Kremer 1879 Elmshorn		1904 verschollen
D. Kremer 1879 Elmshorn		1901 verschollen

Reg. Nr.	SB Nr.	Untersch. Signal	Name	Typ	Eigner
SB	64a			Kutter	Hinrich Sietas
	64b	RTPM	Concordia	Kutter	Hinrich Stehr
	65		Margaretha	Kutter	Joh. Nickel 1894 G. Krohn u. G. Militzer
	66		Elsabe	Ewer	Christian Röttger 1893 Matth. u. Herm. v. Appen
	67	RTDK		Kutter	Jürgen Pieper, später Timmermann a. P.
	68			Ewer	J. Breckwoldt u. G. Lange
	69		Nordsee	Kutter	M. Struwe u. J. Breckwoldt 1895 Johannes Schuldt
	70		Achilles	Kutter	S. Stehr u. J. Hülsen 1883 J. Hülsen allein
	71		Perle	Ewer	Johs. u. Herm. Tamcke 1898 Karl Möller
	72		Planet	Kutter	J. Biesterfield u. J. Wrage
	73		Christine	Kutter	Hinr. Nic. v. Appen 1895 Nic. v. Appen Peter Kröger
	74			Ewer	Peter Loop Nic. Büttner als Setzfischer 1886, P. Tiemann
	75			Ewer	Hinr. Bohn 1889 Claus Funk u. Julius Breckwoldt
	76	LGKN	Apoll	Kutter	Joach. u. Jul. Breckwoldt 1885 Jul. Breckwoldt
	77	RTGB DJJF	36 PS Glühkopfmotor Elbe	Kutter	Simeon Stehr
	78		Catharina	Kutter	Heinrich Dohrmann 1919 J. Westphalen

Bauwerft und Jahr*	Größe					Verbleib
	Bcbm	Ncbm	Länge	Breite	Tiefe	
J. Sietas 1879 Cranz						1886 n. Cranz 1887 HF 199
Junge 1886, 1887 Wewelsfleth	79,2	56,1	16,67/5,61/1,85			HF 226 1916 verschollen
D. Kremer 1880 Elmshorn						1912 verkauft Arbeitsschiff
D. Kremer 1880 Elmshorn						1912 gerammt
Hein 1880 Wewelsfleth	103,4	39,9	18,40/5			Seit 1890 HF 206
						1881 v. HF 1890 abgewrackt
J. Kremer 1881 Elmshorn						1909 gerammt
Jan Hein 1881 Wewelsfleth						1907 n. Wismar
J. Sietas 1882 Cranz						verkauft n. Weser
D. Kremer 1882 Elmshorn						1896 SM 2, später HF 220
Hein 1882 Wewelsfleth						1922 n. Weser, dann verschollen
Finkenwerder						1886 Amrum
						1883 v. Finkenwerder 1894 n. Finkenwerder
J. Kremer 1883, 1884 Elmshorn	76,9	55,4	16,98/5,41/1,78			HF 255
Hein 1884, 1885 Wewelsfleth	85,2	35,9	16,55/5,46/1,88 4,03			1903 HF 243
D. Kremer 1884 Elmshorn						verkauft nach Finkenwerder

Reg. Nr.	SB Nr.	Untersch. Signal	Name	Typ	Eigner
SB 79	LGMB DJCJ		50 PS Dieselmotor Johanna	Kutter	Julius Barth 1903 Heinr. Krakau
	80		Freya	Kutter	Jul. Breckwoldt u. Hinr. v. Helms 1901 H. Stehr u. G. Holländer
	81	RTSC DJAW	36 PS Dieselmotor Meteor	Kutter	Johannes Höhs

Die Mühlenberger

Reg. Nr.	SB Nr.	Untersch. Signal	Name	Typ	Eigner
SM 1a				Ewer	H. Bohn u. Albr. Kröger 1885 Emil Stehr
1b				Ewer	Wilhelm Stoffers 1896 Heinr. Stoffers u. P.
2a				Ewer	Peter Meyer
2b				Ewer	Johannes Wangel
2c				Kutter	Julius Stoffers 1896 Jul. Stoffers u. Ferd. Ebblin
3			Austerpacket	Ewer	P. Kröger u. J. Prahl 1879 J. Prahl
4a				Ewer	Johannes Wangel
4b			Anne	Ewer	Hinr. Lüders, Joh. Wangel 1894 Joh. Wangel, Heinr. Nibbe
5				Ewer	P. Oestmann u. H. Lüders Dierks u. H. Lüders 1880 Dierks
6				Ewer	Hinr. Lüders u. David Breckwoldt 1888 D. u. Herm. Breckwoldt
SY 1 Heimathafen Teufelsbrück			Schwan	Ewer	Thies u. J. Bremer

Bauwerft und Jahr	Größe Bcbm Ncbm Länge Breite Tiefe	Verbleib
D. Kremer 1886 Elmshorn	78,0 27,3 17,02/5,34/1,76	HF 261
D. Kremer 1885 Elmshorn		
H. Sietas 1886, 1887 Cranz	85,8 27,8 18,38/6,23/2,22	1905 HF 259

Fischerflotte

1865		1888 gestrandet
		bis 1895 HF 55
J. Sietas 1877 Cranz		1890 SB 11
Cuxhaven		bis 1888 SB 34 1891 gesunken
D. Kremer 1882 Elmshorn		bis 1896 SB 72 dann HF 220
		1899 abgewrackt
		1886 gestrandet
Dierks Wittenbergen		bis 1888 SB 11 1899 abgewrackt
		1878 v. Teufelsbr. 1890 SB 5
		1886 v. Finkenwerder 1888 SB 42

Die Finkenwerder

nach Schiffsregister

HF Nr.	Untersch. Signal	Name/Maschine	Typ	Eigner
HF 1	RTLB	Margaretha	Besanewer	Hinrich Feldtmann Rolf Hermann Johannes Freudenthal Franz Joh. Emil Gehlich Joh. Siefert Cohrs Johann Reckmann
„ 2		Anna	Besanewer	Paul Barghusen Albert Diedrich Bernhard Baake
„ 3	RTHW	Gesine	Besanewer	Hinrich Friedrichsen Peter Heinrich Hartje August Karl Klüsendorf
„ 4		Der Friese	Ewer	Joh. Hansen Hennig Schulz Jacob Stroh Johann von Eitzen Hinrich Wilhelm Sass Heinrich Otto Pickenpack Joh. Peter August Querfeld Hans Rübcke
„ 5		Wal	Besanewer	Matthias Loop Jacob Hinrich Loop Nicolaus Suhr Peter Heinrich Holm Johannes Witt August Gensch
„ 6	RTCM DJBD	Salamander 36 PS Glühkopfmotor	Kutter	Hans Hermann Achner Martin Struss Carl Martin Möhlmann Christian Claussen August Andreas Mewes
„ 7		ohne Bezeichnung	Besanewer	Hinrich Bergeest' Carsten Georg Kai Kröger Hinr. Johs. Nicol. Cohrs Johann Hermann Prüser
„ 8		Margaretha	Besanewer	Nicolaus Peters Friedr. Wilh. Ludw. Bünger Jacob Nicolaus Kröger Friedrich Wilh. Ludw. Bünger

Fischerflotte bis HF 375

Hamburg. Ergänzt

Bauort Jahr	Größe			Verbleib
	Bcbm Ncbm	Länge Breite Tiefe (Höhe)		

[handwritten] J.C. Wriede, Finkenw. · Brcbm 9,70 ART 32,15 1883 m / Nctto 77,1 Ncto 21,23 5,34 / 1,84 — ab 1908 nur noch ein Ponton

[handwritten] 1875

ab 1910 Amtsger. Brake

| Altenwärder 1875 | 91,2 62,7 | 18,07/5,76/1,86 | ges. 25. 1. 1903 bei Elbe II |

vor 1927 abgewrackt

[handwritten] C. Wriede, Finkenwerder 1874 · 88,9 55,38 17,81 / 74,9 26,44 5,12 / 1,90 — vor 1927 abgewrackt

| Finkenwerder 1885 | 97,0 44,6 | 18,24/5,30/1,90 | gesunken |

[handwritten] J.C. Wriede · 107,2 37,66 / 92,4 52,62 — gesunken 1955

28. 2. 1896 bei Terschelling verschollen

verschollen seit 1905

HF Nr.	Untersch. Signal	Name/Maschine	Typ	Eigner
HF 9	$R T D P$	Anna	Besanewer	Peter Butenop Hinr. Johs. Nicol. Cohrs Hein Loop
„ 10		Emanuel	Kutter	Hermann Sietas Johannes Fick Johs. Hinrich Blohm
„ 11	RTBW	Hai	Besanewer	Andreas Nic. Jensen Paul Meier Hinrich Butendeich Heinrich Julius Meier Hinr. Mart. Christ. Gröhn Heinr. Bernh. Ritscher
„ 12	RTKH DJDY	Nymphe 36 PS Glühkopfmotor	Kutter 100 HMG Diesel	Johann Fick Johann Jacob Holst Jacob Gerhard Fock Friedr. Henry Emil Loof Gust. Christ. Andr. Ipland Herm. Hinr. Arth. Diekmann Aug. Johs. Mewes Joh. Matthias Wulf Hans Pet. Karst. Christ. Loop
„ 13		Gefion	Besanewer	Claus Meier Carl Jacob Glissmann
„ 14	RTDQ	Cobra	Besanewer	Johann Peter Wehr Matthias Wehr, Wwe. Matthias Schacht Hinrich Adolph Mewes Jacob Inselmann Friedr. Wilhelm Fiebig Claus Joachim Heitmann Herm. Friedr. Wilh. Fiebig Hinrich Adolf Mewes
„ 15	$R T B P$	Fortuna	Besanewer	Jacob v. Eitzen Jacob Kessler Albert Wilh. Stöckle Johs. Herm. Theod. Hollander
„ 16		Fürst Bismarck	Kutter	Ludwig Jacke Paul Hermann Wüpper
„ 17	RTDS	Betty	Besanewer	Hermann Hinrich Rüsch Peter Simon Schuldt Christ. Hinr. Smitt Hinrich Eckhoff Claus Otto Voss Jürgen Hinrich Horwege

Bauort Jahr	Bcbm	Ncbm	Größe Länge Breite Tiefe (Höhe)			Verbleib
J.C. Wriede, Finkenwerder 1873	*90,4* *76,4*	*3191* *26,53*				vor 1926 abgewrackt
						seit 1897 verschollen
Finkenwerder, *J.C. Wriede* 1873	84,3	70,3	*873* *70,3*	17,99/5,23/1,82		23. 5. 07 Bremerhaven
Elmshorn, *Krämer* 1880	1#3,6	3̶8̶,̶6̶ *935*	*96,118,20/5,57/2,06* *34,55*			fährt noch *abgewrackt 1955*
						August 1899 abgewrackt
Finkenwerder 1872	87,0	73,0		17,91/5,13/1,84		5. 8. 1901 verkauft nach Breslau
J.C. Wriede, Finkenwerder 1872	*96,5* *82,5*	*37,02* *29,12*	*18,51* *3,16* *1,72*			ab 1909 verkauft nach Altona
						verschollen seit 1899
Finkenwerder, *J.C. Wriede* 1874	87,1	73,1	*502* *25,72*	17,79/5,15/1,88		Ab 25. 11. 1907 verkauft nach Bremerhaven

HF Nr.	Untersch. Signal	Name/Maschine	Typ	Eigner
HF 18		Dora	Besanewer	Hein Stegemann Martin Julius Mewes
„ 19		ohne Bezeichnung	Besanewer	Simon Külper
„ 20	$RTFQ$	Thusnelda	Besanewer	Joachim Eduard Bastian Jul. Friedr. Adolf Wüpper
„ 21		Alida	Besanewer	Claus Achner Jürgen Bielenberg Johann Julius Kröger dann die Witwe u. Kinder Heinrich Otto Smid Hermann August Visser
„ 22		Meta Alwine	Besanewer	Johann Julius Lühs Karl Aug. Heinr. Wüpper Joh. Bernh. Ludwig Klopp
„ 23		Gretha	Ewer	Hinrich Fock Barthold Johannes Gröhn
„ 24		Rebecca	Besanewer	Hinrich Schuldt
„ 25	$RTJN$	Victoria	Besanewer	Hinrich Lenz Peter Corleus Wwe. Johann Hinrich Corleus August Jacob Schröder Hermann Buck Julius Johannes Klüsendorf
„ 26		Jupiter	Kutter	Hein Loop Carl Hinrich Woldmann Johann Jakob Wüpper
„ 27		Blitz	Besanewer	Hinrich Cordes Peter Rabe Joachim Martin Barmbrock Simon Johannes Rohwedder Martin Barmbrock Friedrich Bellner
„ 28		Allemania	Besanewer	Cornelius Schacht
„ 29		Cito	Besanewer	Claus Popp Martin Heinrich Loop

Bauort Jahr	Größe Bcbm Ncbm Länge Breite Tiefe (Höhe)	Verbleib
		abgewrackt 1898
		abgewrackt 1898
c. Wriede, Finkenwerder *1875*	*92,9 3 2,8 18,12* *78,9 27,85 5,36* *7,85*	ab 1912 Lieger
		ab 1904 Emden
		ab 1899 Geestemünde
		verschollen seit 24. 3. 1895
		gesunken 23. 10. 96 bei Helgoland
		abgewrackt 1910
		ab Juli 1904. Cranz
		ab 1914 Amtsger. Bremen
		1900 abgewrackt
		verschollen seit 1910

HF Nr.	Untersch. Signal	Name/Maschine	Typ	Eigner
HF 30	RTNF DJCO	Amor 36 PS Glühkopfmotor	Kutter 120 BUB Diesel	Lorenz Kröger Hinrich Ockelmann Johs. Nicol. Kai Simonsen Hinrich Julius Marquard Johs. Pet. Christ. Simonsen Ernst Julius Blanken Hinrich Paul Chr. Simonsen Karl Heinrich Simonsen *Karl-Heinz Siemonsen*
„ 31	RTJP DJKJ	Maria 36 PS Glühkopfmotor	Besanewer	Johann Bahde Johann Heinrich Lübben Hermann Jacob Winter Willi Carl Emil Meyer
„ 32		Welle	Besanewer	Jacob Heins Heinrich Meyer
„ 33		Poseidon	Kutter	Johann Külper Jürgen Sander Hinrich Roepers
„ 34		Metta Maria, Welle	Kutter	Hans Hinrich Mewes Heinrich Wilhelm Strohsal Hannes Christoph Peters
„ 35		Maria	Besanewer	Hannes Mewes Karl Wilhelm Mewes
„ 36		Catharina	Besanewer	Martin Mewes Hinrich Mewes Claus Heinrich Helmcke Anton Friedrich Hartmann
„ 37	RTNV DJJN	Delphin Freia 36 PS Glühkopfmotor	Kutter 120 DW Diesel	Paul Detels Johs. Matthias Brauer Wilhelm Schwartau Hinrich Wehr Carl Hinrich Stegemann Johs. Paul Amandus Fock Klaus Johann Sals Johs. Mathias Bahde Claus Johann Salz Klaus Martin Külper Ferdinand Buhbe Heinr. Johs. Barthold Fock Hinr. Nikolaus Meisterknecht { Heinr. Claus Theyvagt { Carl Claus Hermann Kröger *Klaus Marwitz sen* *Helmuth Seifert, Cuxh*

Bauort Jahr	Bcbm	Ncbm	Größe Länge Breite Tiefe (Höhe)	Verbleib
Cranz Neuenfelde 1894	116,0	38,9	18,4/5,57/2,13	fährt noch *abgewrackt 1963*
C. Sietas Cranz, 1880	93,2	33,7	18,09/5,98/1,84	Deutsches Museum ab 1957
				abgewrackt 1901
				verschollen seit 1899
				verschollen seit 1896
				verschollen seit 1902
				abgewrackt 1899
Cranz Neuenfelde 1885	96,3	31,8	18,20/5,98/2,04 2,40	fährt noch *abgewrackt 1965*

12 Pfahlewer

HF Nr.	Untersch. Signal	Name/Maschine	Typ	Eigner
HF 38	RTGS	Delphin	Besanewer	Heinrich Lühmann Johs. Christ. Heinr. Ehler Heinrich Lühmann Hinrich Martin Christ. Gröhn Theod. Hinrich Holthusen
„ 39	DJKX	Presto 85 PS Dieselmotor HMG	Kutter	Johann Sievert Fock Hinrich Julius Barghusen Paul Johs. Amandus Barghusen
„ 40		Amor	Besanewer	Martin Wriede Joachim Meier Paul Meier Peter Heinrich Holm Johann Julius Lancker
„ 41	RTFS	Preciosa	Besanewer m. Motor	Paul Detels Otto Schuldt Ernst Bruno Heinrich Heinrich Otto Smid Claus Johann Salz Heinr. Joh. Focke Smid Hans Carsten Wriede Johann Joachim Alwin Wulf Robert Heinrich Möller
„ 42	RTPB	Anna Providentia	Kutter m. Motor	Hinrich Mewes Johann Heinrich Heinz Heinr. Wilh. Amandus Schacht Heinr. Diedrich Butendeich Nikolaus Prigge Otto Max Eckert Friedr. Henry Emil Lorf Conrad Georg Rud. Grönwoldt Gustav Hugo Petersen Heinrich Jakob Wüpper Erwin Johannes Becker Friedr. Gustav Siers
„ 43		Providentia	Kutter	Johann Heinrich Heins Hinrich Wüpper Hinrich Külper
„ 44	RTKM	Metta Catharina	Besanewer m. Motor	Johann Rübcke Johannes Rübcke Fritz Christ. Joach. Quandt Carl Julius Carsten Wriede

Bauort Jahr	Größe Bcbm Ncbm	Länge Breite Tiefe (Höhe)	Verbleib
Finkenwerder 1870	89,3 76,1	17,90/5,10/1,86	verkauft 11.8.09 als Lieger n. Hamburg an August Mann
E. Behrens Finkenwerder 1895	117,0 39,5	17,61/5,72/2,16 3,45	fährt noch *abgewrackt ~ 1960*
			gesunken 1898 *abgewrackt 1962*
Finkenwerder 1879	104,0 89,1	18,87/5,75/1,83	ab 2.10.22 Schulau
Finkenwerder 1895	128,9 88,1	18,94/5,80/2,11	in Norwegen beschlagnahmt 1924
			verschollen seit 1895
Finkenwerder 1872	94,4 80,4	18,25/5,00/1,82	abgewrackt 1909

HF Nr.	Untersch. Signal	Name/Maschine	Typ	Eigner
HF 45	RTCB	Vlieboot	Kutter	Peter Külper Johs. Rudolph Külper Wilh.-Amandus Woldmann Paul August Cölln Paul Amandus Barghusen
„ 46	RTNQ	Seerose	Kutter	Johann v. Eitzen Joachim Lühs Joh. Hinr. Meyer Jakob Hinr. Holst Johs. Nikolaus Külper Amandus Rudolf Holst
„ 47	RTPC DJLA	Seeadler 85 PS Dieselmotor	Kutter	Jakob Stroh J. A. Loop H. Wriede H. Holst Jacob Scharf Joh. Friedr. Ludw. Klüsendorf Johs. Jacob Claus Six Johs. Amandus Mewes
„ 48		Claus Heinrich	Besanewer	Johann Külper Jürgen Sander Claus Helmcke
„ 49	RTPD DJCL	1. Meta 2. Fare well 90 PS Dieselmotor	Kutter- ewer	Jacob Peter Friedrichs Hinrich Brügmann Otto Hermann Sietas Hinrich Behrens Peters Johs. Hinr. Barghusen Amandus Jakob Stroh
„ 50		ohne Bezeichnung	Ewer	Johann Schacht
„ 51		1. Anna Maria 2. Minnie	Ewer	Joh. Christ. Nicol. Hoppe Hinr. Adolf Fick Christ. Marcus Rickert Johs. Grönwoldt Carsten Marquardt
„ 52		Meta	Besanewer	Julius Jacob Hermann Sass Paul Meyer
„ 53		ohne Bezeichnung	Ewer	Michael Fick Hannes Mewes Jacob Suhl
„ 54		Ebenezer	Kutter	Heinr. Paul Wüpper

Bauort Jahr	Bcbm	Ncbm	Größe Länge Breite Tiefe (Höhe)	Verbleib
Finkenwerder 1888	113,5	86,7	18,28/5,99/1,96	verschollen seit 1906
Wisch bei Elmshorn 1895	123,3	111,1	18,74/5,82/2,15	verschollen seit 1905
Wisch bei Elmshorn	106,8	30,0	18,65/6,05/2,15	Kriegsverlust
				gesunken 1901 bei Elbe II
Elmshorn 1896	120,0	37,4	18,74/6,05/2,14	gesunken 1946 bei Terschelling
				abgewrackt 1893
				ab 3. 5. 99 Frachtschiff. Ab 1900 verschollen
				abgewrackt 1901
				ab 11. 8. 1890 kein Fischereifahrzeug mehr
				verschollen seit 1910

HF Nr.	Untersch. Signal	Name/Maschine	Typ	Eigner
HF 55		ohne Bezeichnung	Besanewer	Hinrich Müller Claus Carl Wilh. Stoffers Heinr. Wilh. Aug. Stoffers
„ 56	RTLC	Amanda	Besanewer	Hinrich Wulf Hinrich Adolph Mewes Johann Hinrich Lancker Gustav Johs. Lancker
„ 57		Albinus	Kutter	Heinr. Diedr. Butendeich
„ 58		ohne Bezeichnung	Ewer	Wilhelm Lütt Robert Dohrmann, Cuxhaven Peter Nic. Dohrmann, Otterndorf
„ 59	RTMQ DJBC	Diamant 85 PS Dieselmotor	Kutter	Johs. Jacobus Meyer Carl August Woldmann Johs. Peter Karl Woldmann
„ 60		Welle	Besanewer	Hinrich Külper Hinrich Wehr Joh. Heinrich Lübben
„ 61	RTBF	Elisabeth	Besanewer	Hinrich Mewes Hinrich Karl Hoffmann Gerh. Alfred Rich. Hoffmann
„ 62		Maria	Ewer	Hinrich Schacht Heinr. Christ. Ludw. Knüppel Barthold Simon Achner
„ 63		ohne Bezeichnung	Ewer	Carsten Fick
„ 64		Meta Amanda	Besanewer	Jacob Diedrich Meyer Hinrich Mewes Paul Mart. Hinr. Mewes Anton Andreas Kratz Hans Jacob Popp
„ 65	RTBD	Allegro 80 PS Dieselmotor	Kutter Schrauben- Motorschiff	Paul Wittorf Hinr. Nicolaus Detels Hinrich Arend Fahje August Arend Fahje { Wilh. Heinrich Wüpper Barthold Joachim Fahje Wilhelm Peter Hein Wüpper

Bauort Jahr	Größe				Verbleib
	Bcbm	Ncbm	Länge Breite Tiefe (Höhe)		
					ab 1895 nach Mühlen- berg verkauft
J. J. Sietas Cranz-Neuenfelde, 1878	91,9	69,9	17,95/5,67/1,84		verkauft 11. 5. 08 als Windenschiff
					abgewrackt 1913
					22. 11. 86. Cuxhaven HC 1
Lüneburg-Finkenwerder 1893	122,8	32,7	18,51/5,95/2,02 3,26		verkauft nach Büsum 1952
					gesunken bei Kraut- sand 1901
Elmshorn 1875	94,3	83,3	18,59/5,59/1,90		Totalverlust 1909 in der Nordsee
					gekentert 25.6.1887
					abgewrackt 1892
					abgewrackt 1899
Wewelsfleth 1884	107,2	36,6	18,20/5,72/2,02		Kriegsverlust 1944 bei Dieppe

HF Nr.	Untersch. Signal	Name/Maschine	Typ	Eigner
HF 66	RTLQ	Courier	Besanewer	Martin Hempel Johann Hinr. Meier Simon Johs. Külper Johs. Hinr. Meyer Carsten Jacob Nagel John Manuel Cohrs Johs. Franz Bott Ernst Heinr. Reinhold Stoeter Hinrich Albert Meyer
„ 67		Riturn	Erster Kutter	Hinrich Rüter Heinr. Otto Pickenpack Christ. Claussen Diedr. Aug. Stolz
„ 68		Matthias	Kutter	Johann Peter Wehr Peter Friedr. Reimers Borje
„ 69	RTCF	Gesine	Kutterewer	Hannes Berth. Michael Fick August Johannes Mewes Hinr. Nikol. Meisterknecht
„ 70		ohne Bezeichnung	Ewer	Carsten Fock Hinrich Mewes Johannes Groth
„ 71		Catharina	Ewer	Martin Horstmann David Breckwoldt Lüders
„ 72	RTNH	Catharina Pescatore	Kutter	Johann Wulf Carsten Nic. Wulf Paulus Julius Müller Jochen Heinrich Detje Johs. Hinr. Ockelmann
„ 73		Courier	Kutter	Andreas Niebers Carsten Marquard Heinr. Wilh. Strohsal Claus Martin Willmann
„ 74		ohne Bezeichnung	Ewer	Claus Fock
„ 75	RTKN	Lerche	Besanewer	Johann Winter Paul Marwitz Johs. Wilh. Schloe Johs. Daniel Mahlstedt Johann Peter Wehr Heinrich Rehder Jacob Kessler

Bauort Jahr	Bcbm	Ncbm	Größe Länge Breite Tiefe (Höhe)	
Finkenwerder 1877	92,1	81	18,33/5,46/1,84	abgewrackt 1915
J. Junge Wewelsfleth, 1884			17,86/5,90/2,00	Totalverlust 1894
				verschollen seit 1902
Wewelsfleth 1882	107,6	82,3	18,13/5,72/1,94	verschollen seit 1905
				verkauft 1893 nach Blankenese
J. C. Wriede, Finkenwerder				verkauft 1896 nach Blankenese
Cranz 1888	124,6	90,8	18,96/6,00/1,83	gelöscht 20. 8. 1904
				verschollen seit 1901 bei Norderney
				abgewrackt 1893
Elmshorn 1876	95,6	81,8	18,34/5,55/1,84	verkauft als Lieger 6. 3. 1913

HF Nr.	Untersch. Signal	Name/Maschine	Typ	Eigner
HF 76		Taube	Kutter	Johannes Breuer Julius Heinrich Fahje
„ 77		Willi	Besanewer	Jacob Holst Julius Peter Holst
„ 78	RTLM	Anna	Besanewer	Matthias v. Cölln Martin v. Cölln Johann Sievert Cohrs Julius Nicolaus Achner Ernst Bruno Heinrich
„ 79		Anna Elise	Ewer	Joh. Joach. Friedr. Witt
„ 80		Catharina	Besanewer	Johann Hinrich Meyer Johs. Matthias Lührs Johann Wulf Johs. Julius Wulf Carsten Nicolaus Wulf
„ 81		ohne Bezeichnung	Ewer	Peter Fock
„ 82		Courier	Ewer	Paul Wriede
„ 83		Johann Böttcher	Ewer	Johann Böttcher Albers & Stolz
„ 84		Annitha Mathilde	Ewer	Peter Heinrich Barghusen Georg Schumacher
„ 85		Margaretha	Ewer	Paul Detels Johs. Hinrich Mewes
„ 86		Margaretha	Besanewer	Hinrich Strohsal
„ 87		Aurora	Besanewer	Matthias Friedr. Schuldt Heinrich Lemmermann
„ 88		Adele	Besanewer	Louis Heinrich Oehms Johann Siebert Cohrs
„ 89	RTKP DJEH	Welle 36 PS Glühkopfmotor	Kutter	August Jacob Schröder Johann Jakob Fick Heinrich Arend Fahje Hinrich Schuback Johann Jakob Fick Amandus Hinrich Strohsal Peter Jakob Johs. Behrens Joh. Heinr. Peter Schöttker Joach. Heinr. Ad. Kröger Joach. Franz Jakob Bott Martin Hinr. Rud. Schlaphoff

Bauort Jahr	Bcbm	Ncbm	Größe Länge Breite Tiefe (Höhe)	Verbleib
				verschollen seit 1907
				abgewrackt 1914
Finkenwerder 1869	88,0	74,2	17,99/5,23/1,81	verkauft als Lieger 28. 6. 1911
				Totalverlust 1891
				ab 1918 Schulau
				ab 1888 kein Fischereifahrzeug
				ab 1891 kein Fischereifahrzeug
				ab 1888 kein Fischereifahrzeug
				ab 1901 in Brake beheimatet
Hein Wewelsfleth, 1878				abgewrackt 1914
				ab 1897 kein Fischereifahrzeug
				gesunken 1896
				abgewrackt 1900
Finkenwerder 1884	102,1	38,7	17,98/5,40/1,97 2,22	bei Helgoland auf Mine gelaufen 1942

HF Nr.	Untersch. Signal	Name/Maschine	Typ	Eigner
HF 90		Preciosus	Kutter	Heinrich Richard Fick Peter Johs. Hustadt Joachim Dietrich Koch Wilh. Amandus Woldmann
„ 91		Hai	Besanewer	Johann Heinrich Lanker
„ 92	RTNS	Sperber	Kutter	Hinrich Wulf Johs. v. Cölln Hinr. Johs. Nic. Cohrs Gerd Wilh. Johs. Meier Joh. Peter Aug. Ehlers Claus Gerh. Amandus Meier Pater Mart. Amandus Külper
„ 93		Welle	Besanewer	Carsten Hustadt
„ 94		ohne Bezeichnung	Besanewer	Jacob Fock Peter Tiemann Christ. Ludw. Petersen
„ 95		Pegasus	Besanewer	Arend Müller Johannes Giese
„ 96		Anna Rebecka	Kutter	Peter Wehr Hinrich Schuback
„ 97		ohne Bezeichnung	Ewer	Johann Peter Wehr Matthias Wehr Wwe.
„ 98		unbenutzt		
„ 99		ohne Bezeichnung	Ewer	Heinrich Wüpper Hinrich Wüpper
„ 100		Anna Catharina	Besanewer	Martin Külper
„ 101		Rebecca	Besanewer	Martin Mewes Hinr. Rud. Aug. Schlaphoff Aug. Carl Klüsendorf A. Rickmers
„ 102		ohne Bezeichnung	Ewer	Johannes Jacobus Meyer Friedrich Nickel Georg Nickel
„ 103		ohne Bezeichnung	Besanewer	Hinrich Meyer Barthold Fock Joachim Fock

Bauort Jahr	Größe Bcbm Ncbm Länge Breite Tiefe (Höhe)						Verbleib
							gestrandet 1900 auf Scharhörn
							ab 1897 kein Fischereifahrzeug
Finkenwerder 1895		118,8	101,5	18,25/5,35/2,08			gesunken 6. 10. 1904 bei Gr. Vogelsand
							abgewrackt 1899
							verkauft 1894 nach Amrum
							ab 1893 in Harburg
							verschollen seit 1895
							gesunken 1891
							abgewrackt 1890
							gesunken 1902 abgewrackt 1907
							ab 1891 Blankenese
							verschollen seit 1895

HF Nr.	Untersch. Signal	Name/Maschine	Typ	Eigner
HF 104	RTBN	Venus	Kutter	Hermann Loop Joh. Jac. Keller Hinrich Külper Joachim Diedrich Koch August Diedrich Stotz Hermann Hinr. Otto Sietas Johann Ferd. Mohr Andreas Nic. Jensen Johann Hinr. Ockelmann Johs. Westphal, Blankenese
„ 105		Seelust	Besanewer	Johs. Schacht Carsten Fock Peter Fock
„ 106		Anna	Besanewer	August Adolph Sylvester
„ 107		Auguste	Besanewer	Arend Fock Hinrich Fock Adolph Heinr. Wilh. Grimke Johs. Herm. Math. Grönwoldt
„ 108		Esmeralda	Kutter	Hinrich Corleis Hanne Mewes Johann Albert Diedrich Mull
„ 109		Helene	Besanewer	Johannes Matthias Gahde
„ 110	RTBC	Armin	Besanewer	Hannes Rickmers Johann Diedrich Rickmers Jacob Kessler Joh. Ferd. Mohr Hermann Rolf
„ 111	RTBL	Saturn	Ewer	Hinrich Martens Theod. Hinr. Holthusen Carl Heinr. Wilh. Schuldt Ernst Bruno Heinrich Hinr. Jürgen Mewes Heinrich Simon Stobbe Peter Johs. Claussen
„ 112	RTHJ	Elsa	Besanewer	Joh. Hinr. Otto Wriede Johs. Winter Carl Aug. Heinr. Wriede Jochen Wilh. Wriede Peter Heinr. Richters Hinr. Joh. Peter Wisch Joh. Daniel Richters Claus Hinr. Tiedemann Carl Heinr. Louis Böckmann

Bauort Jahr	Bcbm	Ncbm	Größe Länge Breite Tiefe (Höhe)	Verbleib
Cranz 1880	109,8	86,3	18,05/5,60/1,92	25. 4. 1922 Blankenese
				Totalverlust 1899
				verkauft 1900 nach Cuxhaven
				ab 1901 Amrum
				verschollen seit 1892
				gesunken 1902
Altenwerder 1875	89,9	79,0	17,96/5,27/1,84	gesunken 1906 Nordsee
Finkenwerder 1876	87,5	73,5	18,11/5,49/1,80	Totalverlust 1911
Altenwerder 1876	88,9	74,9	18,14/5,28/1,83	verschollen seit 1905

HF Nr.	Untersch. Signal	Name/Maschine	Typ	Eigner
HF 113		Johanna Catharina Betty	Ewer	Heinrich Cord Jacob Marquard Joh. Jakob Garms Jakob Hinr. Ludw. Winter
„ 114		Susanna	Kutter	Hinrich Külper Jacob Mügge Peter Claus Ehlers Joh. Herm. Prüser
„ 115		Hai	Besanewer	Joach. Jacob Rolf Johann Heinr. Lancker
„ 116	RTKQ	Henni Elsa	Besanewer	Johann Grefe Franz August Wentzke Ernst Robert Andr. Kubasch Theod. Johs. Voigt John Hugo Voigt Wittenberg & Voigt
„ 117		Catharina	Besanewer	Max Stegemann Max Rud. Stegemann Matth. Johs. Herm. Loop
„ 118	RTKC	Anne Mathilde	Besanewer	Jacob Hugo Wilh. Wriede Peter Fock Simon Fock Carsten Johann Fock Heinrich Carl Joach. Steier Peter Wilhelm Heinr. Steier
„ 119		ohne Bezeichnung	Ewer	Hein Loop Johann Schulz
„ 120	RTDW	Hai	Besanewer	Peter Koch Peter Joach. Tietje Koch
„ 121		Johanna Mathilde Cäcilia Margaretha	Ewer	Peter Peters Johann Nicolaus Möller Hinrich Mewes
„ 122		Anna	Besanewer	Hinrich Breckwoldt Haack Hinrich Gröhn Joh. Jac. Heinr. Schloo Hinr. Martin Christ. Gröhn
„ 123		Magdalena	Besanewer	Martin Lühs Johann Hamm

Bauort Jahr	Größe Bcbm Ncbm	Länge Breite Tiefe (Höhe)	Verbleib
			ab 1902 Amtsgericht Harburg
			gesunken 1892 bei Borkum
			gesunken 1902
Altenwerder 1873	91,0 77,0	18,23/5,09/1,88	abgewrackt 1919
			gesunken 1910
Finkenwerder 1876	93,4 79,4	18,10/5,43/1,89	ab 23. 12. 1919 Amtsger. Altona
			gestrandet 1890 auf Scharhörn
Finkenwerder 1875	103,3 79,8	17,92/5,60/1,95	verschollen seit 1904
			gesunken 1899 Nordsee
			gesunken 1897 bei Helgoland
			verkauft 1908 nach Hamburg

13 Pfahlewer

HF Nr.	Untersch. Signal	Name/Maschine	Typ	Eigner
HF 124	RTBV	Adelheid	Besanewer	Johann Gröhn Hermann Reyer Johannes Heinr. Rabe Joh. Peter Wehr Hinr. Mart. Christ. Gröhn Robert Richard May Joachim Lühs
„ 125		Cecilia	Besanewer	Heinrich Wilhelm Kinau Emil Ernst August Peters
„ 126		nicht benutzt		
„ 127	RTMK	Meta Auguste	Besanewer	Johann Feldmann Carsten Fick Karl Wilhelm Fick Hermann Rolf August Wilhelm Plate
„ 128		unbenutzt		
„ 129		August	Besanewer	Peter Heinr. Herm. Schröder Dampfschiffs-Rhederei Emanuel Friedländer & Co.
„ 130	RTFM	Anna	Besanewer	Simon Kröger Hinrich Mewes Hinrich Albert Meyer Johann Hamm Martin Friedrich Mewes Peter Heinr. Hartje Klaus Martin Johs. Külper
„ 131		Catharina Magdalena	Besanewer	Paul Külper Paul Hinrich Külper Nicolaus Johannes Külper
„ 132	RTNC	Anna Magdalena Gesine	Besanewer	Matthias Loop Johannes Nic. Kröger Heinrich Wortmann Peter Butenop Johann Jacob Suhl Heinrich Rudolf Holst
„ 133		unbenutzt		
„ 134		unbenutzt		
„ 135		ohne Bezeichnung	Ewer	Martin Barghusen Joachim Hinr. Bott Hinrich Schuback Wilhelm Schloo

Bauort Jahr	Größe			Verbleib
	Bcbm	Ncbm	Länge Breite Tiefe (Höhe)	
Altenwerder 1877	89,4	67,1	17,96/5,86/1,83	28. 2. 1912 als Lieger verkauft

378 Behrens, Finkenwerder
(Süderelbe)

abgewrackt 1922

Finkenwerder 1877	93,1	79,6	18,08/5,28/1,86	verschollen seit 1910

ab 1902 Breslau

Finkenwerder 1877	90,5	76,5	18,04/5,44/1,80	4. 10. 1910 Kohlen- lieger

gesunken 1917

Finkenwerder 1878	91,9	78,1	17,88/5,50/1,81	vor 1926 abgewrackt

gestrandet 1891 bei
Krautsand

HF Nr.	Untersch. Signal	Name/Maschine	Typ	Eigner
HF 136		unbenutzt		
„ 137		unbenutzt		
„ 138		Anna	Besanewer	Jacob Mewes Jacob Marquardt
„ 139		unbenutzt		
„ 140	RTHC	Anna Maria	Besanewer	Carl Warnecke Jürgen Hinrich Warnecke Hermann Hinrich Gröhn
„ 141	RTMF DJAK	Meta	Besanewer	Jürgen Hinr. Meisterknecht Hannes Meier Johannes Buck Bendix Hinr. Wilh. Johs. Buck
„ 142		ohne Bezeichnung	Kutter	Jacob Amandus Wegener
„ 143	RTHP DJBK	Anna Auguste 30 PS Glühkopfmotor	Besanewer	Hinr. Diedr. Meier Hinr. Jürgen Mewes Johs. Heinr. Wülfken Hinr. Wilh. Wülfken Karl Jakob Wülfken
„ 144		Express	Besanewer	Peter Loop August Rabeler
„ 145	RTJC	Humor	Besanewer	Pet. Arend Heinr. Rickmers Heinr. Ludwig Rickmers Hinr. Wilh. Strohsahl Aug. Pet. Heinr. Oestmann Carl Wilhelm Lohse Johann David Engel Jochen Butendeich Jakob Johs. v. Eitzen
„ 146		Bertha Alwine	Besanewer	Claus Hinrich Tiedemann August Hinrich Feldmann Jacob Stroh
„ 147		Margaretha Catharina	Besanewer	Hannes Peters Jacob Nic. Kröger Claus Hinr. Voss Karl Adolf Rudolf Gaede

Bauort Jahr	Größe Bcbm Ncbm Länge Breite Tiefe (Höhe)		Verbleib

Bauort Jahr	Bcbm Ncbm	Länge Breite Tiefe (Höhe)	Verbleib
			gestrandet 1898
Finkenwerder 1878	105,5 90,5	18,66/5,79/1,90	ab 14. 11. 1918 in Schulau
Finkenwerder 1878			Januar 1935 an Peters, Beidenfleth verkauft
Altenwerder	89,3 25,4	18,08/5,47/1,76	verkauft 1887 nach Cranz
1878			Kriegsverlust Le Havre *1944*
			verschollen seit 16. 10. 1896
Finkenwerder 1878	101,6 86,8	18,04/5,54/1,96	verkauft 1910 und als Lieger verwandt
			abgewrackt 1926
Finkenwerder 1878			abgewrackt 1932

HF Nr.	Untersch. Signal	Name/Maschine	Typ	Eigner
HF 148	RTKB	Margaretha Dorothea	Besanewer	Heinrich Schacht Bernh. Heinr. Pet. Behrendsen Ernst August Ehler Friedr. Jakob Riekert Peter Friedr. Pülsch Mart. Wilh. v. Eitzen
„ 149		Providentia	Ewer	Hinrich August Fock Hannes Jakob Holst
„ 150		Anna Margaretha	Ewer	Jacob Popp
„ 151		ohne Bezeichnung	Kutter	Franz Hermann Wegener
„ 152	RTFD	Anna Margaretha	Besanewer	Johannes Külper Heinrich August Lühmann Paul Heinrich Külper
„ 153		Tell	Ewer	Crod Kreeft Arend Hinrich Gahde Presang, genannt Starck, J. C. Johann Jacob Suhl Joach. Heinr. Peter Bubert
„ 154	RTCK	Anna Hermine	Besanewer	Hermann Meier Herm. Hinr. Julius Meier Johs. Hinr. Okelmann Heinrich Georg Eylmann
„ 155		ohne Bezeichnung	Ewer	Heinr. Wilh. Schulz Hinr. Julius Schulz Hinrich Sietas
„ 156	RTHF	Anna	Besanewer	Johann Külper Hinrich Gerhard Külper
„ 157		Georg Ludwig	Besanewer	Peter Meier Johannes Kruse Carl Ludwig Bultmann
„ 158		Fortuna	Besanewer	Hinrich Adolph Fock Joachim Hinrich Bott Hermann Reyer
„ 159		Hoffnung	Besanewer	Joh. Hinr. Wilh. Beckmann Franz Julius Bott Franz Julius Meier Johannes Rudolph Külper

Bauort Jahr	Größe Bcbm	Ncbm	Länge Breite Tiefe (Höhe)	Verbleib
Cranz 1878	96,3	74,1	18,40/5,40/1,92	abgewrackt 1914
				gesunken 1894
				gestrandet 1890 bei Neuwerk
				ab 1887 in Cranz beheimatet
Finkenwerder 1878	95,6	81,6	18,55/5,53/1,81	1912 verkauft Kohlenlieger
				gesunken 1896 bei Helgoland
Altenwerder 1881	113,1	95,8	20,07/6,12/1,79	verschollen seit 1910
				1890 nach Cranz verkauft
Finkenwerder 1879	104,4	90,1	18,65/5,74/1,90	ab 9. 12. 1913 nur noch als Lieger
				verschollen seit 26. 10. 1888
				gestrandet 11. 2. 1900 auf Klein Vogelsand
				abgewrackt 1922

HF Nr.	Untersch. Signal	Name/Maschine	Typ	Eigner
HF 160		Margaretha Maria	Besanewer	Friedrich Stehr Hinrich Joachim Stehr Ernst August Tewes Johs. Friedr. Richters
„ 161		unbenutzt		
„ 162	RTHM	Adelgunde	Besanewer	Simon Johannes Wulf Martin v. Eitzen Wwe. Peter Friedrich Pülsch Aug. Peter Heinr. Oestmann Jonny Carsten Heinrich Off
„ 163	RTFH	Nautilus	Kutterewer	Martin Külper Hinrich Nicolaus Detels Ernst Robert Krug Albert Ernst Ludwig Schwarz Eduard Hans Gröhn
„ 164	RTHG	Albatross 12 PS Glühkopfmotor Alpha 1903 Versuchsschiff	Kutterewer	Hinrich Peter Emil Harms Simon Friedr. Aug. Ridder Jacob Lührs 1903 Johs. Christ. Detlef Thies Erdmann Götzie
„ 165		unbenutzt		
„ 166	RTCJ	Michael	Besanewer	Paulus Clement Friedrichsen Georg Hinrich Friedrichsen Joachim Martin Barmbrook Martin Julius Mewes Johs.Hinr.Amandus Barghusen Edo Friedrich Minsen Willy Amand. Mewes Alwin Hermann Barghusen Theodor Bernh. Ferd. Paul
„ 167		ohne Bezeichnung	Ewer	Johs. Külper Jacob Nibbe
„ 168		Margaretha	Besanewer	Johann Joachim Kühl Hinr. Johs. Matth. Pickenpack Johann Nicolaus Jonas
„ 169		Hermann	Ewer	Hinrich Mewes Hinrich Wilhelm Sass Matthias Julius Rabeler Wilh. Ignaz Schwainsteiger

Bauort Jahr	Größe			Verbleib
	Bcbm	Ncbm	Länge Breite Tiefe (Höhe)	
				verkauft nach Cranz 1892
Neuhof 1879	97,0	83,0	18,90/5,35/1,88	abgewrackt 1931
J. C. Wriede Finkenwerder, 1880	107,7	93,1	18,27/5,45/1,97	gestrandet am 21. 11. 1911
G. Junge Wewelsfleth, 1880	116,0	100,2	18,45/5,52/2,02	
Finkenwerder 1880	92,1	78,1	18,64/5,52/1,83	abgewrackt 1926
				gesunken 1892
				ab 1901 Cranz-Neuenfelde
				gestrandet am 15. 5. 1893 auf Spiekeroog

HF Nr.	Untersch. Signal	Name/Maschine	Typ	Eigner
HF 170		Catharina Maria	Besanewer	Hans Claus Martens Julius Michael Fick Joachim Hinr. Johs. Mewes
„ 171		Metta Catharina	Kutter	Johannes Fick Jürgen Giese Carl Heinrich Deierling Johs. Herm. Theodor Hollander Carl Heinr. Matth. Deyerling
„ 172		Germania	Besanewer	Diedrich Detels Johs. Adolf Friedr. Schindler Carsten Georg Kai Kröger Peter Detels
„ 173		ohne Bezeichnung	Ewer	Johann v. Eitzen Detleff Christian Schumann Hinrich Carstens
„ 174		Express Courier	Kutter	Johannes v. Eitzen Hermann Loop Heinrich August Schloo Gustav Adolph Schacht
„ 175	RTKS	Jogine Marie Nordsee	Kutter	Joachim Butendeich Joachim Lühs Johann Jacob Bahde Hinr. Jul. Amandus Ockelmann Heinrich Max Friedr. Dücker
„ 176		Catharina	Kutter	Heinr. Wilh. Hinr. Niebers
„ 177	RTLJ DIIE	Juliane 50 PS Dieselmotor	Kutter	Johann Jacob Fock Diedrich Butendeich Carsten Hinrich Fock Johannes Nibbe Johs. Jürgen Theod. Behrendsen Adolf Hinr. Johs. Müller
„ 178	RTFJ	Regina Margaretha	Ewer	Johann Koch Paul Meier Johannes Jonas Martin Julius Horstmann
,, 179		Hermine Henriette	Ewer	Johann Reckmann

Bauort Jahr	Größe			Verbleib
	Bcbm Ncbm	Länge Breite Tiefe (Höhe)		

			seit 1901 in Altona
			gesunken 1898 Nordsee
			1908 bei Norderney gesunken
			1893 verkauft nach Cranz
D. Kremer Elmshorn, 1882	106,9 81,8	18,05/5,58/1,94	gesunken 1898 bei Elbe III
			gesunken in der Nordsee
			verschollen 1896
Wewelsfleth 1882	101,6 38,3	18,27/5,52/2,00 2,40	Kriegsverlust Dieppe
Finkenwerder 1882	99,2 85,2	18,59/5,54/1,86	Totalverlust
			abgewrackt 1900

204

HF Nr.	Untersch. Signal	Name/Maschine	Typ	Eigner
HF 180	RTJV	Gazelle	Besanewer	Martin Külper Jürgen v. Riegen · Johann Jacob Bahde Johann v. Eitzen Hinr. Röpers J. H. Ockelmann A. O. H. Oestmann
„ 181	RTGM DJAT	Fortuna	Kutter m. Motor	Hinrich Külper Jacob Hinrich Külper Christian Claussen Hermann Adolf Feldmann Julius Amandus Fock Johannes Heinr. Fischer Diedrich Christ. Gust. Lorenz
„ 182	RTJD DJAL	Forelle	Kutter m. Motor	August Wilhelm Fock Carl Friedrich Pauly Johannes Amandus Mewes Hannes Matthias Bahde Peter Matthias Loop Gustav Otto Pirk, Bremerhaven *Hanst Heinrich Meyer, Alt*
„ 183	RTMN	Frieda	Kutter	Peter Rabe Louis Georg Fr. Wilhelm Hinrich Johannes Fick Simon Friedr. August Ridder Carl Heinr. Louis Böckmann Johannes Jonas
„ 184	RTGD	Adonis	Kutter	Martin Friedrich Mewes Hinrich Wilhelm Mewes Klaus Martin Johs. Külper
„ 185		Freia	Kutter	Michael Julius Fick Joachim Eduard Fick
„ 186	RTJM DJCM	Flora 36 PS Glühkopfmotor	Kutter m. Motor	Joahnnes Winter Simon Martin Achner Hinrich Hermann Feldmann Adolf **Hermann** Feldmann **Martin** Hinrich Horstmann **Walter** Paul Joachim Kröger
„ 187	DJJB	Avance 85 PS Dieselmotor	Kutter m. Motor	Johannes Julius Martens John Julius Albert Rolf **John** Hinrich Meier Hermann **Johannes** Meier

Bauort Jahr	Bcbm	Ncbm	Größe Länge Breite Tiefe (Höhe)	Verbleib
Wewelsfleth 1878	109,3	94,1	18,29/5,40/1,98	Totalverlust bei Norderney
Finkenwerder 1886	98,1	50,8	18,20/5,48/1,96	verschollen seit Oktober 1936
Finkenwerder 1885	98,2	41,9	18,21/5,42/1,99	beheimatet ab 1936 Bremerhaven, fährt noch *Abgewrackt ~ 1965* *in Altenwerder*
Finkenwerder 1886	136,6	121,6	18,85/5,82/2,07	beheimatet in Schulau seit 1918
J. Junge Wewelsfleth, 1886	111,7	96,9	18,34/5,58/1,96	beheimatet in Schulau seit 1918
Finkenwerder 1886	99,9	37,9	18,34/5,57/1,95 2,56	verschollen seit 16. 9. 1889 Kriegsverlust *Dieppe*
J. Wriede Finkenwerder, 1887	108,5	36,5	18,26/5,51/2,03	Kriegsverlust

HF Nr.	Untersch. Signal	Name/Maschine	Typ	Eigner
HF 188	RTBQ	Laertes	Kutter	Louis Georg Friedr. Wilhelm Carl August Julius Witt Claus Heinrich Graf
„ 189	RTFK DJKY	Sagitta 50 PS Dieselmotor	Kutter m. Motor	Martin Heinrich Loop Johannes Nicolaus Külper Johann Julius Detels Henri Martin Becker Jonni Wilhelm Hustedt
„ 190	RTJQ	Möwe	Kutter	Diedrich Butendeich Jacob Emanuel Cohrs Hermine Butendeich geb. Meier Carl Johannes Meier Hinrich Johann Peter Wisch
„ 191		Elbe	Kutter	Johs. Siefert Fock Ernst August Schloo
„ 192	RTGK DJBE	Nixe 50 PS Dieselmotor	Kutter	Johannes Nicolaus Kröger Kai Johs. Nicolaus Simonsen Johs. Hermann Mewes Hinrich Julius Bott Georg Wilh. Hermann Kömpe Jacob Stroh
„ 193		Apollo	Kutter	Claus Diedr. Heinr. Ollerich Joach. Diedr. Koch August Wilhelm Fock Carl Heinr. Wilh. Schuldt Johannes Jacob Struhs Paulus Julius Müller
„ 194		Schwalbe	Kutter	Johannes Breuer Hinr. Timothäus Wulf
„ 195	RTGP DJKU	Nordstern 36 PS Glühkopfmotor	Kutter	Hinrich Julius Külper Paul Hermann Wüpper Johannes Rudolph Woldmann Johann Friedr. Ernst Kehde Martin Hinrich Horstmann
„ 196	RTLV	Falke Columbus	Kutter	Peter Marquard Joachim Lühs Heinrich Wilh. Heitmann Claus Otto Ahlf
„ 197		Renner	Kutter	Heinr. Diedrich Butendeich Hermann Diedrich Niebers

Bauort Jahr	Größe Bcbm	Ncbm	Länge Breite Tiefe (Höhe)	Verbleib
Finkenwerder 1887	108,8	91,9	18,53/5,61/1,88	verschollen seit 1900
Finkenwerder 1886	104,3	38,6	18,32/5,49/1,95 2,66	Kriegsverlust
Wewelsfleth 1886	131,6	113,6	18,31/5,72/2,07	gestrandet 1910 bei Terschelling
				in Alton beheimatet
Finkenwerder 1887	104,1	44,0	18,29/5,54/2,02	Kriegsverlust
				verkauft nach Finkenwerder
				gestrandet 1902
Finkenwerder 1888	104,8	60,6	17,6/5,92/1,80 2,01	Kriegsverlust
Elmshorn 1888	125,7	88,8	18,79/5,96/2,17	verschollen seit 1910
				verschollen seit 1895

208

HF Nr.	Untersch. Signal	Name/Maschine	Typ	Eigner
HF 198		Presto	Kutter	Claus Hinrich v. Eitzen Peter Carl Woltmann
„ 199		Probus	Kutter	Carsten H. Fock, R. G. Mewes Johs. Holst
„ 200		Ora et Labora	Kutter	Hannes Gerhard v. Eitzen Detleff Christ. Schumann Johann Cohrs
„ 201	RTJS	Antilope	Kutter	Johann Jacob Bahde Hinrich Matthias Schacht Gustav Adolph Schacht Max Emil Stadermann August Heinrich Osbahr
„ 202	RTJF	Arche Edelweiss	Kutter	Heinrich Paul Wüpper Martin Külper Christ. Julius Koch Jochen Fock Joachim Heinrich Bott
„ 203	RTBK DJDZ	Germania 50 PS Dieselmotor	Kutter	Simon Martin Achner
„ 204		Dorothea	Kutter	Simon Johannes Külper Johs. Wilhelm Bott
„ 205	RTJW	Schwalbe	Kutter m. Motor	Johann Julius Lühs Simon Johannes Külper Heinrich Gellien, Pinneberg
„ 206 (JS 150)	RTDK	Ingerta	Kutter m. Motor	Hinrich Wilhelm Külper Hinrich Karl Johs. Meier Hermann Buck Johannes Julius Klüssendorf Johann Hinr. Amand. Lancker Jacob Johs. Nic. Kröger, Schulau
„ 207		Victoria	Kutter	Joh. Jacob Gustav Wegener
„ 208		Wanderer	Kutter	August Wilhelm Fock Rudolf Otto Fock
„ 209		Perle	Ewer	Carl Hinrich Woldmann Hinrich Julius Barghusen

Bauort Jahr	Größe Bcbm Ncbm	Länge Breite Tiefe (Höhe)	Verbleib
			verschollen seit 1889
J. Sietas Cranz, 1879			verschollen seit 1904
			1895 verkauft nach Altona
Wewelsfleth 1888	115,1 100,7	17,53/5,60/1,99	gesunken 1912 auf der Elbe
Gauensiek 1885	108,8 93,4	17,93/5,54/2,09	gestrandet 1925
Finkenwerder 1886	109,0 45,1	18,37/5,57/1,86	1892 nach Finkenwerder verkauft
			gesunken 1901
Cranz 1888	114,7 98,8	18,38/5,62/1,87	ab 1919 Schulau
Hein Wewelsfleth, 1881	103,4 39,9	18,40/5,75/1,98	abgewrackt 1954
			verschollen seit 1894
Wolkau Reiherstieg, 1877			untergegangen 1898
			1895 gestrandet bei Norderney

14 Pfahlewer

HF Nr.	Untersch. Signal	Name/Maschine	Typ	Eigner
HF 210	RTDL	Olga	Kutter	Peter Borje Diedr. Reimers Barth. Johs. Gröhn Peter Horstmann
„ 211	LFTP	Maria 8 PS Glühkopfmotor Alpha 1903 Versuchsschiff	Ewer	Joachim Lühs Johann Hinrich Meyer Peter Carsten Fick Jürgen Hinr. Wilh. Schumacher Lund, Mads Pouelsen, Cuxhav.
„ 212 (ſ ẞ6)	RTKF	Condor	Kutter	Paul Wittorf ~~Johannes~~ Hermann Mewes
„ 213		Condor	Kutter	Johannes Wilhelm Bott Hinrich Johannes Bott
„ 214		Elbe	Kutter	Anton Friedrich Hartmann
„ 215		Nelson	Kutter	Johannes Rudolph Woldmann Emil Ernst August Peters Johann Heinrich Julius Witt Hafen-Dampfschiff-A.-G.
„ 216	RTPJ	Cili Margaretha	Kutter	Jacob Emanuel Cohrs
„ 217	KPGW	Justitia	Kutter	Hermann Loop Arend Hinr. August Fock Joach. Claus Vöge Otto Max Eckert Ernst Modersitzki Daniel Drum Wilhelm Ehlers Heinr. Carl Joach. Steier, Hbg. Pet. Wilh. Heinr. Steier, Altona
„ 218	RTBJ DJIZ	Apollo 36 PS Glühkopfmotor	Kutter	Johannes Jacob Struhs Peter Detels Johs. Heinr. Aug. Karst. Dietr. Ramm Heinr. Karl Friedr. Witt Johann Hinrich Ockelmann Hinr. Adolf Willi Külper *Johann Lancker, Brack*
„ 219		Emma Gesine	Besanewer	Joachim Lühs Hinr. Mart. Christ. Gröhn Peter Külper

211

Bauort Jahr	Bcbm	Ncbm	Größe Länge Breite Tiefe (Höhe)	Verbleib
Elmshorn 1883	105,6	100,4	18,86/5,82/1,91	gesunken 1902
J. Junge Wewelsfleth, 1879	95,5	81,5	18,68/5,40/1,89	ab 1909 in Cuxhaven beheimatet
Wisch bei Elmshorn 1892	122,6	109,1	18,72/5,75/2,15	ab 1920 in Schulau
				verschollen seit 1896
				verschollen seit 1899
				ab 1931 nur ein Anlegeponton
Finkenwerder 1897	135,6	93,8	18,63/6,06/2,25	verschollen seit 1904
Cranz 1892	114,0	101,5	18,77/5,79/1,94	1919 gestrandet
Finkenwerder 1887	100,5	39,1	18,46/5,62/1,88	Kriegsverlust St. Malo
				verschollen seit 1904

14*

HF Nr.	Untersch. Signal	Name/Maschine	Typ	Eigner
HF 220		Albert	Kutter	Johann Christoph Soltau
„ 221		Planet	Kutter	Hinrich Hermann Feldmann Johannes Joachim Cölln
„ 222		Neptun	Besanewer	Karsten Nicolaus Wulf Hermann Rolf
„ 223 SS 72		Condor	Kutter	Hinr. Johs. Nic. Meier Johann August Braker John Hinrich Meier
„ 224	RTCQ	Pegasus	Besanewer	Heinr. Friedr. Aug. Mundt Johann Herm. Mart. Stüven Friedr. Jak. Rickert Paul Nicolaus Andres
„ 225	LGFC	Brillant	Kutter	Peter Fock
„ 226	RTPM	Concordia	Kutter	Johannes Franz Bott Julius Johs. Feldmann
„ 227	LRGH	Hever	Ewer	Nikolaus Theod. Warner Peter Wilh. Heinr. Heiland Peter Horstmann
„ 228	LFVJ	Amor	Kutter	Claus Joach. Heitmann Hinr. Eckhoff Franz Adolph Rickmers Adolph Heinr. Wilh. Grimke
„ 229	KPJV	Meteor	Kutter	Joh. Andreas Beckmann Nic. Frigge
„ 230	LGHP	Schwan Dampfwinde	Ewer	Ludwig Hühn Hinr. Wilh. Heinsohn
„ 231	KPDS DJKD	Landrath Köster 85 PS Dieselmotor HMG	Kutter	Friedr. Georg Heinr. Dreyer Jac. Peter Rud. Friedrichs Rob. Friedr. Karl Burmeister Wilh. Peter Heinr. Steier Rud. Johs. Heinr. Reimers
„ 232	LGDM	Süllberg	Kutter	Hinr. Wilh. Beulke Christ. Albert Wehner

Bauort Jahr	Bcbm	Ncbm	Größe Länge Breite Tiefe (Höhe)	Verbleib
				verschollen seit 1902
				verschollen seit 1901
				verschollen seit 1910
				ab 1918 Schulau
J. Behrens Finkenwerder, 1882	110,8	81,1	18,18/5,87/2,04	1908 gestrandet bei Norderney
J. J. Sietas Cranz-Neuenfelde, 1897	119,2	78,2	18,13/5,98/2,01	1916 gesunken
J. J. Junge Wewelsfleth, 1887	79,2	56,1	16,67/5,44/1,85	verschollen seit 1917
Julius Wriede Finkenwerder, 1880	92,5	67,5	18,23/5,77/1,79	gesunken 1912
Jacob Kremer Elmshorn, 1887	121,7	106,4	17,64/5,28/2,40	verschollen seit 1905
Finkenwerder	137,9	98,0	18,35/5,98/2,20	verschollen seit 1910
Julius Wriede Finkenwerder, 1882	94,1	72,5	17,76/5,65/1,96	verkauft 1910 nur noch als Liegerfahrzeug
Sietas Cranz, 1889	112,5	36,1	19,40/5,94/2,05	fährt noch _abgewrackt 1971 bis dahin in Fahrt_
Joh. Sietas Cranz, 1896	119,7	106,3	17,83/5,90/2,08	verschollen seit 1914

214

HF Nr.	Untersch. Signal	Name/Maschine	Typ	Eigner
HF 233	RTPN DJIQ	Adler 85 PS Dieselmotor	Kutter	Hermann Loop Johs. Hinr. Meier Karl Hinr. Wilh. Mewes Peter Carsten Cornelius Fock Johs. Hinr. Meier Paul Hinr. Amandus Strohsal Peter Karsten Cornelius Fock Peter Johs. Giese
„ 234	RTPQ DJLI	Vesta 50 PS Glühkopfmotor	Kutter	Johs. Paul Amandus Fock Ludwig Jugenheimer Sophie Dorothea Jugenheimer Wwe. Willy Friedr. Carl Przedwojewski Nic. Prigge Paul Hinr. Amandus Strohsal
„ 235	KPLH	Meta Margaretha	Kutter	Nic. Theodor Warner Heinr. Aug. Alwin Horstfeld
„ 236	QFRG	Matador	Kutter m. Motor	Joach. Lühs Hinr. Joh. Peter Wisch Johann Jacob Bahde Paul Nicolaus Andres
„ 237	RTPS DJBA	Schwalbe 90 PS Dieselmotor DW	Kutter	Hinr. Timotheus Wulf Johs. Albertus Feldmann Heinr. Bartholdt Nibbe Martin v. Eitzen
„ 238	RTLD	Catharina Maria	Besanewer	Carl Martin Rohr August Wilh. Plate Claus Otto Ahlf
„ 239	LMCS	Der Friese	Kutter	Johannes Barghusen Claudius Claussen
„ 240	RTPW	Catharina SB 41 Seeschwalbe	Besanewer	Gerd Wilh. Johs. Meier Jonny Carsten Heinr. Off Hannes Peters
„ 241	RTPV	Käthe	Kutter	Hannes Matthias Bahde Herm. Friedr. Aug. Ridder Martin Giszas Aug. Schmielau Söhne, Altona
„ 242	RTQC	Mathilde	Besanewer	Martin Külper Martin Giszas

Bauort Jahr	Bcbm	Ncbm	Größe Länge Breite Tiefe (Höhe)	Verbleib
Joachim Behrens Finkenwerder, 1902	111,7	27,8	18,54/6,10/2,24 3,32	Bombentreffer im Kriege *W'havin 1944*
J. J. Sietas Cranz-Neuenfelde, 1902	134,8	51,6	18,50/6,00/2,22 3,58	Kriegsverlust
Cranz 1895	146,9	132,1	18,97/5,29/2,30	verschollen seit 1913
J. Junge Wewelsfleth, 1892	124,8	53,3	17,29/5,54/2,66	verschollen seit 1905
J. J. Sietas Cranz-Neuenfelde, 1902	118,5	37,4	18,09/6,00/2,06	fährt noch *Abgewrackt 1962*
Elmshorn 1876	99,7	85,8	18,31/5,58/1,90	gestrandet 1911
J. Junge Wewelsfleth 1885	86,2	55,2	16,46/5,30/1,90	verschollen seit 1910
J. Peters Wewelsfleth 1878	86,5	50,6	18,49/5,64/1,76	verschollen seit 1927
Finkenwerder 1903	121,4	78,6	18,00/5,95/1,61	ab 1918 Heimat- hafen Altona
D. W. Kremer Elmshorn 1884	80,7	53,7	17,87/5,52/1,89	Heimathafen Schulau ab 1919

HF Nr.	Untersch. Signal	Name/Maschine	Typ	Eigner
HF 243	RTQB DJJF	Elbe 36 PS Glühkopfmotor	Kutter	Peter Hinr. Hartje Aug. Karl Klüsendorf Ludwig Hühn Paul Wilh. Detels *Claus Kamper*
„ 244	RTQD	Astarte	Kutter	Johannes Nik. Külper Otto Max Schwärzel *1950 W?La* *Konrad Ludert, at Schrottfinscher*
„ 245	RTQF	Komet	Kutter	Hinr. Karl Mewes Nic. Wilh. Louis Raack
„ 246	RTQG	Anna	Kutter	Johannes Heinr. Fock Adolf Johs. Mewes
„ 247	RTQH DJCI	Catharina	Kutter m. Motor	Johann v. Eitzen Jens Wilh. Uken Hinr. John Mewes Claus P. Andr. Niebers
„ 248	RTQJ	Diana	Kutter	Peter Külper Amandus Hinr. Pickenpack
„ 249	RTQK	Herold	Kutter	Joachim Claus Vöge Claus Joh. Aug. Funck Ernst Modersitzki Alb. Friedr. Wilh. Hoelke
„ 250	RTQL DJAZ	Mathilde 75 PS Dieselmotor 120 DW Diesel	Kutter	Heinr. Wilh. Strohsahl Claus Joh. Aug. Funck Christ. Koch Hinrich Plass Johannes Plass **Martin** Hinr. Woldmann Albertus Jul. Wilh. Becker
„ 251	RTQM	Hammonia	Kutter	Friedr. Georg Heinr. Dreyer
„ 252	RTQN	Präsident Herwig	Kutter	Claus Gerh. Amandus Meier
„ 253	RTQP	Johann Hinrich	Kutter	Johann Julius Lühs Joachim Lühs
„ 254	RTQS	Emma Catharina	Kutter	Heinr. Theodor Hinrichsen
„ 255	LGKN	Apoll	Kutter	Peter Horstmann Kurt Rudolf Wenzel

Bauort Jahr	Bcbm Ncbm	Größe Länge Breite Tiefe (Höhe)	Verbleib
Joh. Hein Wewelsfleth, 1885	85,2 35,9	16,55/5,46/1,88 4,03	1948 in der Nordsee ausgebrannt
August Albers Finkenwerder, 1903	95,8 42,8	17,51/6,12/2,20	Heimathafen Schulau ab 1919
J. Sietas Cranz-Neuenfelde, 1903	105,5 67,1	18,04/6,06/2,10	gekentert 1904
J. Sietas Cranz-Neuenfelde	76,6 55,8	17,72/5,46/1,93	gesunken 1904
C. Wriede Finkenwerder, 1903	119,9 44,6	17,25/6,20/2,30	.gesunken 1937
J. Peters Wewelsfleth, 1903	114,5 72,3	18,45/6,00/2,17	verschollen seit 1923
J. Behrens Finkenwerder, 1903	117,0 70,8	18,37/6,18/2,36	Heimathafen Schulau seit 1918
J. Junge Wewelsfleth, 1903	124,7 42,3	17,95/6,15/2,30	verschollen seit August 1951
J. Behrens Finkenwerder, 1904	121,1 62,5	18,00/6,02/2,11	verschollen seit 1904
J. C. Wriede Finkenwerder, 1904	101,2 70,2	18,11/6,00/2,24	verschollen seit 1904
J. J. Sietas Cranz-Neuenfelde, 1904	100,5 58,6	17,88/6,05/1,96	verschollen seit 1922
F. M. u. D. F. Schedelgarn Uetersen, 1904	148,1 92,0	17,93/6,33/2,50	1910 gestrandet auf Scharhörn
Jac. Kremer Wisch bei Elmshorn, 1884	76,9 55,4	16,98/5,41/1,78	verschollen seit 1910

HF Nr.	Untersch. Signal	Name/Maschine	Typ	Eigner
HF 256	RTQV	Silvana	Kutter	Heinr. Bernh. Ritscher Jans Wilhelm Uken
„ 257	RTQW	Senator Holthusen	Kutter	Johs. Heinr. Aug. Carst. D. Ramm ⎧Johs. Hinr. Mewes ⎩Hinr. Karl Willi Mewes
„ 258	RTSB DJLC	Senator von Melle	Kutter m. Motor	Aug. Johs. Mewes Johs. Nic. Külper Gerh. Alw. Mart. v. Eitzen Maria Magd. v. Eitzen Hanseatische Hochsee Waden- fischerei A.G., Hamburg ⎧Heinr. Hinr. John Loop ⎩Friedr. Herm. Hinr. Wriede
„ 259	RTSC DJAW	Meteor 36 PS Dieselmotor	Kutter	Amandus Hinr. Wilh. Strohsal
„ 260	KPTB	Louis & Emma früher LF 12 1903 Versuchsschiff 16 PS Glühkopfmotor Alpha	Kutter	Emilius Friedr. Christ. Wilh. Christensen Gust. Heinrich Hennings 1903 Rudolf Fock
„ 261	LGMB DJCJ	Johanna 50 PS Dieselmotor	Kutter	Heinrich Karl Joach. Steier Heinrich Joh. Focke Smid
„ 262	KPWG	Landrath Tessmar	Kutter	Daniel Drum Johann Jakob Sietas Heinr. Theodor Hinrichsen
„ 263	KLGS RDVH DJKZ	Seeadler 90 PS Dieselmotor	Kutter	Rudolf Holst *verstorben 197-* Adolf Wilhelm Hol*[...]*
„ 264	KPHG	Jonni	Kutter	Herrmann Rolf Otto Max Eckert
„ 265	RTSD	Jmmanuel	Kutter m. Motor	Albert Ernst Ludw. Schwarz Finkenwerder Creditverein
„ 266	RVBW	Pauline	Kutter m. Motor	Karl Jacob Glissmann Heinrich Niehaus
„ 267	RVFN RHWT DJKR	Meteor	Kutter m. Motor	Hinr. Johs. Behrens

Bauort Jahr	Größe Bcbm Ncbm Länge Breite Tiefe (Höhe)		Verbleib
Jürgen Peters Wewelsfleth, 1904	131,5 77,3	18,50/6,32/2,52	verschollen seit 1910
J. Behrens Finkenwerder, 1904	117,1 63,6	18,48/6,01/2,24	gelöscht 1931 *D.:)l/1l A∛ Nɑ/'ɑˌf N⌀Rᴡˊⳑᵧ‑*
J. Behrens Finkenwerder, 1905	143,0 44,1	18,48/6,45/2,58 2,92	Kriegsverlust
H. Sietas Cranz, 1887	85,8 27,8	17,16/5,65/1,93	Kriegsverlust
J. Behrens Finkenwerder, 1899	114,8 83,3	18,38/6,23/2,22	zerstört 1910
D. Kremer Elmshorn, 1886	78,0 27,3	17,02/5,37/1,76	abgewrackt 1957
J. J. Sietas Cranz-Neuenfelde, 1901	120,7 82,4	19,01/6,14/2,24	Heimathafen Schulau
J. J. Sietas Cranz-Neuenfelde, 1904	112,7 38,5	18,02/6,06/2,14 2,54	gesunken 1921 *(E(l:) ∫eʰᵢᵇₑᵣₗ ᵘ ⁿₛᵢₕₗᵢₑₛₛₑₙₑ𝑓 ∦ʟₛₑ ᴡᵢₙₐcₖ ᶜ ⁄⁷⁶ᶳ*
Finkenwerder, 1904	122,2 105,5	18,40/5,58/2,13	Totalverlust 1916
J. N. Olsen Frederikshaven, 1889	48,6 9,1	13,90/4,84/1,52 3,62	verkauft 1914 in Esbjerg
Aug. Albers Finkenwerder, 1896	21,6 8,7	9,11/3,49/1,22	Heimathafen Otterndorf
Hinrich Behrens Finkenwerder, 1914	26,0 10,5	10,07/4,10/1,52	gelöscht 1917

HF Nr.	Untersch. Signal	Name/Maschine	Typ	Eigner
HF 268	RVHC	Maria 50 PS Dieselmotor	Kutter	John Manuel Cohrs Hinrich Albert Meyer Johann Hinr. Amandus Lancker Hans Wilhelm Körs
„ 269	RVGF	Antilope	Kutter	Hinr. Wilh. Schramm Friedr. Heinr. Schaafberg Johs. Amand. Mewes
„ 270	LGPQ	Meta	Ewer	Peter Heinrich Backhaus Friedr. Heinr. Schaafberg
„ 271	NGRP	Elisabeth	Kutter	Hinrich Tiedemann Jürgen Herbert Behrens, Schulau
„ 272	RVNM	Margaretha	Kutter	Hinr. Johs. Fick Paul Johs. Adolf Fick Christ. Hashagen in Strohhausen
„ 273	NJFP	Helene	Kutter	Peter Matthias Loop Richard Julius Dose in Alt-Rahlstedt
„ 274	RTMJ	Blitz	Besanewer	Heinr. Julius Alwin Knüppel Johannes Heinrich Knüppel
„ 275	KRJG	Anna Elise	Ewer	Heinrich Loop Peter Loop Paul Christ. Friedr. Merkle, Altona
„ 276	RTGD DJEM	Adonis vordem HH 98	Kutter m. Motor	Claus Johann Aug. Funk August Claus Adolf Funk
„ 277	LGCK	Orient	Kutter	Heinr. Carl Joachim Steier Gustav Lorenz
„ 278	RTQC DJKN	Mathilde 36 PS Glühkopfmotor	Besanewer	Hinrich Mart. Simon Wulf
„ 279	RDLS DJJP	Glückstern 40 BUB Diesel	Kutter m. Motor	Johannes Gerh. Reyer
„ 280	RDVG DJIW	Amandä	Kutter m. Motor	Peter Joachim Fick
„ 281	RFKD	Regenpfeifer	Kutter m. Motor	Johann Joachim Fock

Bauort Jahr	Bcbm	Ncbm	Größe Länge Breite Tiefe (Höhe)	Verbleib
Johs. Tormählen Elmshorn, 1889	96,4	38,8	18,09/5,45/1,95	Kriegsverlust
Wewelsfleth 1888	100,6	65,2	17,53/5,78/1,99	Heimathafen Schulau
Finkenwerder 1877	81,5	47,2	17,90/5,74/1,80	gelöscht 1929
Hammelwarden 1896	68,6	49,0	14,10/4,95/1,72	verkauft nach Schulau
Aug. Böttcher Finkenwerder, 1900	18,7	4,3	9,57/3,50/0,99 1,88	Heimathafen Brake
Hammelwarden 1900	43,3	24,6	14,10/4,34/1,69	Heimathafen Kiel
Altenwerder 1877	93,1	79,1	17,88/5,35/1,83	gelöscht 1932
Carsten Wriede Finkenwerder, 1866	75,7	73,1	18,25/5,20/1,80	Heimathafen Altona
Joh. Junge Wewelsfleth, 1886	99,5	39,2	18,34/5,58/1,96 2,40	abgewrackt 1936
D. W. Kremer Sohn Elmshorn, 1895	111,1	99,4	18,28/5,72/2,08	gesunken 1925
D. W. Kremer Sohn Elmshorn, 1884	82,7	29,2	17,87/5,52/1,89	13. 2. 1940 abgewrackt
Dose Werft Brunsbüttel, 1908	23,8	56	9,76/3,90/1,25 2,06	verkauft nach Wilhelmshaven
A. Böttcher Finkenwerder, 1899	15,0	3,6	8,14/3,25/1,05 1,25	fährt nicht mehr
unbekannt	22,4	11,4	9,65/3,80/1,02 1,55	gelöscht 1926

HF Nr.	Untersch. Signal	Name/Maschine	Typ	Eigner
HF 282	RFPT DJKQ	Meta 18 PS Glühkopfmotor	Kutter	John Lancker
„ 283	RTGF DJAY	Elbe 85 PS Dieselmotor	Kutter	August Johannes Mewes Walter August Mewes Cord Johs. Friedr. Paul Kreeft Heinr. Claudius Theod. Claussen
„ 284	RVQJ	Ella	Ewer	Hinrich Karl Willi Mewes Karl Klaus Hermann Kröger
„ 285	LGPR DJBB	Brigitta 36 PS Glühkopfmotor 100 HMG Diesel	Kutter	Alwin Hermann Barghusen Gustav Heinrich Hennings
„ 286	RFTW DJJU	Helene	Kutter m. Motor	Jakob Wilhelm Schloo Henry Louis Adolph Törmer in Seester
„ 287	LGTC DJCN	1. Carstine 2. Noberslüd	Kutter m. Motor	Hinrich Peters Amandus Wulff
„ 288	RTHG DJIS	Albatross 70 PS Dieselmotor 100 HMG Diesel	Kutterewer	Hinr. Klaus Peter Ahlf Johannes Siegfried Bott Alwin Hermann Barghusen
„ 289	LGNW DJCR	Friede 36 PS Glühkopfmotor	Kutter	Johs. Mart. Aug. Giese Heinr. Gust. Friedr. Chr. Henke Joh. Friedr. Nill, Neuenfelde Otto Köhler John Lancker Hinr. Julius Amand. Rathjen Hinr. Johs. Rathjen
„ 290	RGBC DJLB	Seeschwalbe	Kutter m. Motor	Hinr. Johs. Barth. Fock Georg Robert Kowalewski in Friedrichskoog
„ 291	RGFJ DJLG	Toni	Kutter m. Motor	Peter Martin Fick
„ 292	LGNB DJJM	Freia 30 PS Glühkopfmotor 120 DW Diesel	Kutter	Klaus Martin Stüven
„ 293	RGPL DJCK	Senator Burchard 75 PS Dieselmotor	Kutter	Hans Michael Mewes Heinr. Willi Rud. Lübben

Bauort Jahr	Größe				
	Bcbm	Ncbm	Länge Breite Tiefe (Höhe)		Verbleib
Stocks & Kolbe Wellingdorf bei Kiel, 1910	19,6	6,1		9,24/3,73/1,10 1,88	fährt nicht mehr
J. C. Wriede Finkenwerder, 1887	105,2	31,5		18,34/5,92/1,92	fährt nicht mehr *110l. Fixx4lD. Bêkh*
Wewelsfleth, 1879 umgebaut in Cranz-Neuenfelde 1918	85,3	60,5		18,98/5,63/1,82	gesunken 1929
H. Sietas Cranz-Neuenfelde, 1885	83,3	35,6		17,06/5,58/1,81 2,47	verkauft nach Strande *1950*
Gustav Behrens Finkenwerder, 1912	17,9	4,3		8,78/3,76/1,20 2,14	Heimathafen Seester
H. Sietas Cranz-Neuenfelde	78,8	23,9		17,34/5,55/1,82 2,85	gelöscht 1937
Johann Heise Wewelsfleth, 1880	106,8	41,7		18,45/5,52/2,02 2,70	liegt auf
D. W. Kremer Elmshorn, 1885	74,8	24,2		16,82/5,22/1,78	im Kriege verloren
unbekannt	20,5	5,9		10,42/3,50/1,07 2,24	Heimathafen Friedrichskoog
Wagria Werft in Neustadt in Holst., 1920	25,1	8,1		11,10/3,82/1,24	fährt nicht mehr
D. W. Kremer Elmshorn, 1886	73,1	22,1		17,18/5,46/1,76 3,05	verkauft nach auswärts
H. Eckmann Finkenwerder, 1927	142,0	36,1		19,06/6,25/2,43	Kriegsverlust

HF Nr.	Untersch. Signal	Name/Maschine	Typ	Eigner
HF 294	RGWD DJKW	Präsident Freiherr v. Maltzahn	Kutter	Paul Albertus Fock Heinr. Rich. Holst Jonny Herm. Hinr. Lohse, Cuxhaven
„ 295	PBVQ DLXA	1. Fischereidirektor Lübbert 2. Margit vordem HH 176 170 PS Dieselmotor 180 Deutz Diesel	Kutter	Cordes & Peters, Lübeck Aug. Ludw. Albert Behnke John Adolf Wilh. Tewes Nicolaus Jul. Mewes
„ 296	RGQS DJKE	Lena	Kutter m. Motor	Peter Jakob Loop Wilhelm Jasker in Neufeld
„ 297	LCQW DJCW	Muschi 75 PS Dieselmotor 90 DW Diesel	Kutter	Heinrich Joh. Hennig Eylmann
„ 298	RHDC DJJV	Helene Caecilia 12 PS Glühkopfmotor	Kutter	Hermann Reyer
„ 299	RHGD DJCU	Gorch Fock 85 PS Dieselmotor 180 Deutz Diesel	Kutter	August Reimers ⎰ Johannes Martens ⎱ Peter Brisham
„ 300	RHET DJJO	Gesine 18 PS Glühkopfmotor	Kutter	Paul Heinrich Fock
„ 301	RHGS DJEB	Anna	Kutter	Paul Johannes Adolf Fick
„ 302	PBVD DJKA	1. Martha 2. Ingrid	Kutter	Johs. Carsten Hermann Rolfs Otto Strüben, Büsum
„ 303	RFJP DIYQ	Johanna ex Albatros 36 PS Glühkopfmotor (vordem HH 138) 90 DW Diesel	Kutter	Hanseatische Hochsee-Wadenf. Ernst Simon, Hamburg Franz Mützelfeldt, Cuxhaven Joachim Paul Willy Bott Hinrich Martin Heinrich Heinrich Meyer (Alten
„ 304	RHLN DJJD	Catharina 25 PS Glühkopfmotor 40 DW Diesel	Kutter	Joachim Behrens
„ 305	RGDT DJJH	Else vordem HH 205 60 PS Dieselmotor	Kutter	Ernst Simon, Hamburg Franz Mützelfeldt, Cuxhaven Henry Emil Engel Heinr. Johs. Karl Claussen Hans Hinrich Brodersen

Bauort Jahr	Bcbm	Ncbm	Größe Länge Breite Tiefe (Höhe)	Verbleib
J. J. Sietas Cranz-Neuenfelde, 1928	144,4	49,4	18,88/6,60/2,62	Heimathafen Cuxhaven. Fischereizeichen H. C. 274
Oertzwerft G.m.b.H. Neuhof-Wilhelmsburg, 1921	199,3	68,9	22,10/6,44/2,62 5,98	fährt noch *TERKHUFT eine Angeln eu de Colnat*
Joachim Behrens Finkenwerder, 1910	15,6	2,8	9,18/3,60/1,06	Heimathafen Cuxhaven H.C. 283
Kiel 1921	93,6	29,1	17,84/5,44/1,92	fährt noch
August Albers Finkenwerder, 1904	10,4	3,7	8,13/3,10/1,07	fährt nicht mehr
Hugo Peters Beidenfleth, 1929	184,9	72,6	20,32/6,35/2,80	fährt noch *verkauft als Angelfahz a. Grossenbrode 1932*
August Böttcher Finkenwerder, 1901	21,4	5,5	9,63/3,73/1,20 2,22	nach Cuxhaven verkauft
Friedrich Glasau Eckernförde, 1929	33,1	9,0	11,08/4,15/1,52	8.11.1938 nach Cux- haven verkauft
Reichswerft Kiel, 1921	34,4	8,9	12,24/3,76/1,50 1,74	Heimathafen Büsum
Deutsche Werke Kiel, 1924	101,4	28,8	17,75/5,50/1,90	fährt noch
H. v. Cölln Finkenwerder, 1929	30,1	10,0	10,87/4,01/1,17	fährt nicht mehr
Deutsche Werke Kiel, 1927	101,4	27,3	17,75/5,50/1,90 3,19	Kriegsverlust 1944

15 Pfahlewer

HF Nr.	Untersch. Signal	Name/Maschine	Typ	Eigner
HF 306	RHLT DIGO	Hoffnung 100 PS Dieselmotor 180 Deutz Diesel	Schoner	Hinrich Karl Willi Mewes
„ 307	RHMG DJIY	Anni 12 PS Glühkopfmotor	Kutter	Heinrich Hermann Meier
„ 308 (Nc 413)	KQLR DJJC	Bertha Hermine 50 PS Dieselmotor 85 HMG Diesel	Kutter	Adolf Jakob Peter Friedrichs Jonny Georg Hinr. Smid
„ 309	RHWT DJKR	Meteor 25 PS Glühkopfmotor 35 HMG Diesel	Kutter	Hinrich Johannes Behrens
„ 310	LBCR DJDB	Ernst Günther 90 PS Dieselmotor	Kutter	Richard Heinr. Holst Klaus Wilhelm Johs. Camper
„ 311	RJDQ DIWB	Anna 18 PS Dieselmotor 25 BUB Diesel	Kutter	Peter Karsten Joach. Marwitz
„ 312	RJDW DIZC	Regenpfeiffer 25 PS Dieselmotor	Kutter	Paul Julius Marwitz Klaus Hinr. Johs. Marwitz
„ 313	RJGP DJLV	Möwe	Kutter m. Motor	Hinrich Klaus Peter Ahlf Oskar Christ. Franz Rehr Paul Nowak Georg Ehrlich in Essen
„ 314	RDSQ DARR	Düsseldorf 85 PS Dieselmotor	Kutter	Max Joh. Herm. v. Kampen
„ 315	DJMS	Goden Wind 150 PS Dieselmotor	Kutter	Johann Siefert Fock
„ 316	DJMW	Margaretha 8 PS Glühkopfmotor 25 BUB Diesel	Kutter	Joachim Heinr. Marwitz Karsten John Heinr. Marwitz
„ 317	DJNI	Jan Hinnick 85 PS Glühkopfmotor	Kutter	Thees Peter Hinrich Feldmann
„ 318	DJNN	Finkwarer 75 PS Dieselmotor	Kutter	Bandix Hinrich Wilhelm Buck

Bauort Jahr	Bcbm	Ncbm	Größe Länge Breite Tiefe (Höhe)	Verbleib
Deutsche Werke Kiel, 1924 umgebaut: G. Behrens Finkenwerder, 1929	239,7	94,5	21,53/6,32/2,93	fährt noch *verkauft nach Holland 1958*
unbekannt	20,9	3,8	9,92/3,78/1,09	verkauft nach Büsum
Deutsche Werke Kiel, 1921	101,5	21,5	17,84/5,44/1,92 4,02	jetzt in Cuxhaven beheimatet *abgewrackt 1971*
Finkenwerder 1914	26,0	10,5	10,07/4,10/1,52	verkauft nach auswärts
Deutsche Werke Kiel, 1923	98,4	28,6	17,70/5,50/1,92 4,00	Kriegsverlust
Eckmann Finkenwerder, 1932	23,0	6,2	9,29/3,78/1,27	verkauft
unbekannt	22,4	11,4	9,65/3,80/1,02 1,55	verkauft nach Friedrichskoog
H. V. Buhl Frederikshavn, 1891	62,9	25,5	15,45/4,94/1,95	fährt nicht mehr
Deutsche Werke Kiel, 1923	101,4	27,6	17,75/5,50/1,90 4,00	verkauft nach Chile
F. Peters Wewelsfleth, 1901	234,2	77,7	24,56/6,22/3,18 5,24	Kriegsverlust
Joachim Behrens Finkenwerder, 1911	13,3	2,5	8,20/2,12/1,09	verkauft
J. J. Sietas Cranz-Neuenfelde, 1934	144,3	42,5	18,84/6,00/2,45	nach dem Kriege nach Schweden geflüchtet
Hugo Peters Beidenfleth, 1934	155,4	52,3	18,20/5,58/3,10	Kriegsverlust

HF Nr.	Untersch. Signal	Name/Maschine	Typ	Eigner
HF 319	DJOE	1. Peter Friedrichs 2. Emma 85 PS Dieselmotor 120 MAN Diesel		**Paul** Hans Jacob Lohmann Walter **August** Mewes
„ 320	DJNU	Marie Schloo 25 PS Dieselmotor 40 BUB Diesel		Heinr. Aug. **Hermann** Schloo
„ 321	DJOC	Meta 18 PS Glühkopfmotor 25 BUB Diesel	Kutter	**Johannes** Hinrich Fock
„ 322	DJOZ	Adler	Kutter m. Motor	**Hinrich** Claus Peter Ahlf **Otto** Johann Friedr. Bühring in Friedrichskoog
„ 323	DJPM	Süderilw 125 PS Dieselmotor 120 HMG Diesel		Barthold **Adolf** Cordes John **Hinrich** Adolf Cordes
„ 324	DJPL	Brix Hansen 100 PS Dieselmotor 90 Deutz Diesel	Kutter	Heinr. Joh. Claus Barghusen
„ 325	DJPU	Emil Wiese 125 PS Dieselmotor	Kutter	**Hinrich** Martin Heinrich
„ 326	DJQH	Adonis 120 PS Dieselmotor 120 DW Diesel	Kutter	**August** Klaus Adolf Funk
„ 327	DNOT	Eben Ezer 85 PS Dieselmotor 85 HMG Diesel	Motorschiff	Johannes Nibbe
„ 328	DJRK	Anna 95 PS Dieselmotor 120 Deutz Diesel	Kutter	**Henri** Martin Becker
„ 329	DJSE	Wilma 150 PS Dieselmotor 180 MAN Diesel	Kutter	**Peter** Matthias Loop
„ 330	DJSN	J. C. Wriede 110 PS Dieselmotor 120 Deutz Diesel	Kutter	**Hans** Karsten Wriede
„ 331	DJVS	Nessdiek 120 Deutz Diesel	Kutter	Hinr. Mewes

Bauort Jahr	Bcbm	Ncbm	Größe Länge Breite Tiefe (Höhe)	Verbleib
J. J. Sietas Cranz-Neuenfelde, 1935	14,04	4,91	17,70/6,00/2,52	fährt noch *Abgewrackt 1970*
H. Eckmann Finkenwerder, 1935	22,0	6,0	9,51/3,82/1,27	1957 verkauft nach Wilhelmshaven
Rittscher Borstel, 1909	13,8	2,6	8,35/3,10/1,08	fährt noch
H. Behrens Finkenwerder, 1911	15,2	3,6	8,53/3,10/1,11	Heimathafen Friedrichskoog
J. J. Sietas Cranz-Neuenfelde, 1935	139,9	45,8	18,68/5,82/2,72	fährt noch *abgewrackt 1970*
Hugo Peters Beidenfleth, 1935	153,0	53,6	18,96/5,76/2,74	fährt noch
Jonni Eckmann Finkenwerder, 1935	148,4	50,4	17,60/6,06/2,53 4,88	Kriegsverlust
Gustav Behrens Finkenwerder, 1936	161,8	52,8	18,77/6,04/2,64 4,50	fährt noch
Marinewerft Wilhelmshaven, 1921	106,09	31,2	17,82/5,50/1,96 4,01	fährt noch
Jonni Eckmann Finkenwerder, 1936	153,0	49,7	19,26/6,12/2,53 4,13	fährt noch
Gustav Behrens Finkenwerder, 1936	177,4	58,7	19,01/6,08/2,64 5,38	fährt noch *abgewrackt 1973*
Eckmanns Werft Finkenwerder, 1936	164,1	54,7	19,74/6,08/2,70 4,95	fährt noch
Gustav Behrens Finkenwerder, 1938	179,0	57,2	19,62/6,08/2,67	gesunken 1952

HF Nr.	Untersch. Signal	Name/Maschine	Typ	Eigner
HF 332	DJWG	Agnes Engel 150 MWM Diesel	Kutter	Henry Eckmann
„ 333	DJWI	C. A. Woldmann 120 HMG Diesel	Kutter	Johs. Woldmann
„ 334	DJWC	Hanni	Kutter	Hinrich Offenborn, Altona
„ 335	DJYZ	Woterküken 70 BUB Diesel	Kutter	Klaus Marwit
„ 336	DIMO	Adele	Kutter	Hugo Bartels, Francop
„ 337	DIRD	Käthe früher SD 155 60 PS Glühkopfmotor	Kutter	Ernst Modersitzki, Blankenese
„ 338		nicht benutzt		
„ 339	DJVU	Möwe vordem Alt. 206 Marie 25 PS Motorkutter 50 Jastram Diesel	Kutter	Wilhelm Külper, Altenwerder
„ 340	DGCL	Nordsee früher SD 154 85 PS Glühkopfmotor	Kutter	Jacob Gentsch Hugo Anders, Nienstedten
„ 341	DDYE	Adler früher Alt 229 50 PS, 60 BUB Diesel	Kutter	Johann Wedel jr., Altenwerder
„ 342	DEHO	Anna früher Alt 236 Anna Margaretha 36 PS	Kutter	Heinr. Meyer, Altenwerder
„ 343	DEIA	Catharina früher Alt 227 25 PS	Ewer	Paul Körbelin, Altenwerder
„ 344	DECG	Catharina früher Alt 211 20 PS, 60 MAN Diesel	Kutter	Hans Oestmann Hans Heinr. Oestmann, Altona

Bauort Jahr	Bcbm	Ncbm	Größe Länge Breite Tiefe (Höhe)	Verbleib
Jonni Eckmann Finkenwerder, 1938	169,1	52,1	19,55/6,18/2,54	fährt noch
Jonni Eckmann Finkenwerder, 1938	165,7	50,1	19,66/6,18/2,54	fährt noch *abgewrackt 1970*
Schierhorn Cranz, 1925	14,6	3,1	8,16/3,20/1,08	
Jonni Eckmann Finkenwerder, 1939	35,0	7,0	11,47/4,16/1,36	fährt noch *in Busum abgewrackt ca. 1965*
Heinr. Siegfried Eckernförde-Borby, 1926	26,9	6,3	12,67/4,13/1,36 2,23	Bish. Cuxhaven N 65
Fr. Sternemann Wewelsfleth, 1926	71,5	22,5	14,01/4,72/2,22 3,44	Bish. Altona N 1050
Ritscher Moorburg, 1889	34,9	7,4	13,30/4,45/1,51	fährt noch
Deutsche Werke Kiel, 1920	101,7	35,4	17,84/5,14/1,92 3,80	bisher Altona N 1048
J. Junge Wewelsfleth, 1895	42,5	7,3	13,17/4,74/1,59	bisher Harburg N 1817 fährt noch
Aug. Albers Finkenwerder, 1898	38,3	9,4	12,89/4,63/1,53	bisher Harburg N 1843
G. Wolkau Neuhof, 1880	38,6	10,0	14,16/4,65/1,58	bisher Harburg N 1846
J. J. Sietas Cranz-Neuenfelde, 1899	43,2	10,1	13,72/4,68/1,48	bisher Harburg N 1853 fährt noch

HF Nr.	Untersch. Signal	Name/Maschine	Typ	Eigner
HF 345	DEHH	Catharina früher Alt 289 25 PS, 50 MAN Diesel	Kutter	Joh. Rübcke
„ 346	DEIX	Catrina Margreta früher Alt 262 25 PS	Ewer	Nic. Kleiss, Altenwerder
„ 347	DEEF	Christine früher Alt 234 20 PS 70 Deutz Diesel	Kutter	Rudolf Jark, Altenwerder
„ 348	DECB	Elisabeth früher Alt 220 25 PS 50 Jastram Diesel	Kutter	Heinr. Hülsen, Altenwerder
„ 349	DEGF	Emma früher Alt 231 20 PS 50 Jastram Diesel	Kutter	Heinr. Oesmann, Altenwerder
„ 350	DECP	Grete früher Alt 209 25 PS 50 Deutz Diesel	Kutter	Joh. u. Hans Külper, Altenwerder
„ 351	DEGN	Helene 18 PS, 18 HMG Diesel	Barkasse 233	Friedr. Becker, Altenwerder
„ 352	DEGC	Helene früher Alt 240 30 PS 60 Jastram Diesel	Kutter	Joh. Riepenhusen, Altenwerder
„ 353	DEIM	Landrat Helferich früher Alt 290 80 PS 70 BUB Diesel	Kutter	Hans Oesmann, Altenwerder
„ 354	DEGA	Magdalene früher Alt 230 36 PS 50 Deutz Diesel	Kutter	Wilh. Wedel, Altenwerder
„ 355	DECE	Margaretha früher Alt 224 25 PS 50 MAN Diesel	Kutter	Heinr. Holst, Altenwerder

Bauort Jahr	Bcbm	Ncbm	Größe Länge Breite Tiefe (Höhe)	Verbleib
Johann Brandt Neuhof, 1889	37,8	7,8	13,96/4,57/1,63	bisher Harburg N 1842 fährt noch
Hinr. Behrens Finkenwerder, 1883	37,2	5,7	13,96/4,62/1,52	bisher Harburg N 1849
Aug. Albers Finkenwerder, 1900	38,3	9,2	13,00/4,56/1,42	bisher Harburg N 1836 fährt noch
J. J. Sietas Cranz-Neuenfelde, 1892	36,5	7,0	12,92/4,57/1,37	bisher Harburg N 1830 fährt noch
J. J. Sietas Cranz-Neuenfelde, 1892	39,2	8,7	12,85/4,64/1,32	bisher Harburg N 1840 fährt noch
J. J. Sietas Cranz-Neuenfelde, 1895	33,3	6,0	12,73/4,60/1,40	bisher Harburg N 1835 fährt noch
H. Behrens Finkenwerder, 1911	18,5	2,3	9,78/3,54/1,10	bisher Harburg N 1841 fährt noch
Aug. Albers Finkenwerder, 1901	43,0	11,5	13,20/4,65/1,48	bisher Harburg R 1839 fährt noch
J. J. Sietas Lühe, 1927	52,9	13,1	14,10/5,12/1,82	bisher Harburg N 1765 fährt noch
J. J. Sietas Cranz-Neuenfelde, 1925	38,7	8,0	12,72/4,75/1,61	bisher Harburg N 1838 fährt noch
Joachim Behrens Finkenwerder, 1901	42,2	3,7	12,66/4,80/1,45	bisher Harburg N 1834 fährt noch

HF Nr.	Untersch. Signal	Name/Maschine	Typ	Eigner
HF 356	DEJA	Margarethe früher Alt 202 25 PS 60 Jastram Diesel	Kahn	Jacob Oestmann, Altenwerder
„ 357	DEJH	Maria früher Alt 206 25 PS	Kutter	Heinrich Külper, Altenwerder
„ 358	DEIG	Maria früher Alt 246 20 PS 80 Jastram Diesel	Kutter	Hinrich König, Altenwerder
„ 359	DEII	Maria, Else früher Alt 256 30 PS 60 Jastram Diesel	Kutter	Gust. Oesmann, Altenwerder
„ 360	DDZE	Wilhelmine früher Alt 235 25 PS 60 Jastram Diesel	Kutter	Adolf Meyer, Altenwerder
„ 361		Marie 60 Jastram Diesel	Kutter	J. Körbelin
„ 362	DDZA	Emma früher Wil 76 36 PS 60 Jastram Diesel	Kutter m. Motor	Joh. Rübcke, Harb-W. Joh. H.H. Rübcke, Harb-W.
„ 363	DEGJ	Seeadler früher Wil 80 36 PS	Kutter m. Motor	John u. Willi Matthies, Neuhof
„ 364	DEEJ	Marie früher Wil 78 25 PS 50 MWM Diesel	Kutter	Peter Six Henry Six, Neuhof
„ 365	KPFJ DIUC	Martha vordem HH 206 96 PS Dieselmotor 120 BUB Diesel	Kutter	Joh. Schaper, Neuenfelde Peter Loop, Finkenwerder
„ 366		nicht benutzt		
„ 367	RTSB DJLC	Senator von Melle 125 PS Dieselmotor	Kutter	Aug. Mewes Friedr. Wiede

Bauort Jahr	Bcbm	Ncbm	Größe Länge Breite Tiefe (Höhe)	Verbleib
Mathiessen u. Paulsen Arnis a. Schlei, 1929	37,3	6,5	13,15/4,56/1,61	bisher Harburg N 1784 fährt noch
Joh. Koch Altenwerder, 1878	38,8	6,3	13,46/4,72/1,40	bisher Harburg N 1792
J. Junge Wewelsfleth, 1893	46,2	11,3	13,72/4,70/15,7	bisher Harburg N 1855 fährt noch
J. J. Sietas Cranz-Neuenfelde, 1892	37,2	7,8	12,83/4,60/1,39	bisher Harburg N 1856 fährt noch
J. J. Sietas Cranz-Neuenfelde, 1912	34,4	7,6	12,15/4,58/1,42	bisher Harburg N 1833 fährt noch
			Länge 12 m	fährt noch
Aug. Albers Finkenwerder, 1900	43,5	11,3	12,98/4,62/1,52	bisher Harburg N 1821 fährt noch
J. J. Sietas Lühe, 1910	41,3	13,7	13,05/4,65/1,38 1,77	bisher Harburg N 1671
J. J. Sietas Cranz-Neuenfelde, 1913	40,3	8,6	13,00/4,50/1,50	bisher Harburg N 1535 fährt noch
Neuenfelde 1890	105,7	31,7	17,68/5,65/1,85	bisher Harburg N 941 fährt noch
J. Behrens Finkenwerder, 1905	143,0	44,1	18,48/6,45/2,58 2,92	siehe auch HF 258

HF Nr.	Untersch. Signal	Name/Maschine	Typ	Eigner
HF 368	PBVH DJBG	Lisa vordem HH 179 75 PS Dieselmotor	Komposit-Kutter	Julius R. A. Suhl
„ 369		nicht benutzt		
„ 370		nicht benutzt		
„ 371	PBWJ DJIV	Alstertor vordem HH 181 100 PS Dieselmotor	Komposit-Kutter	Paul Wilh. Detels
„ 372		nicht benutzt		
„ 373	DJQB	Zukunft (Stahl) vordem HH 218 200 PS Dieselmotor Deutz		Joh. v. Eitzen, Hamburg
„ 374	DJXU	Kattegat 180 MAN Diesel	Kutter m. Motor	Heinr. Joh. Focke, Smid *Johann Stehr*
„ 375	DJYF	Thees Bott	Kutter m. Motor	Hinr. Rüsch u. Hans Camper

Bauort Jahr	Bcbm	Ncbm	Größe Länge Breite Tiefe (Höhe)	Verbleib
Oertzwerke G.m.b.H. Neuhof a. Reiherst., 1921	192,3	71,1	22,10/6,44/2,62 4,98	Oktober 1947 im Kattegatt gesunken
Oertzwerke Neuhof, 1922	199,1	73,0	22,15/6,45/2,80 4,48	Kriegsverlust St. Malo
J. J. Sietas Cranz-Neuenfelde, 1936	316,8	104,4	24,65/6,50/3,05 3,77	verkauft Dezember 1950 nach Norwegen
Gustav Behrens Finkenwerder, 1938	170,3	54,9	19,60/6,02/2,67	fährt noch
Eckmanns Werft Finkenwerder, 1938	186,4	58,6	19,64/6,45/2,56	Kriegsverlust

Schrifttum

1 G. Belitz, Seglers Handbuch, Berlin 1897.
1a R. de Bock. M. Seghers, De laatste Visschersschepen van de Vlaamsche Kust, Antwerpen 1943.
1b B. Benecke, Fischer, Fischerei und Fischzucht in Ost- und Westpreußen, Königsberg 1881.
1c Franz Beeck, Hochsee-Fischkutter mit 1000 Korb Fassungsvermögen. In „Schiff und Hafen" 1949, S. 188.
2 A. Brix, Praktischer Schiffbau, Bootsbau, Berlin 1929.
3 W. V. Cannenburg, Catalogus der Scheepsmodellen en scheepbouwkundige Teekeningen 1600—1900 in het Nederlandsch Historisch Scheepvaart Museum, Amsterdam 1928.
4 F. G. G. Carr, Sailing Barges, London 1951.
5 F. H. Chapman, Architectura navalis mercatoria, Stockholm 1768 Tafel LIX, LX, LIII, LIV, L.
6 Arthur H. Clark, The History of Yachting 1600—1815, New York 1904.
7 M. D. Didérots und J. L. d'Alembert, Dictionair et Encyclopédie résonnée des arts et des métiers, Paris 1751/77.
8 R. Dittmer, Die deutsche Hochsee-, See- und Küstenfischerei im 19. Jahrhundert, Hannover 1902.
9 R. Dittmer u. H. Buhl, Seefischereifahrzeuge und Boote mit und ohne Hilfsmotore, Hannover 1904.
10 Dittmer, Lieckfeld und Romberg, Motoren und Winden für die See- und Küstenfischerei, Berlin 1911.
11 M. Duhamel du Monceau, Traité général des Pêches, Neufchatel 1776.
12 G. Duribieux, De Visscher, Brussel 1942.
13 R. Ehrenberg, Aus der Vorzeit von Blankenese und den benachbarten Ortschaften Wedel, Dockenhuden, Nienstedten und Flottbek, Hamburg 1897.
14 C. Eichler, Die Finkenwerder Hochseekutter. Etwas über die Blankeneser und Finkenwerder Fischewer und -kutter. In „Die Yacht" 1937 Nr. 43.
15 J. v. Eitzen, Die Reise des Motorkutters „Wirtenberg" von Cuxhaven nach Duala. In: Der Fischerbote 1912 S. 359, 1913 S. 76, 1913 S. 118.
16 J. v. Eitzen, Fischerei nach europäischen Methoden in den Kameruner Gewässern. In: Der Fischerbote 1914 S. 296.
17 C. Engel, Ein Hochseefischkutter für die Ostsee. In: Abhandlungen des Deutschen Seefischerei-Vereins 1897 S. 45.
18 Dr. Ing. E. Foerster, Der Reichsfischkutter „G" (KFK) Technisch-geschichtliche und aktuelle Feststellungen. In: Die Fischwoche 1947 S. 58.
19 Germanischer Lloyd, Vorschriften für die Klassifikation und Bau von hölzernen gedeckten Seefischereifahrzeugen, Berlin 1941.
20 G. Goedel, Etymologisches Wörterbuch der deutschen Seemannssprache, Kiel 1902.

21 Chr. Grotewold, Die deutsche Hochseefischerei in der Nordsee. Stuttgart 1908.

22 B. Hagedorn, Die Entwicklung der wichtigsten Schiffstypen bis ins 19. Jahrhundert, Berlin 1914.

23 H. Henking, Die Ostseefischerei. Handbuch der Seefischerei Nordeuropas. Bd. 5 H. III, Stuttgart 1929.

24 H. Henking, Die deutsche Seefischerei 1896. Separatdruck der deutschen Fischereiausstellung der Berliner Gewerbeausstellung, Berlin 1896.

25 H. Herner u. K. Rusch, Die Theorie des Schiffes, Leipzig 1943.

26 O. Höver, Deutsche Hochseefischerei, Oldenburg 1936.

27 J. Hornell, The Fishing Boats of Hastings. In: Sussex Country Magazine Nov./Dez. 1937.

28 J. Hornell, The Fishing Luggers of Hastings. In: The Mariners Mirror 1938 S. 259 u. 409.

29 Th. Janssen, Die Verwendung von Hilfsmaschinen zur Fortbewegung der Segelfischereifahrzeuge. In: Abhandlungen des Deutschen Seefischerei-Vereins 1897 S. 55.

30 G. Junge, Verzeichnis seiner Konstruktionszeichnungen. Maschinenschriftlicher Durchschlag im Altonaer Museum.

30a G. Kirsten, Alt-Blankenese in 200 Bildern, Hamburg 1912.

31 F. Kluge, Seemannssprache. Wortgeschichtliches Handbuch deutscher Schifferausdrücke älterer und neuerer Zeit, Halle a. S. 1911.

31a J. Köhnenkamp, Motorfischkutter. In: Im Wirkungskreis der deutschen Hochseefischerei S. 38, Hamburg 1949.

32 E. van Konijnenburg, Der Schiffbau seit seiner Entstehung, Brüssel 1913.

33 H. Kottig, Fischereifahrzeuge HF 1—330. Zusammengestellt nach dem Hamburger Schiffsregister. Maschinenschrift. Durchschlag im Altonaer Museum 1937.

34 N. M. Kromann, Auszug aus „Fanös Historia", Esbjerg 1934.

35 H. M. Kyle, Die Seefischerei von Großbritannien und Irland. Handbuch der Seefischerei Nordeuropas Band VI, Stuttgart 1929.

36 Otto Lehmann, Führer durch die Abteilung für Seefischerei. Mitteilungen aus dem Altonaer Museum Jahrg. 1903.

37 P. A. H. Lembke, Deutschland braucht Fischkutter. In: Die Fischwoche 1947 Seite 41.

38 H. Lübbert, Vom Walfänger zum Fischdampfer. Hamburgs Fischerei in 10 Jahrhunderten. Hamburg 1925.

39 H. Lübbert, Die Einführung von Motor und Schernetz in die deutsche Segelfischerei, Berlin 1906. Mitteilungen des Deutschen Seefischerei-Vereins.

40 H. v. Marchtaler u. Fr. Stache, Hundert Jahre Stülcken-Werft 1840—1940, Hamburg 1940.

41 P. F. Meyer-Waarden, Almanach für die deutsche See- und Küstenfischerei, Hamburg 1951.

41a Middendorf, Bemastung und Takelung der Segelschiffe, Berlin 1903.

42 Bruno Müller, Küsten- und Fischerei-Motorfahrzeuge. Motorschiff- und Jacht-Bibliothek. Band 8, Berlin 1922.

43 Neudeck, Blochmann & Schulze, „Der moderne Schiffbau", Berlin 1912.

44 Edmond Paris, Souvenir de marine. Collection de Plans ou Dessins de Navires et de Bateaux anciens ou modernes, Paris 1882.

240

[45] Protokoll des Verwaltungsrathes der Norddeutschen Seefischerei-Gesellschaft ist im Original im Archiv des Altonaer Museums.

[46] Johann Roeding, Allgemeines Wörterbuch der Marine, Hamburg 1793 f.

[47] Fr. Romberg, Zur Geschichte der Motorisierung und Typenentwicklung der deutschen Hochseefischkutter. In: Die Fischwoche 1947 S. 120.

[48] F. Romberg, Der Ölmotor im deutschen Seefischereibetriebe. In: Jahrbuch der Schiffbautechnischen Gesellschaft 1912 S. 173, Berlin 1913.

[49] K. Schiller u. A. Lübben, Mittelniederdeutsches Wörterbuch, Leipzig 1880.

[50] W. Schnakenbeck, Die Nordseefischerei (Handbuch der Seefischerei Nordeuropas. 5. Band. Die deutsche Seefischerei Heft 1). Stuttgart 1928.

[51] W. Schnakenbeck, Wie Hamburg und Altona Fischereistädte wurden. Fischfang und Fischmarkt. In: Von Fischerei und Fischmärkten in Hamburg und Altona, Hamburg 1937.

[52] (Schrader) L.A.G.S-r. Beschreibung des Fischerdorfes Blankenese in der Herrschaft Pinneberg und des daselbst getriebenen Fischereigewerbes. Schleswig-Holsteinische Provinzialberichte 1787 II S. 529 f.

[53] Stenzel, A., Deutsches seemännisches Wörterbuch, Berlin 1904.

[54] A. Sprengel, Der Reichsfischkutter G. In: Schiff und Hafen 1949, S. 185.

[55] C. Stockhusen Entwurf eines Segelfahrzeuges mit Hilfsmaschine für die Hochseefischerei. In: Abhandlungen des Deutschen Seefischerei-Vereins 1897, S. 32.

[56] W. Stürtzel u. H. Hoppe, Im Wirkungskreis der deutschen Hochseefischerei, Hamburg 1949.

[57] Hans Szymanski, Der Ewer der Niederelbe, Lübeck 1932.

[57a] Arthur Tiller, Yachtbau, Berlin 1937.

[58] Gerhard Timmermann, Kurzer Abriß der deutschen Seefischerei. Ein Führer durch die Fischereiabteilung des Altonaer Museums, Hamburg 1939.

[58a] Gerhard Timmermann, Wie das Nydam-Schiff gebaut wurde. In: Mannus 1941, Seite 56.

[59] W. Timmermann, Die Blankeneser Schiffahrt, Blankenese 1925.

[60] H. A. Underhill, Sailing Ships and Rigging, Glasgow 1937.

[61] E. W. White, British Fishing-Boats and Coastel Craft. London 1950.

[62] Ohne Verfasser, Spille und Winchen. In: Deutscher Seefischerei-Almanach. Veröffentlichung des Deutschen Seefischerei-Vereins. 1899, S. 649.

[63] Handbuch der Geographischen Wissenschaften, Bd. 1, Potsdam 1933.

[64] Ohne Verfasser, Deutsche Fischkutterneubauten. In: Zeitschr. „Hansa" 1949, Seite 291.

Vertraue auf ESSO...

denn damit ist die Gewähr gegeben für schnellen und sorgfältigen Bunkerdienst und für hohe Qualität der bewährten ESSO-Produkte.

ESSO DIESEL
zündwillig und ergiebig

Essodiol HD
die vollendete Motorschmierung

CAZAR K
für Fettschmierstellen unter Wassereinfluß

16 Pfahlewer

MaK Diesel

IMMER
ZUVERLÄSSIG UND WIRTSCHAFTLICH

MASCHINENBAU KIEL AKTIENGESELLSCHAFT

MWM DIESEL

als Antrieb für Fischerei-Fahrzeuge bewährt

In jeder gewünschten Leistung, Drehzahl und Ausführung lieferbar

MWM-Dieselmotoren sind kraftvoll, zuverlässig und wirtschaftlich

MWM-Kundendienst- und Verkaufsstellen an allen größeren Plätzen

MOTOREN - WERKE MANNHEIM AG

Schiffsdieselmotoren

2-Takt   zuverlässig und wirtschaftlich

10-240 PS · 1-6 Zyl. · langsamlaufend

Hanseatische
Motorengesellschaft m. b. H.
Hamburg-Bergedorf

Weidenbaumsweg 139 · Telefon 71 33 77

Gegründet 1916 · Telegr.: Hansamotor

EINER

VON 24000

Mitarbeitern steht hier an seinem Arbeitsplatz. Er gehört zu den vielen, den Namenlosen, deren persönliches Verdienst es mit ist, wenn die Klöckner-Humboldt-Deutz AG mit ihren Erzeugnissen heute wieder in 86 Ländern der Welt vertreten ist. Jeder einzelne leistet in seinem Bereich die in aller Welt so geschätzte solide deutsche Werkmannsarbeit: Fast eine Million DEUTZ-Diesel- und Ottomotoren von 3–2000 PS, wasser- und luftgekühlt, DEUTZ-Diesel-Traktoren sowie DEUTZ-Diesel-Lokomotiven. Unser Werk HUMBOLDT verbaut allein jährlich über 40 000 to Stahl und Eisen für Bergwerkseinrichtungen und Aufbereitungsanlagen. MAGIRUS-DEUTZ stellt Tausende Lastwagen, Omnibusse und Feuerwehrgeräte mit luftgekühlten DEUTZ-Dieselmotoren her.

KLÖCKNER-HUMBOLDT-DEUTZ AG   KÖLN

100 Jahre Humboldt-Erzeugnisse

BP-RAFFINERIE HAMBURG-FINKENWERDER

Neue Röhreneisfabrik am Fischereihafen Hamburg-Altona zur Beeisung der Kutter und Fischdampfer

300 t Tagesproduktion 800 t Spitzenabgabe

MÜTZELFELDTWERFT

CUXHAVEN

Fischereiforschungsschiff „Anton Dohrn", erbaut 1955

BAU VON SPEZIALSCHIFFEN

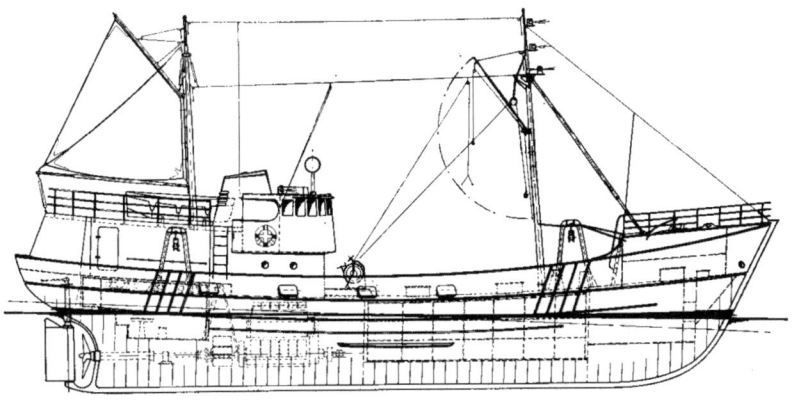

HAMBURG

DIE STADT DER GUTEN FISCHERZEUGNISSE

FISCH AUS HAMBURG